오늘의 작업실 My Own Space

KB076461

Contents

AROUND

Vol.82
2022 March

오늘의 작업실 My Own Space

ISSN 2287-4216
ISBN 979-11-67754-003-4
KRW 18,000

9 791167 540034

03050

O Hezin, Kim Hyuna, Seo Yoonjung, Qwaya, ahniwanono, Yim Soomin,
Numbers of Cases, Kim Hyekyung & Lee Seungyong, Bang Daseul & Heo Sungbum,
Seungji Mun, Lee Bae, Soho & Mochoon, Ahn Taejoo, Park Hyerim & Bong Woori,
Lim Jongjin, Moleskine, IvoryandGray, Kim Songlee

《책상 잘 쓰는 법》이라는 책을 아홉 살 아들은 소중하게 다룬다. 펼쳐보니 문구 제품부터 책상에서 책 읽는 다양한 방법, 책상에서 노는 법, 정리법까지 알차게 담긴 그림책이었다. 책을 보다 그제야 알았다. 언젠가부터 우리 집에 내 책상이 없다는 걸. 어릴 적에 책상은 나의 우주, 나만의 공간이었다. 언제부터 나의 우주가 없어진 걸까? 집에서는 일하지 말자는 생각으로 없애버리고 식탁을 겸용으로 사용 중인데, 그건 '나만의' 것이 아니었다. 당장 책상을 주문했다. 물론 회사에는 내 책상이 있고, 아들이 본다면 분명 엄마는 바쁜 사람이구나 알 수 있을법한 책상이다. 내 옆으로 편집팀을 시작으로 어라운드 식구들 다양한 책상이 줄지어 있다. 모두 같은 모양을 사용하지만 와글와글 맥시멀리스트부터 내일 당장 퇴사해도 모를 만큼 말끔한 책상까지. 구경하다 보면 남의 책상에 뭐가 있는지 궁금해하면서 각자 자신의 작은 책상을 꾸렸던 어린 시절이 떠오른다. 어른이 된 우리는 어릴 적 친구의 책상을 구경하듯 지금의 작업 공간을 담아 보았다. 《AROUND》에서 만난 공간을 살펴보며 나의 책상, 나의 우주의 모습은 어떤지 다시 살펴보는 시간이 되길 바란다.

더불어 변한 잡지 모습에 조금 낯설게 이 책을 펼쳤을 독자분들에게 조금 덧붙이려 한다. 어라운드의 빈 종이를 한 장 한 장 채운 지도 어느덧 10년이 흘렀다. 세월을 기념하며 새로운 것보다는 정리하는 시간을 가졌다. 미세하게 신경 쓰였던 제호를 매만지고, 본문을 좀더 진하게 바꾸는 일부터 시작해 그동안 쉼 없이 달려온 《AROUND》를 재정비했다. '기존의 결 안에서 변화와 정돈된 느낌'을 주려 했다. 매번 무언가를 만들어내는 일은 설레면서도 하지 말아야 할 것을 고민하며 덜어내는 과정은 여전히 힘들다. 지금의 사람들은 어떤 가치를 가지고 살아가는지 자연스럽게 시대를 기록하다 보니 의무감마저 들었다. 《AROUND》를 10년 동안 읽어주고 퍼뜨려주신 독자분들, 우리의 과정을 계속해서 지켜봐 주시길.

김이경 편집장

Pieces

Hidden There

그곳의 조각들을 모아

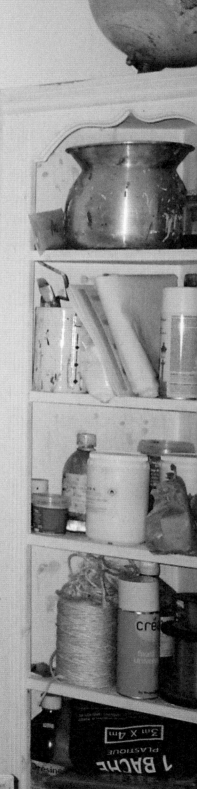

김송이 — Photographer

에디터 김지수

소개로 시작해 볼까요?

글을 쓰고 사진을 찍고 종종 그림을 그리기도 하는 김송이입니다. 의류 브랜드에서 일을 하고 있지만 글과 사진, 그림은 제가 아끼는 저만의 작업들이라고 생각해서 저를 소개할 때 빼놓지 않고 말하는 키워드예요.

송이 씨의 필름 사진을 좋아해요. 주로 공간을 찍고 있는데, 자연스럽고 일상적이지만 특유의 로맨틱한 분위기가 새롭게 느껴지더라고요. 주로 어떤 순간에 카메라를 드나요?

처음엔 제 주변에서 자주 보이는 것들을 찍곤 했어요. 어느 순간 평소에 접하지 못했던 새로운 분위기의 장면을 볼 때 시선을 멈추게 되더라고요. 낯선 곳으로 여행을 가거나 처음 가는 장소와 대면했을 때, 또는 익숙한 공간이라도 다른 분위기로 연출되었을 때요. 공간에 비춘 따뜻한 빛과 온도, 그로 인해 생긴 다채로운 색감들이 중요한 배경이 돼요. 같은 공간이라도 그곳을 이루는 요소에 따라 무드가 확연히 달라지니까요. 아마 제 사진을 자연스럽게 느끼시는 이유가 거기에 있을 거예요. 공간을 이루는 작은 조각들이요.

공간 자체보다 공간을 이루는 요소에 시선을 두고 있네요. 그런 순간이 돋보였던 기억에 남는 장면이 있나요?

처음 파리에 갔을 때였어요. 그곳에서 셔터를 누르던 모든 순간이 전부 기억에 남고 특별했지만, 당시 묵었던 에어비앤비의 호스트인 '마샤'의 집이자 작업실에서 찍은 사진들이 가장 기억에 남아요. 그녀는 그림을 그리며 사진도 찍는 예술가였는데, 마샤가 느끼는 영감을 뒷받침해 주듯 그 작업실에는 많은 서적과 음반, 그녀가 직접 그린 그림이 가득했어요. 온 집 안 구석구석을 천천히 살펴보아도 온통 새로운 것투성이였죠. 늘 저만의 작업실을 갖는 꿈이 있었는데, 마샤의 집은 한마디로 저에겐 환상적인 꿈의 공간이었어요. 언젠가는 그림과 음악, 사진이 가득 담긴 커다란 창을 가진 작업실을 갖고 싶다는 바람이 생겼어요.

송이 씨의 작업 공간이 궁금해지네요.
아쉽게도 저의 작업 공간은 조용한 카페가 대부분이에요. 집은 휴식을 취하는 공간이어야
한다는 생각 때문에 작업에 집중하기가 어렵더라고요. 지금은 사라졌지만 1년 정도 작업실을
마련했던 적이 있어요. 제가 좋아하는 그림 도구와 온갖 빈티지 소품과 서적을 채워 놓고 주로
새벽에 작업을 하곤 했어요. 좋아하는 것들에 둘러싸여 아끼는 연주곡을 틀어 놓고 나무로 된
책상에 앉아 그림을 그리거나 글을 썼죠. 그때 기억이 아직도 선명해요.

그곳에서도 글과 사진, 그림 작업을 계속했군요.
저는 늘 수집하고 있어요. 그게 단어든, 장면이든, 머릿속에서 번뜩 떠오르는 어떤 상상이든
말이에요. 그 모든 순간을 어떤 형태로든 남겨두려 해요. 나중엔 제가 쓴 글과 직접 찍은
사진들로 채워진 책을 만들고 싶어요. 그때를 위해 지금은 자료를 모아두고 있는 단계예요.
같은 장면이라도 제가 발견한 이야기를 글과 사진, 그림으로 각기 다르게 상상할 수 있어요.
얼른 작업실이 생겨서 느리지만 꾸준하게 남길 저만의 기록 작업에 집중할 수 있는 토대를
만들고 싶네요.

송이 씨의 작업실은 따뜻한 온기로 가득할 것 같아요.
그런가요(웃음). 저는 좋아하는 게 참 많아요. 여러 가지 일을 시작했다가 그만두기도 해봤어요.
그 과정에서 꽤나 많은 취미가 생겼죠. 필름으로 공간 사진을 찍는 일도 그중 하나였고요. 누가
보면 너무 잡다할 수도 있고, 별 볼 일 없는 것들일 수도 있지만 나중에 생길 제 작업실은 하고
싶은 일들을 가득 모아둔 보물 창고 같은 공간이었으면 해요. 그곳에서 제 취향을 이해하고
좋아해 주는 사람들과 좋은 기억을 만들어 오랫동안 간직하고 싶어요. 자주 꺼내어 곱씹어 볼
수 있는, 잔잔한 순간이 모인 공간을 상상해요.

Hezin Is Moving

아름다운 게 최고입니다

오혜진 — 그래픽 디자이너

에디터 이주연
포토그래퍼 Hae Ran

팔각 모양의 안경테에 담긴 두 눈은 말할 때마다 연신 둥글게 구부러진다. 한 마디, 두 마디 대화가 깊어질수록 유한 곡선에 강인한 힘이 붙는다. 결코 스러지지 않을 그 단단함은 아름다움을 길어 올리는 손끝에서 피어나는 듯했다. 서울로와 63빌딩, 남산과 남산타워가 전부 보이는 이 작업실 안에 그것만큼 쓸모 있는 게 또 있을까.

좋은 디자인이 뭐냐는 질문을 종종 받는데 제 대답은 항상 "아름다운 게 최고입니다."예요.

(커피잔을 쥐며) 잘 마실게요. 코스터가 정말 예쁘네요. 그거 귀엽죠! 콘크리트로 작업하는 작가님이 만든 건데 저도 참 좋아하는 코스터예요. 많이 사두고 싶었지만 하나밖에 못 들였어요. 커피 맛 괜찮으세요? 진하게 내려진 것 같아서… 혹시 쓰면 따뜻한 물 좀 넣어 드릴게요. 원두를 너무 많이 갈았나 봐요.

딱 좋아요. 맛있는걸요. 작업실에 귀여운 게 많아서 자꾸 두리번거리게 돼요. 모닝글로리 지우개까지 특별해 보이네요(웃음).
짐이 좀 많죠? 편히 둘러보세요. '작업실'을 주제로 인터뷰한다고 해서 은근히 기대했어요. 인터뷰는 아무래도 갓 디자이너가 됐을 때 많이 하게 돼서 포털사이트에 검색하면 옛날 인터뷰가 더 많거든요. 그 자료를 토대로 인터뷰가 파생되다 보니 새로운 제 이야기는 업데이트가 안 되더라고요. 그게 좀 아쉬워서 오늘은 지금 이야기를 많이 해보고 싶어요.

좋아요. 그럼 지금의 오혜진을 소개해 볼까요?
저요(웃음)? 항상 간단하게 소개하고 있어요. 그래픽 디자이너 오혜진입니다.

스튜디오 오와이이OYE라는 이름을 쓰고 있죠. 오와이이랑 오혜진은 어떻게 구분해서 사용하나요?
지금도 고민하고 있는 지점이에요. 처음 오와이이라는 스튜디오를 만든 건 여럿이 모였을 때 그룹 이름으로 대체할 수 있기 때문이었어요. 인원을 충원하고 멤버가 늘어도 한 번에 아우를 수 있는 이름이라고 생각했거든요. 근데 규모를 키우면 월급이나 복지 등 신경 써야 할 부분이 많겠더라고요. 점차 생각이 바뀌면서 지금은 혼자 일하는 게 편해졌어요. 손이 필요할 때도 물론 있는데, 그럴 땐 프리랜서 디자이너나 인턴을 구해서 기간제로 함께하고 있어요. 어쨌든 이제 멤버를 구하고 싶단 생각은 없어져서 오와이이란 단어를 그렇게까지 많이 사용하진 않아요. 오혜진이란 제 이름이 좀 흔해서 아이덴티티를 나타내기 위해 오혜진(오와이이)라고 괄호를 붙여 부연 설명하는

편이죠. 이젠 크레디트도 디자이너 오혜진이나 그래픽 디자이너 오혜진으로 나가는 게 더 좋아요.

이런 질문 어떨지 모르겠는데… 그래픽 디자인이란 게 뭐예요?
그래픽 디자인에도 분야가 다양해서 '그래픽 디자인은 이런 거다.'라고 정의 내리기는 조심스러워요. 간단히 말하자면, 이미지와 텍스트를 활용해서 어떤 내용을 시각화하는 게 아닐까 싶어요.

"시각화"라고 하면, 보이지 않는 걸 보이게끔 만드는 걸까요?
책 작업을 예로 들어 볼게요. 우선은 책으로 엮일 '글'이라는 재료가 있잖아요. 활자 형태를 띠고 있지만 사실 내용은 읽으면서 상상해야 하는 영역이지요. 머릿속에만 있는 그 의미를 시각화하는 게 그래픽 디자인 작업이라고 봐요. 머릿속에 개념으로만 존재하는 것에 '너는 이렇게 생긴 애야.' 하고 형태를 만들어 주는 거. 표지와 본문 디자인은 물론이고 조판과 흐름, 그 외 것들까지 생각하는 거죠. 활자 하나만 하더라도 어떤 서체를, 어떤 크기로, 어떻게 적용할지 고민해야 하니까요.

단순히 가독성을 높이는 작업만은 아닌 거네요.
그럼요. 디자이너는 책을 읽을 수 있는 형태로 디자인하는 것을 넘어 더 넓은 영역을 고민해요. 가독성은 그래픽으로 구현되었을 때 할 수 있는 역할 중 하나인 거지, 그게 전부는 아니에요. 가독성이 똑같이 좋더라도 활자에 고딕체를 입힐지, 명조체를 입힐지, 볼드 처리를 할지, 라이트하게 갈지… 고를 수 있는 선택지가 무척 많아요. 입힐 수 있는 옷이 다양하니까 그만큼 고민도 많아지죠. 때에 따라서는 없는 옷을 만들어서 특이하게 입힐 수도 있고요.

어떤 옷 입히는 걸 좋아해요?
요즘은 특정 스타일을 추구하는 걸 지양하고 있어요. 제 스타일을 만들기보다는 내용에 걸맞은 걸 선택하길

좋아하죠. 어쨌든 제가 만드는 거니까 동일한 미감이 생겨나기는 하는데 저만의 시그니처를 만들려고 노력하지는 않아요. 모든 작품에서 나만의 느낌이 나도록 일정한 표현 방식을 넣는 분들도 있지만 저한테는 그 방식이 잘 안 맞아요. 저는 한 번 해본 표현 방식은 피하려는 편이거든요. 그래서 이전 제 작업의 외형을 레퍼런스 삼아 작업해 달란 요청이 늘 고민스러워요. 비용과 일정이 만족스러워도 해본 걸 또 하는 건 제가 좋아하는 일이 아니어서요.

특정 스타일보다 재료와 내용에 집중한다는 거군요.
맞아요. 그래서 초기 작업부터 지금까지 제 작업 스타일도 많이 바뀌었어요. 옛날에는 자기만의 시그니처 표현 방식이 있는 것을 좋아했는데요. 프로젝트마다 내용이 다른데 동일한 방식을 취한다는 게 모순적이고 재미없게 느껴지더라고요. 지금은 표현 방식에 대해서는 열어두고 내용을 해석하는 태도에 초점을 맞추고 있어요. 앞으로도 안 해본 걸 시도하면서 저변을 넓히고 싶고요. '사람은 고쳐 쓰는 거 아니다.'란 말도 있지만, 제가 계속 달라지는 사람이니까 사람은 고쳐 쓸 수 있다고 믿어요(웃음).

고정적인 걸 선호하지 않나 봐요.
옷만 해도 옛날엔 남이랑 똑같은 걸 절대 못 견뎌서 구제, 빈티지 옷만 입었어요. 근데 지금은 대중적인 게 좋아요. 두드러지지 않고 평범한 옷들이요. 거대한 익명 중 하나인 게 가장 편하다는 생각도 하고요. 매번 변하는 사람이어서인지, 제 과거가 자주 낯설어요. 이전의 저를 지금의 제가 못 보겠는 느낌(웃음). 그래서 매일 '오늘부터 잘하면 되지!'라는 생각으로 움직이고 있죠.

그림이 좋아서 미대에 갔다고 들었어요. 디자인보다 회화에 관심이 있었나요?
원래는 만화를 좋아해서 애니메이션 감독이 되고 싶었어요. 1학년 때는 애니메이션도 만들고 영상 수업도 들었죠. 그게 싫어진 건 아닌데, 언젠가부터 그림은 배워서 습득하기보단 스스로 해나가는 거란 생각이 들더라고요. 기술적인 걸 배운다고 해서 내 그림이 남의 것처럼 바뀌는 건 아니니까 개인에 따라 능력치가 다르다는 생각도 했고요. 그런 고민을 할 즈음 대학에서 타이포그래피를 배우게 됐어요. 아예 모르던 분야여서 재미있었고, 글자에 의도를 넣어 표현한다는 게 놀라웠어요. 그때 그래픽 디자인과 편집 디자인에 관심을 가지기 시작했죠.

주로 어떤 작업을 해왔어요?
그래픽 디자인 영역에서도 전시 아이덴티티나 출판

프로젝트 같은 인쇄물 위주의 작업을 해오고 있어요. 출발점이나 재료가 명확하게 주어지는 일이 재미있거든요. 그 재료라는 건 작가의 글이나 전시 기획 같은 것들이죠. 저는 콘텐츠를 이해하고 어떻게 표현할까를 고민하는 데서 재미를 느끼는 사람이어서, 재료가 있는 그래픽 디자인이 잘 맞는 것 같아요.

그럼 그림 작업은요?
여전히 그리는 행위는 좋아해요. 다만, 느낌이 이전과는 많이 달라졌어요. 그림은 직관적으로 저를 표현하는 작업인 것 같아요. 그래픽 디자인과 달리 주어지는 재료 없이 '오늘 먹은 거'라든지 '오늘의 즐거운 일' 같은 걸 그리게 되니까요. 근데 저는 누군가에게 저를 드러내고 싶은 욕구가 없는 사람이에요. 그러다 보니 점차 본격적인 작업으로는 드로잉을 하지 않게 된 것 같아요.

그림으로 표현할 대상이 있다면 작업해 볼 수도 있겠네요?
재작년에 대학원 졸업하면서 글자 그리는 작업을 했어요. 글자를 그림으로 나타낸다는 건 그릴 수 있는 명확한 존재가 있는 거잖아요. 다양한 형태를 생산해 보고 싶은데 백지에서 시작할 수는 없으니까, 글자라는 형태에 기대서 형식 실험을 해보자는 의도였어요. 제목도 '백지에서 시작할 수는 없잖아요'라고 붙였고요.

대학을 졸업하고 바로 작업을 시작한 게 아니라 여러 회사를 다녔다고요. 1년 반 동안 세 번이나 이직했다고 들었어요.
회사 생활은 저랑 정말… 안 맞아요. 다른 것보다도 조직에서 발생하는 상하 구조를 못 견뎠죠. 택배나 전화가 왔을 때 그걸 처리하는 사람은 무조건 '막내'라는 시스템이 싫었어요. 다 같이 식사를 해도 막내가 수저를 놔줄 때까지 아무도 움직이지 않는 것도 그렇고요. 소일거리를 할 사람이 따로 있다는 게 버거웠던 거죠. 그게 싫어서 회사 생활을 그만두고, 또 그만두고, 하다가 이렇게는 안 되겠다 싶어서 스튜디오를 만들었어요.

그런데 어느 인터뷰에서 디자인하면서 아쉬운 점으로 '혼자 일하는 것'을 꼽았더라고요.
스튜디오 오와이이에 멤버를 모집할 마음도 있던 때여서 그랬을 텐데, 이야기했다시피 지금은 혼자 일하는 게 정말 만족스러워요. 사실 이렇게 변한 건 함께 사는 사람 덕분인 것 같아요. 그래픽 디자이너랑 결혼한 덕에 고충이 생겨도 털어놓기도 하고 공감도 받으면서 혼자서 해내야 하는 힘듦이 많이 없어졌거든요.

아, 코우너스의 조효준 디자이너와 결혼하셨죠.
공개적으로 말하려니 좀 쑥스럽네요. 가끔 작업
보여주면서 "뭐가 더 나은 것 같아?" 물어볼 때도 있고,
짜증나는 일이 생기면 털어놓기도 해요. 좋은 일이 생기면
서로 축하도 해주고요. 동종 업계에 있다는 게 안심이기도
하고 큰 위안이 돼요.

연애를 짧게 하고 결혼했다는 이야기를 들었어요. 연애
이야기 물어봐도 되나요(웃음)?
어…(웃음), 처음 대면했을 땐 이미 서로 알고 지낸 지 꽤
된 때였어요. 코우너스는 그래픽 디자인 스튜디오면서
리소그래피 인쇄소를 겸하고 있는데요. 인쇄 의뢰하러
갔다가 처음 보게 되었고, 조금씩 친해지다가 우연히 집
방향이 같은 걸 알게 되면서 빠르게 가까워졌어요. 연애를
하나 싶더니 반년 만에 결혼도 하게 됐죠. 정신을 차려
보니 같이 살고 있더라고요(웃음). 제가 외로움을 많이 타는
성격이어서 집에 가면 누가 있다는 게 좋았어요. 결혼하고
나서 작업에도 집중이 더 잘되고, 마음이 편해지니까 삶이
재미있어졌어요. 결혼하길 잘했단 생각을 자주 하죠.

재미있는 에피소드가 생각났어요. 그래픽 디자이너
김강인·이윤호 부부가 혜진 씨 작업실 파티에서 만나
결혼하셨다고요?
맞아요. 지금 DDBBMM으로 활동하는 부부
디자이너인데, 예전에는 사람들을 제 공간에 초대해서
노는 걸 좋아했어요. 워낙 사람에 관심이 많을 때라 한
번밖에 만난 적 없는 김강인 디자이너를 작업실로 초대한
거였죠. 윤호 언니는 원래 저랑 친한 사이였는데, 저도
둘이 이렇게 될 줄 몰랐어요. 얼떨결에 결혼식 날 축사도
했어요. "잘 살아라." 그러면서(웃음).

큐피드가 된 거네요(웃음). 작업실 파티를 열 정도면
사람들 만나는 걸 좋아하나 봐요.
제가 변했다는 이야기를 계속하게 되는데, 지금은
그렇지도 않아요. 20대 때는 낯선 사람 만나는 자리를
즐겼어요. 공연이나 전시도 많이 보러 다니고, 모임이
있으면 꼬박꼬박 참석했죠. 근데 이 사람 저 사람 만나다
보니까 이 사람이 그 사람 같고, 저 사람이 이 사람
같더라고요. 멋지다고 생각한 사람의 허세나 찌질한
모습을 보면서 세상에 특별한 사람은 없다는 걸 알게
됐어요. 그러면서 사람들을 모으고 새 사람을 만나는 데
흥미도 떨어졌고요.

정말요? 이번 작업실로 이사할 때 SNS에 "사람 많이
초대하고 싶다."라고 적어놓은 걸 봤는걸요?

그때 살짝 병이 도지긴 했는데(웃음) 낯선 사람들을
모으기보단 가까운 사람들을 초대하고 싶단 뜻이었어요.
팬데믹 상황 때문에 여러 명을 한 번에 부르진 못했지만
소수 만남은 꽤 여러 번 했죠. 이 작업실 창이 크고 넓어서
야경이 멋있거든요. 도심 뷰를 안주 삼아 와인 한 잔
마시자며 친구들을 종종 부르곤 했어요. 옛날엔 창밖으로
나무나 공원이 보이는 게 제일 좋은 줄 알았는데, 여기로
이사 오고 나서 빌딩 뷰도 매력 있다는 걸 처음 알게
됐어요. 약간 성공한 것 같은 착각도 들고(웃음).

작업실 이사를 여러 번 한 걸로 알아요. 이 작업실이 몇
번째예요?
(손으로 꼽으며) 여섯? 일곱인가?

여러 작업실을 돌아다녔군요. 넓은 데로 이사해서
좋다는 이야기도 하셨는데, 이번 작업실에선 또 어떤 걸
고민했어요?
화장실이 좋아야 했어요. 당연히 월세가 합리적이어야
했고요. 무엇보다 어딘가에 노출되지 않은 공간이길
바랐어요. 한때 1층 작업실을 쓴 적이 있는데, 그때
지나가던 사람들이 불쑥 불쑥 들어오는 경험을 많이
했거든요. 그게 저한테는 좀 스트레스 상황이어서 숨을 수
있는 공간을 원했어요. 혼자 일하다 보니 대체로 편안한
차림으로 출근하는데, 그런 상황에서 갑자기 누군가를
만나는 건 부담스럽더라고요. 한때는 여러 사람이랑
작업실을 공유한 적도 있는데요. 각자 미팅도 있고,
이래저래 사람이 많이 오가기 때문에 원치 않게 사람 만날
일이 많았어요. 저는 만날 준비가 안 됐는데 갑자기 저를
아는 사람을 만나게 되는 일도 더러 있어서 그런 상황을
최대한 피하고 싶었죠.

어? 근데 이 작업실도 건축사사무소와 공유하는 형태
아닌가요?
맞아요. 세 공간으로 구분을 두어 미팅하는 공간,
건축사사무소, 제 공간으로 나누어 사용해요. 함께 쓰는
건축가는 제 친구들이에요. 이전 공유 작업실이 넓은
공간에 여러 사람이 입주해서 작업하는 형태였다면, 지금
작업실은 친한 친구들과 함께 구한 거라 그런 부담은
없어요. 두 팀 다 사람을 잘 안 만나는 성격인 데다가
배려도 많이 해서 누군가 오거나 특별한 일이 생기면 미리
알려주거든요.

본격적으로 이 공간을 소개해 볼까요?
들어올 때 건물 이름 보셨나요? '경김회관'인데, 경주 김씨
자손들이 사용할 용도로 만든 사무실 건물이라고 해요.

그러다 공실을 임대해서 저희가 들어와 있는 건데요. 몇몇 사무실엔 문 위쪽에 한자가 적혀 있거든요. 그런 곳들은 경주 김씨 자손들이 사용하는 공간이래요. 그 외엔 세를 놓은 곳들이고요. 월세 낼 때가 되면 농담 삼아 "우리가 경주 김씨의 현대판 소작농이다." 그래요(웃음). 아무래도 한 가문이 사용하는 건물이다 보니 오래된 건물인데도 관리가 잘돼 있고 깨끗해서 좋아요. 저희는 5층을 쓰고 있는데 들어올 때부터 잘 구성된 공간이어서 크게 불편한 게 없었어요. 이전엔 SoA라는 건축사사무소가 쓰던 공간이었는데, 천장 쪽에 짐을 보관할 수 있게 선반을 만들고 철제문도 다 공사해 두어서 저흰 페인트만 칠하고 들어올 수 있었거든요. 건축가 친구들은 해가 잘 드는 걸 선호해서 창과 가까운 데 자리를 만들었고, 저는 숨는 게 좋아서 가장 안쪽에 책상을 두었어요. 이 작업실에서 자랑스럽게 소개할 부분은 역시 창밖에 서울로가 보인다는 거, 빌딩 숲이 펼쳐져 있다는 거, 넓다는 거예요.

그리고 빛이 잘 든다는 거! 밝고 시야가 확 트여서 좋네요. 오늘은 토요일인데, 주말에도 자주 나오세요?
일하러 오는 건 아니지만 종종 와 있긴 해요. 책을 읽거나 화분을 돌보면서 시간을 보내죠. 업무는 보통 월요일에서 금요일, 아침 10시부터 저녁 7시까지 하고 있어요. 규칙적으로 출퇴근하는 건 저한테 중요한 일이어서 웬만하면 어기지 않아요. 저는 학생 때도 밤을 잘 못 새우던 사람이라 지금도 야근은 힘들거든요. 나이가 들어가면서 신체적으로도 점점 버거워지는 것도 있고요. 저녁 8시가 넘어가면 집중이 안 돼서, 업무 효율을 위해서라도 정시 퇴근을 지향해요. 야근을 한다고 해도 9시 이전에는 꼭 퇴근하는 편이고요. 더 하고 싶어도 밥 먹고 나면 집중력이 흐려지고, 저녁을 안 먹는다고 해도 급속도로 피곤해지거든요.

그럼 일정이 빡빡한 작업은 안 받게 되겠네요.
그건 또 아니에요(웃음). 작업할 땐 손이 빨라요. 물론 아이디어를 생각할 때는 속도와 상관없이 고민할 시간이 많이 필요한데요. 정해지고 나면 그다음 것들은 술술 처리하는 편이에요. 주어진 기간에 딴짓하지 않고, 집중해서 끝내고 퇴근하는 걸 선호하죠. 그래서 이 루틴이 버거운 적은 거의 없어요.

사람마다 출근 직후 패턴이 있더라고요. 누구는 커피를 내리고, 누구는 환기를 하고⋯. 작업하기 전에 예열은 어떻게 해요?
어, 특별히 없는 것 같아요. 요새 출근하면 화분에 물을 주기도 하는데 그건 예열이라기보단 여유가 좀 있으니까

돌보는 거고, 바쁠 땐 오자마자 컴퓨터 앞에 앉아서 집중하기 바빠요. 전 출근과 동시에 일꾼 모드가 되는 사람인가 봐요(웃음). 사실 바쁜 날엔 출근 준비할 때부터 마음이 조급해서 다른 걸 할 여유가 없는지도 몰라요. 할 일이 많으면 전날 잠도 잘 안 오거든요. 얼른 출근해서 끝내고 싶단 생각뿐이어서 오자마자 일에 집중하고 그날 할 일을 마무리 짓는 걸 좋아해요.

일할 때 좀 계획적인 편인가요?
잘 몰랐는데 이야기하다 보니 그런 것 같아요.

그럼 일을 집으로 가져가는 경우는 잘 없겠네요?
많아요(웃음). 근데 집에선 두 시간 이상은 집중이 안 돼요. 인프라도 이쪽에 다 갖춰져 있어서 출력하거나 샘플을 만들기도 편하죠. 초기에는 작업 공간이 집에 있었는데요. 그렇게 하다 보니 일하는 데 끝이 없더라고요. 잠자는 시간을 빼고는 계속 일만 하고⋯. 3-5일은 기본으로 세수만 하고 모니터 앞에 앉아 있던 것 같아요.

작업실을 꼭 분리해야 하는 타입이군요. 잠깐 둘러봤는데, 여기 독특한 책이 참 많아요.
여행 가서 사온 책들이에요. 여행지에선 꼭 서점에 들르곤 했어요.

보통 어떤 책을 골랐어요?
예쁜 책이요. 사실 외국에서 사는 책은 읽을 수 없는 게 대부분이에요. 그래서 내용보다도 종이, 제본, 디자인 같은 게 신기하다 싶으면 사게 되더라고요. (책꽂이에서 책 몇 권을 꺼낸다.) 이거, 제가 좋아하는 책들인데요. 일본 작가가 만드는 에세이 시리즈예요. 판형과 로고 위치는 일정한데 제본이나 만드는 방식은 매번 달라지는 게 재미있어요.

(책을 펼쳐보며) 와, 되게 특이하네요?
한국에서는 이렇게 못 만들어요. 만들어 달라고 하면 욕먹어요(웃음). 이 책을 만든 그래픽 디자이너가 공예가 성향이 강한 사람이거든요. 그래서 더 독특한 책들이 나올 수 있는 거 같아요. 이 시리즈를 보면서 '나도 말도 안 되는 거 만들어 보고 싶다.'는 생각 많이 했어요.

이 책은 모든 페이지가 접힌 채로 제본됐네요. 펼쳐볼 수가 없는데, 이게 무슨 의미일까요?
정확한지는 모르겠지만 제가 이해한 바로는, 매호 주제가 있는데 이 여섯 번째 책은 물과 관련된 이야기를 다룬 걸로 기억해요. 그래서 책장을 접어서 제본하고, 그 안쪽엔 푸른색을 넣어 물을 연상할 수 있도록 표현한 거죠. 독서

경험이란 활자만 읽는 게 아니라 다른 시각적인 요소들을 보기도 하고, 손으로 넘기는 감각도 느끼는 거잖아요. 이 파란 색깔이 모든 페이지에 들어 있는 걸 보면 특유의 감정이 느껴지지 않나요? 그런 의도를 담는 게 그래픽 디자인이라고 생각해요.

그래픽 디자인은 꼭 아름다움을 만들어 내는 일 같아요.
맞아요. 좋은 디자인이 뭐냐는 질문을 종종 받는데 제 대답은 항상 "아름다운 게 최고입니다."예요.

이전 인터뷰에서 "건축이나 공간으로 일하는 사람들과 협업하고 싶다."는 이야기를 하셨어요. 언젠가부터 건축 관련 업무를 많이 하고 있는 것 같아요. 실제로 해보니 어때요?
너무 좋아요. 제 작업은 거의 종이로 구현했는데, 그 스케일이 커지니까 너무… 좋더라고요(웃음). 작년엔 건축사사무소 푸하하프렌즈랑 '서울도시건축비엔날레' 작업을 같이 했어요. 제가 구현한 작업이 거대한 규모로 도심 한복판에 떡하니 있는 걸 보는 건 신기한 일이었어요. 이번 비엔날레 작업이 공사 가림막을 모티프로 만든 작업이었는데, 이 협업을 통해 그래픽 디자인과 건축에 비슷한 면이 있다는 생각도 했어요. 그래픽 디자인도 눈에 보이는 어떤 것을 재료 삼아 재해석하는 과정이니까요. 클리셰한 시각 언어에 새로운 의도를 넣어 표현하는 게 그래픽 디자이너의 역할이라고 생각해요.

클리셰한 시각 언어에 새로운 의도를… 좀더 설명해 주실래요?
예를 들어 이런 네모난 바탕이 있다고 해볼게요. (종이를 손에 든다.) 이 끝 쪽에 세로로 동그란 구멍을 뽕뽕뽕 일정하게 뚫는 거예요. 뭐처럼 보일까요?

스프링 노트…요?
그렇죠. 펀칭 그래픽을 넣는 것만으로 우리는 '스프링 제본 같다.'는 느낌을 받을 수 있어요. 실제 스프링 제본을 하는 게 아니라 시각적인 효과를 넣어서 전시 아이덴티티나 출판 콘셉트를 만드는 거죠. 그런 점에서 건축도, 그래픽 디자인도 어떤 재료를 뿌리 삼아 비유해서 보여주는 작업이란 생각이 들었어요. 건축이 구조물에 비유해 담는 작업이라면, 그래픽 디자인은 시각 형태에 비유해서 보여주는 거죠.

이해가 쏙쏙 되는데요, 선생님(웃음). 협업하는 재미도 생겼을 거 같은데 또 도전해 보고 싶은 분야 있어요?
건축 하는 친구들과 계속 뭔가 해보고 싶고… 아, 최근에는

패션에도 관심이 생겼어요. 요즘 프랑스 패션 사진가랑 책을 하나 만들고 있거든요. 한국에서는 패션이 흔히 명품 브랜드로 표현되곤 하는데, 이 사진가는 그런 영역에서 좀 비껴난 작업을 해요. 패션 산업에서 발생하는 의심스러운 부분을 뒤트는 작업이죠. 보통은 패션을 보여주기 위해 날씬하고 예쁜 모델을 쓰곤 해요. 근데 이 작가는 본인이 사는 동네 주민들을 모델로 삼아요. 키나 나이대나 생김새가 전부 다른 사람들이죠. 그들에게 입힐 옷은 사진가의 친구들이 디자인하는데요. 시장에서 온갖 재료를 사 와서는 희한한 옷들을 만들어요. 종이로 드레스를 만든다거나…. 그 작업만 해도 재미있는데, 사진 찍는 감각도 새로워요. 깔끔한 스튜디오나 햇빛이 잘 드는 곳을 택하는 게 아니라 모델들이 좋아하는 장소나 사연이 깃든 곳으로 가거든요. 이런 식으로 사진마다 내러티브를 담는 거예요.

어떤 책이 될지 궁금하네요. 프랑스 작가와 소통은 어떻게 해요?
영어로요. 구글 선생님이 저희를 도와주죠(웃음). 저는 영어가 모국어인 사람보다 제2 언어인 사람들과 이야기하는 게 편해요. 서로 좀더 직설적인 화법을 쓰게 되어서요. 오히려 영어권 사람들과 대화하면 의미를 파악하는 데 시간이 오래 걸려요. 최근에 영국 사람과 작업하면서 메일을 주고받을 일이 있었는데 거기 "There Is Room."이란 문장이 있는 거예요. 문맥 파악이 잘 안 됐는데 알고 보니까 "이렇게 할 여지가 있다."더라고요. 어려운 문제 푸는 기분이었어요. 또 한번은, 한 미국인이 'IDK'라는 단어를 썼는데 처음엔 프로그램 용어인 줄 알았거든요. 'CJK'라고, 차이니즈, 재패니즈, 코리안이란 의미의 축약어가 있어서 그런 줄임말이라고 생각한 거죠. 근데 아무리 생각해 봐도 그 의미를 모르겠는 거예요. 알고 보니까 'I Don't Know'의 줄임말이더라고요(웃음).

아이고, 저는 한국어 줄임말도 못 알아듣는데(웃음). 다시 작업실 이야기로 돌아와 볼게요. 이 공간에서 가장 좋아하는 건 뭐예요?
식물 스테이션이랑 책장이요. 작업실에 전부 같은 철제 책장을 들여놨는데 구성이 조금씩 달라요. 옵션이 많아서 용도에 맞춰 고르기 편하더라고요.

이 작업실과 무척 잘 어울려요. (손가락으로 가리키며) 저긴 처음부터 식물들 자리였나요?
아니에요. 칼판을 놓고 뭔가를 자를 때 쓰던 곳인데, 화분을 하나하나 들이다 보니 어느새 이렇게 돼버렸어요. 식물은 최근에 취미 붙인 거라 아직 자랑하기엔

쑥스러워요. 식물 가꾸는 데 미숙하다 보니 여기서 죽어
나간 화분도 꽤 많아요.

이파리가 다 탱글탱글한데요?
사 온 지 얼마 안 된 애들이라 그래요. 죽은 애들은 빠르게
처분했거든요(웃음). 나이가 들어서인지 요즘은 식물이
너무 좋아요. 저희 엄마가 꽃을 참 좋아하시는데요. 어느
날 엄마랑 걷는데 "꽃들이 웃고 있네." 그러시는 거예요.
그 당시엔 "무슨 소리야." 그랬는데, 지금은 그 말이
무슨 뜻인지 알겠어요. 며칠 전엔 화분에 새순이 돋은 걸
보고 코가 찡해지더라고요. '이 겨울에 새순이 났구나!'
그러면서(웃음). 작업실에서 작업 말고 관심을 두는 건
딱 이 식물뿐인데 일에서 잠깐이라도 눈 돌릴 시간이
생기니까 확실히 정신 건강이 좋아지는 것 같아요. 조금
유치하지만 얘네가 자라는 걸 보면서 '나도 힘내야지.'
생각도 하고요.

**이곳은 귀여운 소품과 식물과 책으로 기억될 것 같아요.
갑자기 이런 게 묻고 싶네요. 지금 가장 좋아하는 게
뭐예요?**
좋아하는 거요? 너무 많은데. 여기서 작업하는 것도
좋고….

일이 가장 먼저 나오네요?
중요하니까요. 제 인생에 축이 두 개라면 하나는 일이고,
하나는 주변 사람들일 거예요.

**그만큼 작업실도 중요한 공간이겠네요. 공간이라는 건
우리가 살아가는 데 어떤 역할을 한다고 생각하세요?**
음… 얼마 전에 〈일본 침몰〉이라는 드라마를 봤어요.
일본이 가라앉아서 없어지는 이야기인데요. 나라를
구성하는 3대 요소가 국민, 주권, 영토잖아요. 원작자가
'그중 영토가 사라지면 무슨 일이 벌어질까?'라는 질문을
던지면서 만들었다고 해요. 영토도 공간이니까… 공간은
역시 우리가 살아가는 데 없어선 안 되는 주요 요소가
아닐까 싶어요.

**나라를 구성하는 삼요소가 국민, 주권, 영토라면, 이
공간을 구성하는 삼요소는 뭘까요?**
창밖으로 보이는 빌딩 숲, 식물들, 옆자리 친구들.

어? 답이 되게 빨리 나오네요?
지금 여긴 완벽하거든요. 아주 만족스러워요(웃음).

새 옷을 입은 《AROUND》

이번 호를 보고 몇 명의 독자가 "어라?" 했을까. 100개의 작업이 있다면 100벌의 옷을 입히고 싶다는 오혜진 디자이너가 《AROUND》의 표지와 인트로 페이지에 새 옷을 입혀 주었다.

"'기존 결과 방향성은 유지하며 리뉴얼하면 좋겠다.'는 요청을 받고 지금까지의 《AROUND》를 떠올려 봤어요. 제 머릿속에 가장 크게 자리 잡은 이미지는 큼직한 사진과 'AROUND' 제호가 들어간 구성이에요. 초창기부터 보아 와서 그 표지가 익숙하기도 하고, 오래 그 모습으로 지속되기도 했고요. 그러한 인상을 유지하되, 제가 《AROUND》를 읽으며 느낀 부분에서 좀더 업그레이드한 인상을 주고자 했어요. 표지 전면에 이미지를 배치하고, 표지의 폭을 본문보다 약간 짧게 만들어서 디테일한 정보는 한쪽에 몰아넣는 식으로 레이아웃을 전개했어요. 표지와 인트로 페이지의 흐름이 연결되기를 바라 그 점에도 신경 썼고요."

Point. 1

네덜란드 암스테르담과 한국의 제주를 오가며 '볼드 디시전스Bold-Decisions.biz'라는 타입 파운더리를 운영하는 그래픽 디자이너 '마스 빌고르Mads Wildgaard'가 영문 제호를 조금씩 다듬었어요. 굵기를 맞추거나 여백을 넓히는 미세한 시각 보정이었죠.

Point. 2

표지 종이를 고르는 데도 고민이 많았어요. 독서 경험은 활자만 읽는 게 아니라 손으로 만지는 종이의 느낌, 책장을 넘기는 시간까지도 포함하는 거라고 생각해서요.

"저는 여러 작업을 해오면서 한 번도 '이 작업은 이렇게 봐주면 좋겠다.'고 생각한 적이 없어요. 사람마다 해석이 다르고, 보는 눈도 다르니까요. 그래서 무언가 결정할 때 무조건 다수 의견을 따르진 않아요. 모두의 의견을 신경 쓰면 결국 이도 저도 아닌 디자인이 나올 테니까요. 핵심 멤버의 생각이 가장 좋은 디자인을 불러온다고 생각해서 '독자들이 이렇게 봐주면 좋겠다.'는 생각은 하지 않고 작업했어요. 한 가지 바람이 있다면, 보자마자 '이게 뭐야.' 하고 쓰레기통으로 던지는 물건도 있잖아요. 그런 물건이 아니기만을 바라요(웃음). 예뻐서 집에 두고 싶은 책, 그런 인상이면 좋겠어요. 쓸모 있는 걸 아름답게 만드는 건 중요하니까요."

She Likes
Sunshine

해바라기처럼 걷는 사람

김현아 — 데시엠 코리아 지사장

에디터 이주연
포토그래퍼 Hae Ran

구석구석 색들이 자리 잡은 집 안엔
해를 따라 거니는 한 사람이 있었다.

**옷은 한 번 입고 다음 날 안 입을 수도 있지만 집은 그럴 수가 없어요.
집에 좋아하는 걸 갖다 두고 꾸미는 데 마음을 쏟으면
집이 저에게 그만큼의 에너지를 주는 것 같아요.**

언젠가 이런 이야길 하신 적이 있죠. "뭔가를 열심히 좋아하다 보면 내가 어떤 사람인지 자연스럽게 알게 되는 것 같다."라고요. 오늘의 김현아를 소개해 주실래요?

사실 저는 제가 어떤 사람이라고 애써 꾸며서 정의하는 걸 좋아하지 않아요. 소개할 때 항상 '회사원'이라고 하는데요. 좀더 덧붙이자면, '열심히 살고, 재미있게 사는 회사원' 김현아예요.

"열심히 산다."는 게 어떤 의미예요?

인생에는 어쨌든 끝이 있잖아요. 그래서 저는 매일을 의미 있게 잘 보내고 싶어요. 그렇다고 매 순간 부지런하게 산다는 건 아니고, 저도 어떤 날엔 당연히 아무것도 안 할 때도 있고 하루를 날려버리기도 해요. 하지만 언제나 인생을 진짜, 정말, 무척 즐겁게 살고 싶어요. 이번 인생에서 제가 얻을 수 있는 최대치를 가져가고 싶은 마음이 항상 있는데, 그런 의미에서의 '열심히'예요.

언제부터 재미를 원했어요?

계기가 있다기보다는 원래 그런 사람이었어요. 생각해 보면 살아온 환경 때문인 것 같아요. 아버지가 군인이셔서 어릴 때 이사를 많이 다녔거든요. 1년에 한 번은 전학을 가다 보니 생활환경이나 친구들이 계속 바뀌고…. 저한테 변하지 않는 건 가족 말곤 없었어요. 어떤 상황이든 적응하고 재미를 찾는 어린 시절을 보냈죠.

어릴 때 이야기를 좀더 들어보고 싶어요.

아버지가 철원에서 근무하실 땐 전교생이 100명도 채 안 되는 학교에 다녔는데, 철원의 겨울은 꽤 춥거든요. 그 추운 날 친구들이랑 얼어붙은 강을 깨면서 놀았어요. 얼음낚시 비슷한 걸 하면서 재미를 찾은 거죠. 시골에서도, 도시에서도 지내다 보니까 여러 경험을 해볼 수 있어서 지루할 틈은 별로 없던 것 같아요. 부모님이 장난감을 많이 사 주시는 타입도 아니어서 스스로 재미를 찾아 다녔어요.

그러다 미국으로 가신 거군요. 인스타그램 아이디가 현아킴벌리@hyunakimberly잖아요. '킴벌리'란 이름은

어떻게 지은 거예요?

아(웃음), 킴벌리는 제 영어 이름이 아니에요. 저는 한국에서 고등학교 2학년까지 다니고 미국으로 갔는데, 거기 제 한글 이름을 제대로 불러주는 외국인이 한 명도 없었어요. 발음을 계속 짚어주는 게 좀 귀찮아져서 나중엔 "난 킴이야." 그랬더니 한 3~4학년쯤 됐을 땐 킴벌리를 줄여서 킴으로 부른다고 아는 사람이 많은 거예요. 제 기준에 킴벌리는 촌스러운 영어 이름이거든요. 한국으로 치자면 '영자' 정도…. 미국 중서부 어디 즈음 살고 있는 중년 여성의 이름일 것 같은데(웃음), 한국에서 유학 온 애 이름이, 그것도 직접 선택한 이름이 킴벌리라고 생각하는 게 너무 재미있는 거예요. 그래서 같이 웃자고 지은 계정명이 현아킴벌리예요. 그게 제 이름처럼 완전히 붙어버린 거죠. 지금은 재미도 없고, 감동도 없어서 'The Joke Is On Me.'가 됐어요. '내가 한 농담에 내가 당한다.'(웃음).

'좋아하는 걸 좋아하는 사람'이란 이미지가 강해요. 요새 특히 좋아하는 건 뭐예요?

정정부터 해야 할 것 같은데, 저는 남들보다 좋아하는 것에 채도가 높을 뿐 좋아하는 걸 좋아하는 사람은 아니에요. 오히려 싫어하는 걸 더 열심히 하는 편이죠. 어떻게 보면 싫어하는 걸 좋아하는 사람인 것 같아요. 이것도 인생을 열심히 살고 싶어 하는 태도의 한 부분 같고요. 그래서 좋아하는 게 뭐냐고 물으면 더 대답하기 어려워요. 제가 그렇게까지 깊게 생각하는 영역이 아니어서요.

어, 저는 왜 '좋아하는 걸 좋아하는 사람'이라고 생각했을까요?

아무래도 인스타그램으로 저를 접하는 사람들은 그렇게 생각할 수 있을 것 같아요. 인스타그램은 이미지 기반이기 때문에 거기 굳이 보기 싫은 걸 올리진 않거든요. 싫은 얘기를 공개적으로 하는 건 조심스러워요. "나 이거 진짜 싫어." 했을 때, 누군가는 '나는 이걸 좋아하는데 왜 싫다고 하지.'라고 생각할 수 있으니까요.

그럼 질문을 좀 바꿔볼게요. 지금 가장 관심을 두고 있는 건 뭐예요?

요즘요? 늘 달라지는데, 친구들이랑 환경 문제도 자주 이야기하고… 혹시 〈걸스〉라는 미국 드라마 아시나요? 영화배우이자 감독인 레나 던햄Lena Dunham이 스물다섯 살 때 감독, 연출, 각본, 연기까지 전부 맡아 만든 드라마인데, 여자 주인공이 전형적인 미인과는 거리가 멀어요. 그가 뉴욕에서 살아가는 에피소드를 보면서 외모에 관해 많이 생각하게 됐어요. 외모는 누군가를 설명하는 요소가 되기도 하고, 때때로 특혜가 되기도 해요. 특히 우리나라에는 '면접 프리패스상', '상견례 프리패스상' 같은 단어도 있잖아요. 외모 덕분에 이익을 보기도 하고요. SNS만 해도 예쁘고 멋있는 사람들은 팔로워가 영향력으로 작용하기도 하니까요. 왜 '흙수저'나 '금수저' 같은 이야기는 하면서 외모가 누군가에게 특권이라는 얘기는 없을까 싶더라고요.

이런 관심이 "열심히 싫어하는 것"과 연결되기도 할 것 같아요. 요즘 열심히 싫어하는 건 뭐예요?

음… 저를 오래 본 친구가 저한테 "넌 되게 자연스러운 사람 같아."라고 말해 준 적이 있어요. 제가 들은 가장 기분 좋은 칭찬이죠. 자연스럽다는 건 꾸밈이 없다는 거고, 그건 제가 추구하는 삶의 모습이기도 해요. 보여주기 식의 행동은 경계하고 싶어서 제 행동을 종종 점검해요. 혹시 남들에게 보여주려고 의식하는 건 아닐까 싶어서요. 그런 건 제가 열심히 싫어하는 것 중 하나거든요.

그럼 오늘은 꾸밈없이 이야기해 볼까요? 지금까지 살아온 집이 매체에 종종 노출되었고 '랜선 집들이 영상'으로 이 집을 직접 공개하기도 했죠. 집은 현아 씨한테 어떤 의미예요?

제 기분을 최대치로 유지해 주는 공간이요. 저는 제가 늘 기분이 좋길 바라요. 모두가 암담한 상황이어도 저는 조금 괜찮고 싶거든요. 집은 제 기분에 크게 기여하는 요소예요. 매일 아침 일어나고, 생활하고, 잠드는 공간이니까요. 옷은 한 번 입고 다음 날 안 입을 수도 있지만 집은 그럴 수가 없어요. 집에 좋아하는 걸 갖다 두고 꾸미는 데 마음을 쏟으면 집이 저에게 그만큼 에너지를 주는 것 같아요. 이 집은 제 삶의 양식이 녹아 있는 곳이에요. "여기 있으면 기분이 조크든요." 하고 싶은 거죠.

집 이야기를 할 때마다 웃고 있어서 덩달아 기분이 좋아요(웃음). 이 집을 소개해 주실래요?

여긴 서빙고동이에요. 건너편에 있는 신용산에서 잠깐 살기도 했는데, 이 동네가 그리워서 다시 이사 올 정도로 좋아하는 동네죠. 벌써 서빙고동에서만 7년을 살았네요. 한강이 가까운 것도 좋고, 남산타워와 63빌딩이 다 보이는 풍경도 좋아요. 무엇보다 이 동네에선 아는 사람을 마주친 적이 없어요. 사생활이 보장되는 건 저한테 안전하단 뜻인데, 이 집과 동네가 그런 안정감을 줘요.

주변 건물들이 높지 않고 시야가 확 트여서 시원해요. 빛이 잘 들어서 기분도 좋고요. 이 집은 복층인 거죠?

맞아요. 원래는 이 건물 1층에 살았어요. 그때 길고양이들 밥을 챙겨줬는데, 여기 함께 사는 이 하얀 친구가 그 길고양이 중 하나였어요. 오드아이여서 '오이'라고 부르던 길고양이인데요. 이 아이가 저희 집에 들어온 후로 1층 집이 너무 좁게 느껴지는 거예요. 1층 집은 방이 두 개였는데 작은 고양이 한 마리가 들어왔다고 공간이 확 좁아 보이더라고요. 저는 제가 굉장한 영역 동물이라고 생각해요. 고양이도 마찬가지여서 제 영역을 침범받는 느낌이 들었어요. 둘 모두의 영역이 확보되는 게 중요하다고 생각했죠. 그래서 좀더 넓은 집을 찾다가 같은 건물 맨 위층이 나온 걸 보고 구경 갔는데, 너무 마음에 들더라고요. 넓고 채광도 좋고요. 지금은 오이 방을 따로 두어서 어느 정도 각자 공간이 생겨 삶의 질도 좋아졌어요.

오이랑 함께 사는 건 어때요?

저는 원래 반려동물에 반대하는 사람이었어요. 친구가 반려동물을 들이고 싶다고 하면 나서서 반대하곤 했죠. 같이 노는 데 규제가 많아지고, 책임감도 필요한 일이니까요. 그런 제가 오이랑 같이 살게 된 건… 오이는 추운 날이면 저희 집에 들어와 몸을 녹이고 가곤 했는데 가끔 안 보이면 걱정이 돼서였어요. 오랫동안 고민하다가 함께 살자 싶어서 집에 들이기로 결심했어요. 처음엔 둘 다 많이 힘들었어요. 오이가 길고양이 생활을 오래 해서인지 밤이면 지치지도 않고 우는 거예요. 새벽에도 다섯 시간, 여섯 시간씩 쉬지 않고 우는데 그게 정말 괴롭더라고요. 달래주고 싶어도 적응을 시키려면 거기 반응하면 안 된다고 하고…. 먹을 걸 주면 '울면 먹을 걸 주나 보다.', 놀아주면 '울면 놀아주나 보다.'라고 생각하기 때문에 신경을 안 쓰는 듯 조용히 침대에 누워서 제 할 일을 해야 한대요. 한 달 동안 그렇게 지내다 보니까 잠도 못 자고, 스트레스가 커져서 친구 만나면 매번 하소연하며 울었어요. 그런 시기를 버텨 이렇게 잘 지내게 된 거죠. 오이 없는 삶은 이제 상상할 수도 없어요.

오이도 비슷한 마음일 거예요.

(오이를 바라보며) 오이가 행복하면 좋겠어요.

또 이 집의 어떤 포인트가 좋았어요?

저는 따뜻하고, 가볍고, 여름 같은 느낌을 좋아해요. 집도 해가 가득 들어 찬 것처럼 화사하길 바라죠. 그래서 채광이 중요한데요. 채광이 좋은 곳 중에서도 특히 따뜻해 보이는 집들이 있거든요. 여기가 딱 그 느낌이었어요. 복층 구조여서 생활공간이 넓어졌고, 용도에 따라 어느 정도 구분해서 생활할 수 있는 게 마음에 들어요.

2층 테라스 공간 좋아하시죠? 랜선 집들이 영상에서 봤어요.

전 햇빛이 너무 좋아요. 매일 기분이 날씨에 좌우되는 사람이기도 하고요. 어느 날 친구가 저한테 이런 얘길 한 적이 있어요. "삐뚤빼뚤 걷는다."고요. 무슨 소린가 했는데,

애정은 그 집이 얼마나 제 것이냐에 따라 다른 것 같아요. 미국에서 돌아와 여러 상황 때문에 부모님 집에서 혼자 3년 정도 산 적이 있는데요. 제가 구한 집이 아니어서인지 꾸밀 마음이 안 들더라고요.

정말요? 어릴 때부터 방 꾸미기를 좋아했을 줄 알았어요. (거실 벽을 가리키며) 저 그림들, 랜선 집들이 영상에서 소개하셨죠? 킹스 오브 컨비니언스Kings Of Convenience 뮤직비디오에 나왔다던.

맞아요(웃음). 이 거실 인테리어가 저 그림 두 점에서 출발한 거예요. 뮤직비디오를 보는데 색감이 눈에 확 들어오더라고요. 복숭아 같기도 하고, 몸과 마음이 안정되면서 고요해지는 느낌을 받았어요. 저는 특히

길에 높낮이가 다른 건물이 있으면 그림자가 들쑥날쑥 지잖아요. 그 그림자를 피해 해 있는 쪽으로 걷더라는 거죠. 저랑 있으면 같이 그림자를 피해 걷게 된다는데, 제가 무의식중에도 해를 찾고 있다는 걸 그때 알았어요. 해바라기도 아니고(웃음). 그래서 마당이나 테라스를 좋아하는 것 같아요. 이전 집엔 마당이 있었거든요.

집 꾸미기가 자연스러운 생활 같아요.

어릴 땐 집 꾸미는 데 전혀 흥미가 없었어요. 관심이 생긴 건 온전한 제 공간이 생긴 이후죠. 어릴 땐 이사가 잦아서 제 방엔 항상 유통기한이 있는 느낌이었거든요. 이 방은 1년짜리, 운이 좋으면 2년짜리…. 그러다 대학생 때 자취를 시작하면서 집 꾸미기에 관심을 가졌어요. 집에 대한

작품처럼 큰 걸 구매할 땐 직관적으로 선택해야 한다고 생각해요. 작품에 투자하는 게 아니고 옆에 뒀을 때 좋을 것들을 고르는 거여서 작가의 명성보단 제 직감을 중요시하거든요. 남들이 꾸며놓은 걸 보고 '나도 해봐야지.'라는 생각은 잘 안 하는 편이라 물건은 따라 사는 경우가 거의 없어요. 특히 인테리어는 매일 곁에 두어야 하는 거니까 남이랑 겹치는 게 더욱 싫더라고요.

어떤 걸 보면 사고 싶어요?

오로지 직감. 딱 봤을 때 예쁘다, 갖고 싶다, 하는 것들!

아이템 하나만 자랑해 주실래요?

이 튤립 조명이요. 정말 특이하고 예쁘지 않나요? 이런

등은 어디서도 본 적이 없어요. 빈티지 조명인데 해외에서
배송 받았거든요. 판매자가 깨질 걸 걱정해서 몇 번을 안
팔겠다 했어요. 그래도 괜찮다고, 꼭 구입하고 싶다고 해서
들인 건데 아니나 다를까 이렇게 깨져서 왔어요. 깨진 거야,
돌려놓으면 되죠 뭐(웃음).

가장 최근에 산 건 뭐예요?
위에 있는데 올라가 보실래요? (2층으로 올라간다.) 침대에
있는 저 이불이에요. 이것도 튤립 패턴이네요(웃음). 제가
튤립을 참 좋아하는데 오이 때문에 생화를 들이지 못해서
튤립 모양 물건을 더 찾게 되는 것 같아요. 이 이불도
빈티지 침구인데, 배송할 때 문제가 좀 있었어요. 해외에서
오는 거다 보니 검열이 많더라고요. 도대체 이게 뭐길래

있는 가장 직관적인 요소라고 생각해요. 회사에 다닌다는
건 회사의 공동 목적을 위해 사람들이 모였다는 거고,
성과를 내기 위해 모두 저마다 제 역할을 하는 거잖아요.
물론 그 과정에서 하기 싫은 일을 해야 할 때도 있고 다른
사람을 설득해야 하기도 하지만, 이런 과정이 저를 더 좋은
사람으로 만들어준다고 생각해요. 그래서 집에서 일하는 건
좋아요. 좋아하는 공간에서 좋아하는 일을 하는 거니까요.

세상엔 돈 많은 백수를 꿈꾸는 사람도 많은데….
어우, 진짜 우울할 것 같아요.

집에서 일하면서 새롭게 좋아진 부분도 있어요?
일단 늦잠 잘 수 있다는 거. 재택근무를 하게 되면서

해외에서 오는 거냐고 통관 담당자한테 연락이 오길래
"이불이다. 중고 이불이다."라는데 이걸 왜 해외에서까지
들여오는지 이해를 잘 못 하시더라고요(웃음). 오늘 꼭
보여드리고 싶었는데 어젯밤에 극적으로 배송돼서 기분이
엄청 좋았죠.

이거, 하나하나 손으로 만든 것 같은데요?
맞아요! 퀼트 이불이에요.

**팬데믹 상황이 되면서 재택근무를 하신다고요. 좋아하는
집에서 일하는 게 스트레스이진 않아요?**
전혀요. 저는 노동의 가치를 엄청 크게 생각하는
사람이에요. 일은 제 가치를 증명할 수 있고, 인정받을 수

출퇴근 시간에 다른 걸 할 수 있다는 게 굉장히 좋아요.
특히 제가 요리를 하게 됐다는 거! 팬데믹 이전만 해도
집에 요리 도구나 재료랄 게 하나도 없었거든요. 밥해
주겠다고 놀러 온 언니가 올리브유, 소금 같은 걸 직접
들고 올 정도였죠. 근데 재택근무를 하니까 집에서 제가
스스로 뭔가를 해 먹게 되더라고요. 재미도 있고 맛도
있어요(웃음). 또 저는 업무 특성상 글로벌 회사랑 소통할
일이 많은데, 이른 아침에 연락할 일도 잦은 편이에요.
옛날 같으면 일찍 가서 업무를 봐야 할지, 집에서 보고 좀
늦게 출근해야 할지 고민했을 텐데 이젠 집에서 편하게
처리할 수도 있어요. 자잘한 고민거리가 사라지니까 일이
더 좋아졌어요.

근무는 2층에서 하고 있는 거죠?
네. 재택근무하는 직장인들이 시간표를 정해두고 일한다는
이야기를 들었는데, 저는 '지금부터 일해야지!' 하고
모드를 바꾸는 타입은 아니에요. 오히려 경계가 없는
상태로 생활과 일을 병행하는 편이죠. 집에서 일하더라도
루틴은 비슷해요. 9시 30분 출근인데, 20분쯤 컴퓨터
앞에 앉아서 업무를 처리하고 점심시간엔 밥을 해 먹어요.
저는 매끼 맛있는 밥을 먹고 싶은 사람이라 뭘 먹을지
열심히 고민하고, 퇴근이 6시라 퇴근하면 친구들이랑 술도
마시고… 제가 엄청난 주당이거든요(웃음). 그렇다고 매일
마시는 건 아니고, 필라테스도 해요. 서른이 넘어가면서
허리가 안 좋아져서 마사지도 받고, 병원도 다녀봤는데
차도가 없던 증세가 필라테스를 다니니 사라지더라고요.
이젠 몸이 아픈 건 방치하면 안 되겠단 생각도 하게 됐어요.

**랜선 집들이 영상에서 어머니가 인도에서 사 오신
빈티지 의자에서 일한다고 했죠. 좀더 편한 걸 찾게 되지는
않아요?**
부연설명이 좀 필요할 거 같은데, 단순히 예뻐서 사용하는
건 아니에요. 제가 전자기기에 거부감이 심하거든요. 얼마
전까지만 해도 블루투스 기기는 쓸 줄도 모르고 이해도 잘
못 했어요. 오랫동안 티브이랑 인터넷 없이 살기도 했고요.
전자기기랑 가까울수록 수동적으로 사는 것 같은 기분이
들어서 유튜브나 넷플릭스를 보지도 않았죠. 주체적으로
시간을 보내고 싶다는 마음이 커서 옛날엔 인터넷도 없이
살았는데요. 3년 전쯤 다리를 심하게 다친 적이 있어요. 두
달 정도 못 걷고 지낼 때여서 재택근무를 하게 됐고, 집에도
인터넷을 설치해야 했죠. 그때 깨달았어요. '아, 나 왜
인터넷 없이 살았지?'(웃음). 그때부터 인터넷을 사용하기
시작한 건데 이 집으로 이사 올 때 와이파이 공유기를
2층에 설치했거든요. 그러다 보니까 1층으로 내려오면
와이파이 신호가 거의 안 잡히더라고요. 뭔가 방법은 있을
것 같았지만 그걸 찾아내기보다는 2층에서 일하는 게
편할 거 같아서 여기서 작업하는 거예요. 빈티지 의자가
생각보다 편하기도 하고요.

뭐든 불편함을 크게 느끼지 않는 것 같아요.
맞아요. 저는 못 참을 정도의 불편함이라면 빨리 조치를
취하자고 생각하고, 그 정도 불편함이 아니면 어서
적응하자는 주의예요. 1층에서 잘 안 터지면 2층에서 하면
되죠(웃음).

**시간이 지날수록 공간이 주는 제약은 사라지는 것
같아요. 우리에게 공간이 어떤 역할을 한다고 생각하세요?**
아무리 생각해도 답을 잘 못 찾겠어요. 공간이라는 건

온라인이든 오프라인이든 주체는 저예요. 이곳을 제가
어떻게 채우고 싶은지 마음먹기에 따라 달라지니까,
모든 게 저한테 달렸다고 생각하죠. 온라인 공간도
마찬가지예요. 제 이야기로 채워나가는 거니까요. 그래서
오히려 공간에 대해 따로 의미를 생각하기가 어려운 것
같아요.

단지 나를 반영하는 요소라는 거네요.
네. 내 마음대로 할 수 있는 거. 내가 원하는 대로 할 수
있는 거.

이 집은 온전히 현아 씨만의 공간이겠군요.
맞아요. 그래서 친구들이 저희 집에 오는 것도
싫어요(웃음). 제발 좀 안 왔으면 좋겠어.

(웃음) 혹시 내 집 말고 또 기억에 남는 집 있어요?
달리의 집이요. 고등학생 때 살바도르 달리를 굉장히
좋아했어요. 제 사인을 달리 사인으로 사용할 정도로요.
그는 스페인 카탈루냐의 작은 바다 마을에 오랫동안
살아왔는데, 거기 달리의 집이 있거든요. 직접 가보지는
못했고 사진으로만 봤는데요. 조용한 바닷가가 펼쳐진
곳에 덩그러니 집이 한 채 있어요. 지붕 꼭대기엔 커다란
달걀 모양 조형물이 있고, 내부에는 천장이 있어야 할
곳에 엄청나게 큰 일본식 양산 같은 게 뒤덮고 있죠. 그
집 자체가 달리 작품 같아요. 초현실적이고…. 이 사람의
작품 세계나 성격, 유머가 전부 드러나는 것 같아서 정말
좋았어요. 보실래요? (검색해서 휴대폰 화면을 보여준다.)
달리를 모르는 사람도 이 집을 보면 '여기 사는 사람은 이런
사람이 아닐까.'하고 생각하게 될 거예요. 제가 원하는
집도 그런 곳이거든요.

**그런 집에 가까워진 것 같아요. 여기 있는 동안 '밝고
건강한 사람이 사는구나.' 싶었거든요. 앞으로는 어떤
요소들로 이 집을 채우고 싶어요?**
그런 계획이 있었으면 벌써 들였을걸요(웃음). 앞으로 뭘
채워 넣을지는 저도 잘 모르겠지만, 보면 기분이 좋아지는
물건들이 아닐까요?

가벼운 미소를 마주할 수 있어 좋았고, 단단한 말씨에
귀 기울일 수 있어 좋았다. 발에 부딪히는 오이의 꼬리가
좋았고, 가만가만 들려오는 셔터 소리가 음악 같아 좋았다.
우리 사위에 있는 것들이 아름다워 더없이 좋았고, 이대로
열심히 좋아하고만 싶었다.

작업실은 집보다 더 '나'를 투영하는 공간인지 모른다. 타인과
타협하지 않고 좋아하는 것으로 꾸리며 내 시간을 자유로이 쓸
수 있는 둥지. 북촌 끝자락, 오래된 집에서 그림을 그리는 서윤정
작가는 나를 닮은 공간의 즐거움을 만끽한다. 일의 시작을
알리는 커피잔, 쪽잠을 자는 소파, 작업실 창으로 보이는 식물,
일이 안 풀릴 때 들춰보는 책과 옛 작업까지 켜켜이 쌓여있다.
내가 누구인지 흔들리다가도 이곳에 오면 자신을 지키게 된다는
그의 울타리. 기분 좋음은 또 다른 좋은 걸 만들어낸다.

내 이름을 넣은,
나와 닮은 내 회사

서윤정회사

에디터 김현지
포토그래퍼 Hae Ran

서윤정회사
—
형태: 적산가옥, 도심형 한옥, 양옥
거주: 4년 6개월
나이: 62년쯤

인터뷰 전에 공간을 먼저 둘러보고 싶어요. 늘 집을 소개해 왔는데, 작업실은 처음이에요.
이곳은 1960년대에 지어졌대요. 조각가 김정숙 선생님의 자택이었다가 작업실도 증축해서 썼던 걸로 알고 있어요. 선생님이 자택으로 쓴 공간은 적산 가옥과 한옥이 섞인 형태이고, 새로 지은 곳은 양옥이에요. 원래 자택과 작업실 사이에 문이 있었는데, 저는 가벽을 세워 두 공간을 나눠서 쇼룸과 작업실로 사용하고 있어요. 이전 작업실은 한남동에 있는 작고 허름한 곳이었어요. 우연히 성곡미술관 근처에 왔다가 부동산에 가봤어요. 사장님께서 동네 구경을 시켜주시더니 뷰가 좋은 집이 있다며 이곳을 보여주셨어요. 집이 너무 예쁜 거예요. 마당도 있고요. 어머니가 부동산과 집에 관심이 많으신 분이라 여기가 좋겠다며 권유했어요. 사실 작업실로 아주 이상적인 공간은 아닌데 전원생활의 로망이 있어서 결정하게 되었어요. 보수 공사를 하느라 1년 정도 공간을 다듬었고 2008년 3월쯤부터 작업실로 쓰고 있어요.

작년 〈May I?〉 전시를 보러 여기에 와봤어요. 기하학적 무늬의 타일이 있는 입구를 지나 계단을 올라오니 튤립과 수국이 가득 피어 있는 정원이 보이더라고요. 넋을 잃고 내부에 들어섰는데, 한옥과 형형색색의 페인팅이 잘 어우러져서 감탄했던 기억이 있어요.
정원은 우리 가족에게 특별한 의미가 있어요. 처음 왔을 때 아주 오래된 감나무가 자라고 있었는데, 공사하기 전부터 와서 감나무 주변으로 수국, 장미, 아스파라거스, 겹벚꽃나무, 체리나무, 복숭아나무, 작약, 튤립 등을 심었어요. 아버지가 식물을 좋아하고, 온 가족이 정원 가꾸는 데 진심이어서 밤낮으로 와서 물 주고, 식물 심고, 주말마다 원예 쇼핑하러 다니는 게 일상이었어요. 열심히는 했는데 조경에 대한 이해가 없고 하나하나 배우면서 하다 보니까 좀 정글처럼 보이긴 해요(웃음).

내 공간에서 전시를 열어보니 어땠어요?
결혼하기 전에는 쇼룸을 상시 오픈해 두긴 했어요.

관광객들이 오시거나 아주 가끔 SNS로 궁금해서 찾아오시는 분들이 계셨어요. 작년에는 코로나19도 있고, 제가 아기를 낳으면서 매일 오픈할 수가 없어서 닫아놓고 있다가 〈May I?〉 전시하면서 다시 열었죠. 함께 기획한 Speakeasy Somthing 이리아 대표는 고등학교 후배예요. 같은 화실 다니며 친하게 지내다가 미국으로 가면서 연락이 끊겼는데, '서윤정회사' 시작하고 다시 연락을 주고받게 되었어요. 몇 년 전 리아의 판화 전시에 갔다가 지나가는 말로 같이 전시하자는 얘기를 나눴어요. 친구가 제 작품과 공간을 마음에 들어 했고, 저도 리아가 가진 빈티지 포스터들이 좋아서 전시를 기획하게 된 거예요. 우리가 좋으니까 편하게 하자고 했는데 공간에 그림을 다 걸고 보니 너무 예쁘더라고요. 그런데 쇼룸을 찾아오신 분들은 제 작업보다 공간에 관심이 더 많으신 거 같아요. 제 그림들이 크지 않거든요. 공간이 가진 힘이 세서 제 작업이 묻히는가 싶어 조금 서운하거나 속상할 때도 있었어요. 생각해 보면 대학원 때는 제 키보다 큰 작업들도 했는데, 여기 와서는 큰 페인팅을 거의 못 했어요. 학교 스튜디오는 넓었고, 지금 제 작업 공간은 작거든요. 그러다 보니까 작은 작업 위주로 하게 된 거 같아요. 또 서윤정회사를 만들면서 회화 작업 외에 오브제 만드는 작업도 겸하다 보니 하나에 오래 집중하기보다 여러 개를 할 수 있도록 핸들링하기 편한 걸 선택하게 된 것도 있어요. 앞으로는 좀더 큰 작업을 해보려고 해요.

얼마 전에 〈사물의 풍경〉 전시도 끝난 거죠? 작년, 여러 작가들과 모여서 다양한 장소에서 전시를 진행한 걸로 알아요.
〈사물의 풍경〉은 현대인에게 일상의 감각을 제안하는 주제로 저를 포함해 밍예스 프로젝트, 연진영 작가와 같이 했던 전시예요. 저는 선과선분 김민선 작가와 협업으로 만든 화병과 패브릭 몇 점을 전시했어요. 순수 미술과 디자인 사이 모호한 경계에 있는 작가들과의 전시라 물성은 달라도 조화로웠어요.

서윤정회사는 어떻게 만들게 된 거예요?

미국과 영국에서 공부를 하고 2006년 말에 한국에
들어왔어요. 대학원 때 '지금 내가 하는 작업이 무슨
의미가 있지?' 하는 생각을 오래 했어요. 미술은 비 실용
학문이잖아요. 진짜 유명한 작가가 돼서 미술관에 작품이
걸리거나 그림을 팔지 않는 이상 내가 하는 일은 우아한
취미 생활 정도에 그치지 않을까, 하며 실용성을 고민하게
된 거죠. 답을 내리지 못한 채 한국에 와서 집 근처에
조그마한 작업실을 얻었어요. 회화 작업은 계속했지만
경제 활동을 하는 것이 아니니 내가 쓸모없는 사람처럼
느껴지더라고요. 조금 거칠게 표현하면 엄청나게 많은
쓰레기를 만들고 있다는 생각까지 들었어요. 그림이
창고에 쌓여만 가니까요. 처음 이 집을 고칠 땐 양옥은
회화 작업실로 쓰고 옆 동은 다른 사람에게 세를 놓을까
했는데, 완성되니까 아깝더라고요. 쇼룸을 만들어 보자는
생각이 들면서 쓸모 있는 페인팅을 해야겠다고 마음먹게
됐어요. 우선 내가 좋아하는 물건 몇 가지를 만들어
보자고 가볍게 시작했어요. 집에서 일상을 보낼 때 나한테
필요한데 구하기 힘든 걸 만들어 보기로 한 거죠.

이 공간 덕분에 서윤정회사가 만들어진 거네요?
고민하던 시간을 지나 작업실이 완성되고 여기서 그림을
그렸을 때 기분, 기억나요?

제일 처음에 여기 와서 한 작업이 서윤정회사에 선보일
토트백을 만드는 일이었어요. 토트백에 그림을 그렸는데
상쾌하다고 해야 하나, 기분이 너무 좋았어요. 이전
작업실은 빛이 안 들어와서 엄청 어두웠는데 여기는
온통 하얗고 밝잖아요. 쨍한 색깔로 페인팅을 했는데
속이 시원했어요. 제가 만든 공간이니까 여기 오는 게
너무 행복해서 오늘은 뭘 해볼까 기대하면서 오는 날이
많았어요. 즐겁게 작업하다가 시간이 돼서 집에 가야 하면
다음 날 아침에 빨리 가고 싶고 그랬죠.

저는 재미있는 공간에서 재미있는 시간이 만들어진다고
믿어요. 작업 테이블 앞에 정원이 바로 보여요. 식물의
작은 움직임이나 변화를 관찰하고 해를 받으며 그림을
그리는 거예요? 작업실에서의 시간이 어떻게 흘러가나요?

작업실에서 지내는 루틴이 있어요. 걷는 걸 좋아해서
아침에 버스 타고 국립현대미술관쯤에 내려요. 요 아래
편의점까지 걸어와 그날 먹을 걸 사서 올라와요. 들어오면
정원을 먼저 살피죠. 식물에 물을 주고 새로 핀 꽃을
보거나 변화를 구경하다가 안으로 들어와서 커피를 마시고
작업을 시작해요. 작업이 잘되는 날은 시간이 엄청 빨리
가요. 그때는 주로 밤까지 작업을 하지만 잘 안 풀리는
날엔 비슷한 작업을 하는 친구들을 초대해 같이 이야기를

하거나 혼자 나가서 전시를 보고 주변에서 맛있는 것도
먹고 그래요.

애정을 쏟지 않은 곳이 없겠지만 특히 애착이 가는
자리가 있어요?
작업하는 책상이랑 지금 인터뷰하는 자리를 가장
좋아해요. 작업 책상이 있는 곳이 빛이 가장 잘 들어오고,
여기는 조금 어두운 편이에요. 여기서 낮잠도 자고 책도
읽어요. 쇼룸은 제가 늘 쓰는 공간은 아니다 보니 오래
머무는 공간에 애착이 더 많이 가나 봐요. 쇼룸 쪽에 메인
주방이 있어서 친구들과 음식을 같이 해 먹기도 했는데,
저기서 작업을 하진 않아요. 사람들이 오면 쇼룸은 항상
정리돼 있고 꾸며져 있어 예쁘다고 하는데 저는 실제로
사용하는 공간이 더 좋아요.

쇼룸에는 그동안 만든 오브제들이 잘 어우러져 있어요.
도형과 색으로 페인팅한 작품들이 미니멀한 느낌을 주는데,
서윤정회사의 이름도 비슷해요. 불필요한 것들을 덜어낸 듯
솔직하고 단순해 보여요. 어떤 의미를 담고자 했나요?
지금은 동물이나 도형 등 어떤 형상을 그리기도 하지만,
대학 땐 미니멀리즘에 한창 빠져 있어서 힘 빼는 작업을
많이 했어요. 간결하고 정확하게 표현하는 게 최고라고
생각했거든요. 브랜드 이름을 정할 때도 꾸며진 느낌이
아니길 바랐고, 제 이름은 꼭 넣고 싶었어요. 또 회사에
다니고 싶더라고요(웃음). 좀 생산적이고 경제 활동을 하는
느낌을 갖고 싶어서 그렇게 지었어요. 그런데 가끔 약간
오그라들 때가 있어요. 저랑 비슷한 일을 하거나 결이 맞는
친구들한테는 괜찮은데 남편 지인들 만날 때 종종 그래요.
남편은 저와 반대의 성향에다가 회사원이에요. 남편
주변인들이 보기에 서윤정회사가 조금 하찮아 보일 수
있겠다는 생각이 들어요. 또 영어로 '회사'라고 써놓으면
외국 사람들은 무슨 뜻인지 몰라서 설명해야 할 때도
있어요.

로고도 이름의 초성을 도형으로 형상화한 거죠?
학부 때는 공간을 표현하는 제일 기본적이고 본질적인
수단에 심취해서, 다른 형태는 안 쓰고 점선면으로
표현하곤 했어요. 지금 작업실 벽에 걸려 있는 무채색
작업들은 학부 때 그린 거예요. 차분한 톤으로 미니멀 아트
작업을 하다가 대학원을 영국으로 갔는데, 눈에 보이는
이미지들이 더 다채롭더라고요. 점이 커지면서 동그라미가
되고, 네 선이 모이면 네모, 세 선이 모이면 세모가
되잖아요. 면으로 표현하고 싶은 게 생기면서 자연스럽게
도형으로 넘어간 것 같아요. 조금 더 선명한 색깔을 쓰게
되었고요.

도시가 작업에 많은 영향을 주는 거네요?
네. 저는 공간의 영향을 정말 많이 받아요. 시카고는
제가 느끼기에 무채색 도시 같아요. 여름에는 햇빛
쨍쨍한 날씨지만 건물도 거의 무채색이고 사람들 옷도
대체로 차분해요. 영국은 구름 낀 날씨가 많고 비가 자주
오긴 하지만 회색빛 도시에서 사람들이 색을 다채롭게
쓰더라고요. 대문이나 버스의 강한 색이 환경과 대조를
이루면서 눈에 들어왔어요. 원래 색을 좋아했지만
빨간색에는 거의 관심이 없었는데, 영국 가서 제대로
색에 눈뜨게 된 거죠. 수업 때 배웠다기보다는 학교나
도시의 길가에서 '빨강이 이렇게 예쁜 색이구나.'를
느끼고 그 감각을 흡수한 거 같아요. 제가 다닌 학교의
건축물도 참 좋았어요. 아주 오래된 수영장이었던 곳인데,
대학원생들이 스튜디오로 쓸 수 있었어요. 층고가 아주
높고 발코니가 있어요. 그 위로 쏟아지는 햇볕도 좋았고
빛바랜 타일도 너무 아름다웠어요. 개인적으로 그때
했던 작업이 제일 좋아요. 색도 과감하게 썼죠. 지금도
색을 쓰지만 똑같이 해보려고 해도 그 느낌이 안 나요. 그
색을 못 만들어서가 아니라 그때 분위기와 감성이 작품에
녹아들었을 텐데, 그 공간이 재현이 안 되는 거죠. 그
공간이라서 가능했던 것 같아요.

지금의 페인팅은 시선을 사로잡는 색과 분위기 덕분에
금세 유쾌한 기분을 주는 거 같아요. 사실 이렇게 색을
매치하는 게 쉬운 일은 아니잖아요. 자칫 과하거나
산만해질 수도 있고요. 색을 쓸 때 즉흥적인 편인가요?
가장 쓰고 싶은 색이 있으면 그걸 먼저 쓰고, 블루 톤으로
할지, 핑크 톤으로 할지 등의 톤을 정해요. 그런 다음
'이 색과 뭐가 어울릴까?' 고민하면서 나머지 색들은
즉흥적으로 쓰는 편이에요.

가장 좋아하는 색이 궁금해요.
네이비를 가장 좋아해요. 영국에 지낸 이후 작업의 색이
다양해졌지만 친구들은 마치 공식처럼 "서윤정이 고른 건,
네이비랑 화이트야."라고 말하곤 했어요. 요즘 핑크 옷을
자주 입고 작업에도 종종 쓰는데, 핑크를 보면 사탕을 먹은
거처럼 기분이 좋아져요. 아이랑 지내면서 알록달록한
색을 접하고, 가끔 기분 전환도 하고 싶으니까 종종 찾게
되는 것 같아요.

페인팅하는 재료에 제한을 두지 않는 것 같아요.
패브릭을 좋아해서 이것저것 경험해 보고 제가 표현하고
싶은 걸 잘 드러낼 수 있는 재료를 선택한 편이에요.
도자기 작업에도 관심이 많아요. 초벌된 도기에 페인팅을
하는 방식인데 도자 위에 그린 거랑 구워서 나오는 거랑

다르게 나오기도 해서 시행착오를 많이 겪었어요. 지금 서윤정회사는 크게 패브릭과 도자기류로 나뉘어요. 저의 메인은 회화 작업이고, 파생된 이미지로 실용성이 가미된 제품을 만들어서 서윤정회사에 소개하고 있어요.

색과 재료에 대한 감각은 어떻게 키워진 것 같아요?
여행을 자주 갔어요. 여기저기 걸으며 다양하게 보고 좋아하는 것도 많이 사본 편이에요. 어릴 때부터 좋아하는 게 워낙 많았거든요. 옷, 가구, 책, 식기, 식물 등등. 어머니가 "몇 개만 사야 해."라고 설득하기보다는 갖고 싶은 걸 스스로 선택하고 많이 접하게 해주셨는데, 지금 생각해 보면 자제하는 능력을 기르진 못한 거 같아요(웃음).

부모님이 믿고 맡겨둔 편 같아요. 진로도 스스로 선택한 거예요?
중3 때부터 입시 미술을 권유받아서 배웠는데, 제가 손이 좀 느려요. 그림이 마음에 안 들어도 무조건 시간 내에 완성해야 채점이라도 하는데, 저는 정해진 틀에서 그리는 일에 스트레스를 많이 받고 힘들어했어요. 고3 때 수능을 보고 실기를 준비하는데, 생각보다 수능을 너무 잘 본 거예요. 실기를 망치면 재수를 할 거 같은데, 다시 또 할 자신은 없어서 문과에 원서를 냈거든요. 미술 학원 선생님들이 난리가 났어요(웃음). 당시 불문과를 썼는데 부모님에게 프랑스로 유학 가서 패션 디자인을 공부하고 싶다고 했죠. 원래 패션 디자이너가 되고 싶어서 미술을 시작했거든요. 그랬더니 어머니가 미국에 가서 한번 경험을 해보고 선택하라고 제안하셨어요. 미국에서 대학을 가기로 마음먹고 입시 준비를 하는데, 너무 재미있는 거예요. 다양하게 그림을 그리고 여러 주제의 포트폴리오를 만들었어요. 그림으로 표현하는 게 이렇게 즐겁다는 걸 그때 처음 알았어요. 한국에서 입시 미술을 할 때는 빨리 이것만 끝내고 패션을 배우고 싶다는 생각밖에 없었어요. 그런데 파인 아트 과에 입학해서 패션 디자인 수업을 들어봤는데 생각과 많이 다르더라고요. 똑같은 걸 반복해야 하고, 룰이 있고, 기계도 많이 써야 하는데, 적성에 맞지 않았어요. 좀더 자유롭게 표현할 수 있는 매체를 찾아갔어요.

나에게 맞는 일인지 아닌지 잘 파악하는 편이네요. 그림을 그리고 나만의 공간을 만드는 일은 나의 취향을 알고 내가 좋아하는 것을 선택하는 일 같아요. 취향을 단단하게 만드는 데 도움이 된 경험은 뭐예요?
저는 기질적으로 내가 좋아하는 게 뭔지를 잘 아는 편이에요. 어릴 때부터 호불호가 강해서 옷을 살 때도 입을 때도 항상 제가 골랐어요. 부모님이 늘 일을 하셔서 제가

하고 싶은 건 혼자 알아보는 일이 많았고요. 열아홉 살 때 타국에서 혼자 살게 되면서 삶의 많은 걸 스스로 선택할 수밖에 없었어요. 내가 가고 싶은 학교에 찾아가 보고, 겉에서 보고 살고 싶은 집이면 노크하고 들어가 물어보곤 했죠. 사는 집부터 수건 한 장까지 다 제가 골라야 하니까 내가 뭘 좋아하는지 아는 데 많은 도움이 됐어요.

실패도 했어요?
정말 많이 했어요. 유학 시절에는 어렸으니까 질적인 면은 고려 안 하고 눈에 혹하면 일단 샀는데 그런 게 계속 쌓이는 거예요. 한 개를 사도 좋은 걸 사서 평생 쓰면 좋았을 텐데 그러지 못했어요. 안타깝게도 많이 사고 버리면서 배웠어요. 지금도 혹하는 걸 사긴 하는데, 취향이 계속 자라서 품질과 신뢰가 보장되는 브랜드에서 쇼핑을 하니까 실패할 확률이 낮아요. 예전에는 이 공간에 어울리는지는 전혀 생각하지 않고 '예쁘니까 무조건 소장해야 해.' 하면서 집으로 들이곤 했어요. 그게 잘 어울리면 다행이지만 그렇지 않으면 어딘가에 넣어둬요. 이제는 뭔가를 사기 전에 혼자서 머릿속에 그려봐요. 어떤 틀이 있는 구조보다는 여러 물성과 색이 섞이는 공간을 좋아해요. 고민하다가 나름의 확신이 들면 사는데 아직도 어려운 것 같아요. 이게 분명히 예쁘다고 생각했고 지금 봐도 어울리기는 하는데 아름다운 건 계속 새롭게 나타나니까요(웃음).

요즘 일하지 않는 시간에는 주로 무얼 해요?
최대한 제 스케줄에 아이를 맞추려고 애써요. 보고 싶은 전시 있으면 미술관도 함께 가고, 작업실에도 같이 나와요. 그리고 한 번씩 시부모님이 아기 봐주시면 여기로 와서 쉬어요. 작업실에 와서 뭐 특별한 걸 하지 않아도 요즘은 잘 못 오니까 여기 오는 게 여행 온 것 같은 느낌이 들어요.

어떻게 보면 집은 아이랑 남편 물건도 많으니까 여기가 더 나만의 공간처럼 느껴지겠어요. 작업실에 애정을 많이 쏟다 보면 집에 대한 애착은 좀 줄던가요?
결혼하기 전에는 집에 애착이 컸어요. 우리 가족이 오랜 시간 아파트에 살다가 처음으로 살게 된 단독주택이거든요. 그 집은 저한텐 가장 이상적인 집이에요. 아침에 일어나서 자전거 타고 30초만 내려가면 좋아하는 카페가 있고 맛있는 음식점도 갤러리도 많아요. 그때는 집은 집대로 좋고 작업실은 여기 나름대로 편했는데, 결혼하고 나서는 작업실에 애착이 더 많이 가는 거 같아요. 여기 오면 본연의 내 모습에 더 가까워지는 것 같은 기분이 들어서요. 저는 채광이 중요한 사람인데 집은 빛이 잘 안 들어오고, 아파트이고 제 소유가 아니다 보니

바꾸기에도 한계가 있어요. 주변에 제가 가고 싶은 곳도 없는 동네라서 작업실에 오고 싶다는 생각을 많이 해요. 그래서 더 그리워요.

삶의 흐름에 따라 작품도 변해가는 모습이에요. 아이가 태어나고 나서 동물이나 과일, 자연물을 활용한 페인팅이 많아진 거 같아요.
아이가 태어나면서 심적인 변화가 있거나 시각이 달라진 건 생각보다 크지 않은 것 같은데, 아이를 보면 아기 새 같다는 생각이 들어서 새를 자주 그리게 되나 봐요. 아이 책이나 장난감, 놀이 도구를 보면 색이 많잖아요. 그림책을 함께 보며 다양한 작가의 그림을 보는 게 재미있어요.

나다운 작업에 대해 고민을 많이 했다고 했어요. 예술가로서 정체성을 찾다 보면, 나를 잘 살피는 일이 중요할 거 같아요.
맞아요. 요즘 제일 많이 하는 생각은 '나 자체를 지키자'예요. 원래 제가 가진 모습들이 많이 없어지는 것 같거든요. 엄마도 아니고 아내도 아닌 원래 나를 되찾고 싶어요. 예전의 저는 좋아하는 것을 취하는데 굳이 타협할 필요가 없었어요. 지금은 아기와 남편에 맞춰 정말 많은 타협을 해요. 집만 봐도 그래요. 옛날 같았으면 절대 못 볼 꼴인데 맞추다 보니까 '이 정도면 괜찮지.'가 되어버리더라고요. 집에서 보내는 시간에 책을 읽고 글을 쓰고, 보고 싶은 영화를 고심하여 고르고, 영화에 나오는 음악도 찾아듣고, 그 내면의 스토리를 공부하는 걸 정말 좋아했는데 이제는 그거 말고도 신경 써야 할 게 많다는 핑계로 다 귀찮아진 거예요. 훨씬 더 예민하고 섬세하게 할 수 있는 것들에 대해서 둔해지는 느낌이 들면서 내가 조금 느슨해진다는 생각이 들었어요. 이렇게 계속 시간이 흐를까 봐 불안해요. 제가 공백기를 가지고 있을 때, 계속 잘하는 친구들이 나오고, SNS에는 매일 새로운 작업들이 올라와요. 그럼 더 조바심을 느끼죠. 아기를 키우며 느끼는 육체적인 노동과 힘듦보다 정신적으로 내가 도태되어 가고 있다는 생각이 가장 힘들어요. 좀 예리해져도 가족과 생활에 무리가 없는지 한번 해보려고요. 가족과 나, 일의 밸런스를 맞추는 게 정말 중요하고 어려운 일 같아요.

그럴 때 어떻게 마음을 추스러요?
비슷한 작업 하는 친구랑 대화를 많이 해요. 작업 얘기를 한참 하다 보면 '맞아, 나 이제 정신 차리고 일해야지.'라는 생각이 들어요. 또 전시나 책에서 좋은 작업을 보고 시각적인 자극이 생기면 마음속으로 열정이 꿈틀대잖아요. '나도 이런 거 만들고 싶은데!' 하면서 그리고 싶은 마음이 커져요. 아기가 생기기 전에는 기복이 심해서 잘될 때는

계속 작업하고 안 될 때는 손 놓고 지냈는데 이제는 저만의 시간을 오롯이 쓸 수가 없으니까 속도나 루틴이 정말 필요해요. 지금은 더디고 느릴 수밖에 없지만 쉬는 시간이라 생각하며 봄을 기다리며 지내요.

왜 봄을 기다려요?
사계절 중에 겨울을 제일 좋아해요. 눈이 오면 도시가 하얗고 차분해지는 계절의 분위기를 좋아했는데, 봄이 오면 작업하고 싶고 만들고 싶은 욕구가 되살아나더라고요. 정원에 꽃이 피고 색들이 생기니까 봄이 오길 기다리는 게 제일 설레요. 어서 꽃도 보고 싶고요. 3월부터는 아기가 작업실 바로 앞 어린이집에 다니거든요. 제가 매일 여기 올 수 있으니 출근하면 친구들이랑 차도 마시고 저의 작업 루틴도 찾을 수 있을 거 같아요.

오랫동안 그림을 그려도 계속하고 싶은 거죠?
19년 정도 그림을 그렸어요. 처음 5년 정도는 입시니까 억지로 한 거라 즐겁지 않았는데 스무 살 쯤부터 내 생각을 시각적으로 표현했어요. 계속 그림을 그리게 되는 힘은 자아도취 같아요. 내 손으로 이걸 그리고 만들었을 때 너무 뿌듯해요. '내가 이렇게 아름다운 걸 만들 수 있네.'라는 만족감이 원동력이에요. 저는 오감 중에 시각적 자극에 가장 민감한 편이라 보이는 즐거움을 만들어 낼 때 너무 즐거워요.

다가오는 봄에 여기서 어떤 일들이 펼쳐질까요?
구체적인 전시 계획은 없지만 혼자 생각하는 건 많아요. 기회가 되면 리아랑 한 번 더 전시를 열고 싶고, 제가 상주하는 시간에는 사람들이 편하게 와서 볼 수 있게 열어두려고 해요. 코로나19 전에는 두세 명 모집해서 클래스도 했거든요. 도자기 그림 그리기와 가방 페인팅하기를 했는데, 재밌어서 또 하고 싶어요. 그리고 공간 한쪽에 아이의 키즈 랩을 만들어 주고 싶다는 생각도 해요. 어린이집 다니면서 아이 친구들과 같이 그림을 그리면 너무 좋을 거 같아요.

나를 닮은 물건의 숨은 이야기

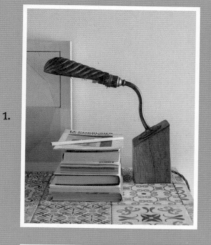

1. 빈티지 램프
런던에 살 때 브로드웨이 마켓이 주말마다 열렸는데 빈티지 물건을 파는 아저씨가 있었어요. 거기서 제가 처음으로 산 빈티지 램프예요. 지금은 불이 들어오지 않지만 이 램프 보면 그 당시 영국에서의 제가 많이 떠올라요.

2. 해머 모양 시계
2006년 말에 친구들이랑 베를린 여행을 갔다가 친구들은 먼저 가고 저 혼자 이틀 정도 더 머물렀어요. 돌아다니다가 '뮤지엄 아이랜드'라는 동네 길에서 빈티지 가게를 발견했죠. 예뻐서 샀는데 작동이 안 되더라고요. 시계로는 못 썼지만 작업할 때 망치로 쓰고 문진으로 쓰고, 다용도로 잘 썼어요.

3. Richard Rezac Address
학부 때 저를 가르쳐주신 교수님의 작업이 담긴 책이에요. 4년 동안 유일하게 스승이라 생각된 분이거든요. 졸업 후 한국에 와서 아마존으로 구매한 건데 좋아하는 교수님의 책이라서 저에게 특별해요.

4. 백화등
식물은 제가 늘 책임져야 하는 존재 같아요. 쇼룸 2층에 자스민나무가 있었어요. 덩굴 식물인데 제가 관리를 못해서 죽었죠. 이후에 아버지가 사주신 나무인데 꽃 피면 향기도 좋대요. 백화등을 심으려고 달항아리 모양의 도자기를 일부러 만들었어요. 신경 써서 심은 식물인데 잘 자라서 좋아요.

여기가 가장 자연스러운 자리

콰야 ─ 일러스트레이터

에디터 이주연
포토그래퍼 Hae Ran

"고양이 두 마리가 같이 지냅니다. 고양이들이
놀라지 않게 '노크' 부탁드립니다." 공간은 이토록
솔직하다. 문을 열기 전부터 그 안에 머무는
사람의 기운을 슬몃 내보인다. 부탁에 따라 두어
번 노크했을 때, 안에서 "네." 하는 짧은 목소리가
들렸다. 초대받은 사람의 긴장을 풀어주는,
당연하고도 자연스러운 응답이었다.

'콰야'라는 이름은 밤을 지새운다는 의미의 한자어 과야過夜에 조용한Quiet과 탐색Quest의 Q를 더해 만든 이름이라고 들었어요. 흥미로운 조합이에요.

사실 저한테 이름이 엄청 중요한 건 아니었어요. 제 본명이 아닌 다른 이름을 사용하고 싶다는 마음이 컸던 때라 의미를 담기보단 제 작업이랑 연계되겠다 싶은 단어들을 찾아보았죠. 좋아하는 분위기의 단어를 이어 붙여서 없는 단어를 만들어 이름으로 삼았어요.

밤 야夜 자를 써서인지 작업도 주로 밤에 하신다고요. 하루 루틴이 궁금하네요.

루틴…이랄 게 전혀 없네요(웃음). 매일매일 패턴이 달라요. 눈뜨면 오늘 뭐 할지 생각하고 특별한 일정이

확신을 갖고 뭘 하는 편은 아니어서 꼭 그런 건 아니지만 계속 준비를 하고는 있었어요. 퇴근하고 나면 그림 작업하고 새벽에 잠들고 그랬거든요. 잠을 제대로 못 자니 회사 일엔 잘 몰두하지 못했고, 사실 디자인 업무가 즐겁지 않았어요. 그래서 자연스럽게 저한테 즐거운 그림을 찾게 된 것 같아요. 사실 입시 때부터 그림과 디자인에 대한 욕구가 반반이었어요. 근데 주변에서 디자인을 해야 나중에 밥벌이도 되고 할 수 있는 일이 많아진다고 하니까, 그럼 그림은 나중에 하고 패션 디자인을 먼저 해보자 싶었어요. 지금은 좀 반대가 된 것 같아요. 그림 작업을 우선으로 하고, 나중에도 옷에 관심이 있다면 그때 패션 디자인을 해보려고요.

없다면 그때그때 해야 할 것들을 해요. 상황에 맞게 일상을 보내고 있죠. '지금 작업할까.' 싶으면 작업하고, '이 정도 했으면 좀 자도 되겠다.' 싶으면 집으로 가요.

쉬는 날은요?

따로 없어요. 그래서 요일이나 시간 개념이 없는 편이에요. 그나마 매일 하는 거라곤 작업실에 나오는 거? 일하지 않더라도 고양이들이 여기 있으니까 매일 오게 돼요. 집이 바로 근방이기도 하고요.

첫 커리어가 패션 회사 디자이너였다고요. 그림으로 전향하는 데 큰 고민이 없었다고 해서 놀랐어요. 내 길이라는 확신이 있던 건가요?

옷에 대한 관심도 완전히 놓은 건 아닌가 봐요.

그렇긴 한데 관심이 많이 줄었어요. 디자인이든 그림이든, 저는 무언가를 표현하는 거라고 생각하는데 그런 표현 방식 안에서 다른 영역에도 관심이 생겼지요. 글을 쓰거나, 영상을 찍거나…. 작가가 되겠다, 영상을 해보겠다는 게 아니라 언제든 꺼내 볼 수 있는 느낌으로 대하고 있어요. 관심을 가지면 언제라도 할 수 있다고 생각해서요.

여러 분야에 가능성을 계속 열어두고 있는 거네요.

네. 평생 그림만 그리겠다는 마음은 아니에요.

어? 의외네요. 그럼 지금 직업 정체성은 어떻게 돼요?

'표현하는 사람'? 지금 이 시점에 제게 딱 맞는 표현

방식이 그림이라고 생각해요. 나중에 다른 걸 할 여유가 생기거나 또 다른 기술을 익힌다면 병행할 수도 있을 것 같아요.

작업 얘기를 좀 해볼게요. 이전에 'Knock Your Eyes'라는 프로젝트를 한 적이 있죠. 길 아무 데나 포스터를 붙여두는 작업이었는데요. "힘든 하루를 마주하고 집으로 돌아가는 길에 쓰레기 더미 사이에서 우연히 핀 꽃을 본 것 같은 기분을 느끼길 바랐다."는 설명이 재미있었어요. 이 또한 하루의 끝, 밤 시간대와 연결되는 이야기 같아서요.
프로젝트라고 하니까 조금 거창한데 큰 목적 없이 재미있겠다 싶어서 해본 작업이었어요. 작업 초기엔 제 그림들을 보여줄 기회가 없다 보니 직접 기회를 찾아야겠다는 생각이었죠. 원한다고 갤러리나 미술관 등에서 전시할 수 있는 건 아니니까 제 그림을 보여줄 곳이 어딜까 생각하다가 사람들이 다니는 길가, 벽 같은 걸 떠올렸어요. 더 많은 사람에게 보여드리고 싶다는 생각으로 시작한 건데, 무척 재미있었어요. 해외여행 가서도 낯선 길가에 제 그림들을 붙이곤 했죠. 근데 이것도 하다 보니까 생각이 많아지더라고요. 제 작업을 출력한 거지만 누군가에겐 그냥 전단지 같을수도 있고, 언짢을 수도 있으니까… 그런 게 어쩌면 폭력적일 수도 있겠단 생각이 들었어요. 또 누군가 이걸 수거해 간다고 생각하니 짐을 만드는 것 같아 신경이 쓰였죠. 쓰레기를 만든다는 생각도 있어서 점차 안 하게 되었어요.

길가에 무작위로 붙이면 쌍방 소통은 불가능하잖아요. 피드백을 바란 작업은 아니었나 봐요.
맞아요. 저는 단순히 제 작업이 바깥 풍경에 있다는 게 재미있었어요. 작품을 보여줄 수 있는 공간은 갤러리나 전시장처럼 갖춰진 곳들이에요. 카페나 문화 공간처럼 유연한 곳이라고 해도 어쨌든 실내에 구성된 공간이어서 바깥 풍경과 대치될 일이 잘 없어요. 실내엔 조명도 있고, 벽도 깨끗하게 정돈돼 있고, 작품 배치 순서나 동선도 신경 쓰기 때문에 제 작업이 잘 가꿔진 작품처럼 보여요. 또 그곳에 찾아오는 사람도 '전시 보러 가야겠다.'는 마음을 품고 오시는 분들이니까 어느 정도 틀이 잡히게 되죠. 반면 'Knock Your Eyes'는 바깥 공간에 걸려 있어서 좀 낯설고 이질적인데요. 그만큼 재미도 있었어요. 그 작업 경험 때문인지, 저는 길을 걷다 스프레이로 그린 작품이나 작은 낙서가 보이면 생각이 많아져요. 아마 제 그림도 누군가 우연히 마주하는 데서 재미있는 지점이 생겨나지 않을까 기대한 것 같아요.

내 그림을 불특정 다수가 본다는 데 두려움은 없었어요?
음… 비슷한 맥락일 거 같은데, 한번은 제 작품을 옮겨주시는 배송 기사님 트럭에 동승한 적이 있어요. 기사님께 전시 보러 전시장에 가신 경험이 있는지 여쭈었더니 한 번도 없다고 하시더라고요. 그때 여러 생각이 들었어요. 누군가의 작품에 관심 없는 사람도 많을 텐데, 이런 분들께 작업이 닿았을 때 그게 어떻게 보일까 궁금증이 생긴 거죠. 작업 초기여서 두려움이나 부담이 더 없었던 것 같아요. 오히려 더 많은 사람에게 가닿고 싶다는 생각을 자주 했어요. 제가 그림을 그리는 이유가 더 많은 분이랑 일상을 공유하고 싶어서인데, 그런 생각과도 잘 맞는 프로젝트였다고 생각해요. 제 그림을 통해 더 많은 사람이 자기 이야기를 꺼내고 거기서 파생되는 대화가 있기를 늘 바라거든요.

지금도 그 메시지는 이어지는 것 같아요. 전시할 때도 작품 설명 대신 제목으로만 소개하고 있죠.
여전히 '제 작업을 이렇게 봐주세요.'보다는… 저는 두루뭉술하게 내보이고, 보는 사람으로 하여금 많은 대화가 오가면 좋겠다고 생각해요. 제목은 보통 작업을 끝내고 사인까지 하고 나서 붙이는데요. 작업하기 전에 생각한 의도와 작업을 마치고 보이는 이야기가 달라지는 경우가 종종 있어서 작업 마치고 즉각적으로 짓곤 해요. 그게 제 작업 성격상 더 맞는 거 같아요. 저는 계획을 세우고 철저하게 작업하는 편은 아니어서요.

원대한 목표를 품고 계획적으로 정진하기보다는 자연스럽게 흘러가는 걸 추구하는 것 같아요.
맞아요. 근데, 자연스럽다는 게 생각해 보면 불가능한 일 같기도 해요. 생각을 한다는 건 제 의도가 조금이나마 들어간다는 거니까, 절대적인 자연스러움은 아닐 것 같아요. 제가 정의하는 자연스러움은 최종 결과물이 긍정적인 모습으로 남는 거예요. 부정적인 과정이 있더라도 마지막은 긍정으로 끝나는 거죠. 음, 예를 들어 아이스크림을 먹다 떨어뜨렸다면 그 상황은 부정적이잖아요. 근데 나중에 웃으면서 추억할 수 있다면 긍정이고, 그게 저한텐 자연스러운 일이에요. 어떤 어려움이 지나가고 나면 대개 '자연스럽게 흘러갔구나.' 생각한 것 같은데, 돌이켜보니 자연스러움이라는 건 어려움을 극복하기 위한 저만의 다짐처럼 느껴지기도 해요.

이번 호 주제어가 '작업실'이어서 작업실에서 만나게 됐어요. 이 공간을 소개해 주실래요?
여기는 상수동에 있는 오래된 건물이에요. 제 작업실은

2층에 있고요. 저는 작업실에 오면, 테이블이 있는 이 공간에서 항상 뭔가를 해요. 그림 작업을 하고, 테이블에 앉아서 시간을 보내기도 하죠. 이 뒤쪽 공간은 창고처럼 쓰고 있는데 제 작업이 쌓여 있거나 작업과 연계된 아트 상품이 놓여 있어요. 계속 물건이 쌓이고 있어서 좀 넓어지면 좋겠다는 생각은 항상 해요. 꼭 짐 때문만이 아니더라도 사람들이 편히 머물 만한 공간이면 좋겠어요. 지인들도 많이 찾아오고 작은 모임도 갖고 있어서. 지금 그걸 수용하기에 딱 알맞은 공간이기는 하지만 작업할 여유 공간을 두기 위해서는 조금만 더 넓었으면 하는 바람이 있죠. 사실 이런 욕구는 제가 정리를 하면 어느 정도 해소될 것 같기 해요. 정리를 잘 못하는 편이라 지금 이 공간도…(웃음). 근데 평생 이렇게 살아왔고 스스로 이런 사람이란 걸 알고 있기 때문에 제가 이제 와서 정리를 한다고 해서 유지될 것 같진 않아요.

나름의 질서가 있는걸요? 느슨한 느낌이 좋아요. 조용하고 인적이 드물어서 상수동으로 왔다고 들었어요. 이쪽 동네로 작업실을 보러 왔을 때 길이 묘하게 노랗고, 살짝 붉은 느낌이 있었어요. 그게 좀… 따뜻한 느낌이라고 해야 하나? 그런 동네에 작업실이 있으면 좋겠다고 쭉 생각해와서 마음에 들었어요. 사실 이런 건 다 추상적인 바람이고요, 실제 작업실을 구할 땐 물리적인 요건이 가장 중요했어요. 일단, 그림이 밖으로 나갈 일이 있으니까 작업을 옮길 때 수월해야 했어요. 그러기 위해선 층수가 중요해요. 고층은 여간 번거로운 게 아니고, 엘리베이터가 꼭 있어야 하잖아요. 엘리베이터가 있다고 해도 큰 작업이 들어가지 못하면 소용이 없고요. 그래서 저층이 제겐 좋은 작업실의 요건이었어요. 또 작업 특성상 수도 쓸 일이 많아서 수도 시설도 중요한 부분이었고요.

어, 그러고 보니 작업실 수도가 동파되면…. 힘들죠.

그런 적은 없어요? 많아요. 그래도 추운 날엔 작업 전에 수도를 확인하고, 문제가 있다면 바로바로 해결하려고 해서 크게 문제가 된 적은 없어요. 작업하다 말고 동파된 경우는 아직까지 없거든요.

듣고 보니 공간만 있다고 해서 작업할 수 있는 건 아니네요. 작업 주재료가 오일 파스텔인데, 처음 오일 파스텔을 선택한 게 다른 재료에 비해 공간을 덜 차지하기 때문이라고도 했죠. 그 이유가 컸어요. 오일 파스텔이 제 성향에 잘 맞기도

했고요. 오일 파스텔이나 오일바는 전부 펼쳐놓아도 제 양팔에 들어올 범위 내에서 쓸 수 있어요. 근데 물감만 해도 더 넓은 공간에 펼쳐놓고 해야 하기 때문에 공간에 제약이 있어요. 만일 공간 문제가 아니라면 지금 쓰는 재료들을 조금 더 다양한 방식으로 써보고 싶다는 생각도 종종 해요.

제가 아는 파스텔은 칠하고 휴지로 문질러서 닦아내는 건데, 오일 파스텔은 좀 다른 것 같아요. 말씀하신 건 건식 파스텔이에요. 건식 파스텔이 가루가 날리면서 표현되는 재료라면, 오일 파스텔은 건식 파스텔에 오일리한 물질이 섞여서 표면에 안착되는 재료예요. 맨질맨질한 기름 느낌이 확실히 있죠. 어릴 때 쓰던 크레파스랑 똑같다고 생각하면 되는데, 크레파스를 꾹꾹 눌러 쓰면 질감이 생기잖아요. 오일 파스텔도 똑같아요.

오일 파스텔의 질감이나 거친 느낌, 덩어리감이 콰야의 특징이라고 생각해요. 또 어떤 특징이 있을까요? 작업에 따로 스케치가 없다 보니 즉흥적이거나 직관적인 방향이어서 좀더 거친 부분이 분명히 있어요. 기술적으로는 다듬어지지 않은 느낌이 날 수밖에 없죠. 계획적으로 스케치하고 작업하는 것에 비해 좀더 동적이란 생각도 들어요. 저는 즉흥적으로 작업하면 거기서 움직이는 듯한 느낌이 나온다고 생각해요.

이런 뚜렷한 특징이 작업 활동에 영향을 미치기도 하나요? 음… 저는 제 작업에 '뚜렷한' 특징이 있다고 생각한 적은 없어요. 오히려 특징을 하나 잡아서 작업해야 하나 싶을 땐 있었죠. 제가 생각하는 특징이란, 어떤 한 가지에 집중하거나 독특한 재료를 사용하는 거, 혹은 캐릭터 하나가 이야기를 끌고 가는 것처럼 직관적이고 명확한 거예요. 하지만 제 작업은 그런 편이 아니에요. 오히려 사용하는 재료에 따라 느낌이 달라져요. 근데 따지고 보면 특징이 그렇게까지 중요한 요소는 또 아닌 것 같아요. 제 작업에 또렷한 특징이 있다고 생각하진 않지만, 그게 단점으로 느껴지진 않아요. 작업마다 다른 느낌을 낼 수 있어서 좋다고 생각할 때도 많아요.

같은 도화지여도 재료에 따라 느낌이 달라지는 것처럼 공간도 마찬가지 같아요. 누가 어떻게 사용하느냐에 따라 분위기가 달라지는 것 같아요. 이 공간도 여기저기 많이 고쳤다고 들었어요. 지금도 엄청 정신없고 거친 공간인데, 이전에는 이보다

것만으로도 환기가 되었죠. 저한텐 바깥이 보이는 게
중요하더라고요. 작업실에 티브이를 두지도 않기 때문에
외부 풍경이 계속 바뀌면 그게 저한테는 긍정적인
에너지가 돼요.

지하 작업실일 땐 뭐가 좀 달랐어요?
일처럼 느껴지니까 작업실에 잘 안 가게 됐어요. 가기
싫어지는 곳이었달까요. 작업하는 게 일처럼 느껴지고,
'거기 가면 작업해야지.'가 되다 보니까 더 안 가게 된 것
같아요.

그럼 이 작업실엔 '오고 싶게 만드는' 요소가 있어요?
네. 고양이들이요. 여기 고양이들은 없으면 안 될 것
같아요. 얘들이 없으면 제 작업실이 작업실처럼 느껴지지
않을 것 같아서요. 회색 고양이가 '키키', 치즈 고양이가
'코코'인데요. 저랑은 8년 정도 같이 살았어요. 예전에는
집에서 같이 지냈는데, 언젠가부터 알레르기 때문에
분리해서 지내고 있어요. 원래는 없던 알레르기가
고양이랑 함께 살면서 1년 뒤쯤 생기더라고요. 기관지 쪽
알레르기라 기침, 콧물, 눈물이 계속 나서 괴로워요. 사실
작업실에 매일 오기 때문에 절대적으로 분리했다고
말하긴 어려워요. 그래도 약 먹으며 어느 정도 나눠 지내다
보니까 이전에 집에서 함께 살 때보다는 훨씬 좋아졌어요.

더 창고 같은 느낌이었어요. 창이나 문, 바닥, 벽면에
페인트칠을 하고, 여기저기 공사하고 들어오게 되었죠.
사실 완벽하게 마무리하진 못했어요. 과정 중에
개인적으로 힘든 일들이 많아서 시공 마감을 제대로 못
했거든요. 지금도 자세히 보시면…(웃음). 좋게 말하면
러프하다고 할 수도 있겠지만, 사실 마감이 좀 안 된
공간이에요.

**이야기 듣기 전까지는 전혀 몰랐어요. 왜 시공해야겠다고
생각했어요?**
일단은 미관상 정말 별로였어요. 저는 어떤 공간이든
들어갈 때부터 '여기는 이렇게 고치고, 저기는 이렇게
고쳐 써야겠다.'라는 생각을 하게 돼요. 여기도 오래된
구옥이잖아요. 이전 작업실들도 그랬기 때문에 부족한
점이 많았어요. 그래서 구조적인 공사를 많이 했죠. 아예
벽면을 뜯어내서 창이 없던 공간에 창을 만들기도 했고요.

채광을 중요하게 생각하나 봐요.
반드시 필요한 건 아니지만 있으면 큰 도움이 돼요. 옛날엔
지하에 작업실을 둔 적도 있는데요. 그땐 거기 들어가면
작업한다, 일한다는 느낌이 강했어요. 지하도 지하
나름이지만 창이 없고 햇빛이 안 들어오는 공간에서는
답답한 느낌이 있었어요. 해가 떠 있을 때 작업하는
편이 아닌데도, 바깥 풍경이 계속 변하고 움직인다는

어느 인터뷰에서 "부풀리거나 가짜 작업하는 걸 조심한다."고 했어요. 가짜 작업이 뭔지 좀더 이야기해 주실래요?
저는 진심이 담기지 않으면 작업에 가치가 없다고 생각하는 편이에요. 사실 시장에서 좀더 잘 팔리겠다, 매체가 관심을 가지겠다 싶은 작업은 분명히 있거든요. 하지만 제가 추구하는 방향이 아니라면 진심이 담기기 어렵다고 생각해요. 결국 제가 하고 싶은 것들을 분명하게 해야 한다는 생각인 거죠.

진심을 담기 위해서는 소재 선정도 중요할 거 같아요.
작업으로서 좀 남겨놓고 싶은 건 거의 단어로 메모를 해놔요. 나중에 메모를 보고 뭔가 기억이 나면 그걸로 작업하고 있죠. 메모할 때와 생각이 좀 달라지는 경우도 있는데, 그럴 때는 달라진 생각을 또 나름대로 표현하면서 그림 소재를 찾고 있어요.

가장 최근에 기록한 단어는 어떤 거예요?
'춤'이랑 '왈츠'요. 요즘은 '혼자 추는 춤'이란 이야기로 작업하고 있어요.

오, 벌써 분위기가 상상돼요. '혼자 추는 춤'이란 노래도 있잖아요.
그 노래 제목을 본 뒤로 계속 생각나더라고요. 저한테 춤은 같이 추는 거란 인상이 있어서 혼자 춤추는 게 작업으로서 할 이야기가 많은 것 같아요. 제가 하고 싶은 이야기를 담을 수 있겠다는 생각도 들고요.

춤을 추기 위해서도 공간은 필요할 거예요. 살아가는 데 공간은 빼놓을 수 없는 요소일 텐데, 우리에게 공간이 어떤 역할을 한다고 생각하세요?
가장 혼합적으로 한 사람을 표현하는 것 같아요. 사람들에게 가장 중요한 요소기도 하고요. 어떤 공간엔 사용하는 사람의 느낌이 자연스럽게 묻어 있기도 해요. 별거 아닌 것들도 한 사람을 표현하는 중요한 요소가 돼요.

이 공간 안에도 작가님을 표현할 요소가 있을 텐데 세 개만 꼽아볼까요?
음… 음… 음…. 어렵네요. 제가 추구하는 바이기도 한데요. 편안함, 따뜻함, 자연스러움!

사람을 좋아하는 두 마리 고양이가 연신 작업실을 누비며 걷는다. 양손으로 그 둘을 쓰다듬는 콰야의 모습엔 편안함과 따뜻함, 자연스러움이 두루 묻어 있다. 콰야는 이곳에 있을 때 비로소 콰야가 된다.

삼대째 이어져 내려온 어느 작업실의 한쪽 창가에 기다랗게 책상이
놓여 있다. 그 책상 앞에 앉아 아니와노노는 그날그날의 발견을
그린다. 부정과 부정을 합쳐 긍정을 만들고, 웅크리고 있는 나날들에
꿈을 들여놓으며, 수줍고도 씩씩하게 하고 싶은 일을 찾아 나간다.

사랑으로 덮어지는 것들을 사랑해

아니와노노 — 일러스트레이터

에디터 이다은
포토그래퍼 장수인

신촌에 이렇게 멋진 작업실이 있는지 몰랐어요. 소개 먼저 해주실래요?

안녕하세요. 저는 아니와노노라는 이름으로 그림을 그리는 사람이에요. 반려견 심바랑 같이 지내면서 주변에서 보는 좋은 마음들을 기록하고 있어요. 작년 초에 다니던 직장을 그만두고 지금은 어떤 그림을 그리고 싶은지 이것저것 해보면서 찾아가는 중이에요.

전업 일러스트레이터가 된 지는 얼마 안 된 거네요. 그동안 취미로 그림을 그려왔던 거예요?

어린 시절부터 일기와 그림은 당연한 일이었고 기쁨이었어요. 그렇지만 그게 직업이 될 수 있다고는 한 번도 생각해본 적 없어요. 사람들에게 이야기할 때도 낙서하고 일기 쓰는 거 좋아한다고 했지 그림 그리고 글 쓴다고 표현하지 않았거든요. 그게 도피성 표현이라는 걸 직시하고 그림을 제대로 그려보자고 마음먹은 건 얼마 안 돼요. 대학교에서 시각 디자인을 전공했는데, 애초에 거기서부터 타협하면서 시작했던 것 같아요. 미술로 돈을 벌려면 디자인을 해야 한다는 얘기를 많이 들었거든요. 계획적이지 못하고 즉흥에 기대어 사는 편이라 사실은 순수 미술이 더 잘 맞는 게 아닐까 생각하곤 했어요. 늘 제 이야기를 하고 싶기도 했고요.

예명에서부터 이야기가 묻어 나오는 것 같아요. '아니와노노'가 한국어 '아니'와 영어 'nono'를 합친 거 맞나요?

맞아요. 대학교 때 단짝 친구랑 같이 지은 이름이에요. 그 친구는 저를 '아니', 저는 그 친구를 '노노'라고 불렀어요. 둘이 불평불만이 많아서 언제나 부정적인 얘기로 대화를 시작했어요. 그런데 신기하게 결론은 항상 긍정적인 방향으로 나더라고요. 강한 부정은 긍정이라는 말처럼, 의구심도 불만도 많은 것 같지만 사실 우리에게는 삶을 긍정하고 싶은 의지가 있는 거라고 생각했어요. 아이러니한 의미가 담겨있는 이름이죠. 졸업 후에 친구는 미국으로 가서 새로운 생활을 시작했고, 저는 그림 그리면서 이름을 하나 가지고 싶어서 둘의 이름을 합쳐서 쓰기로 한 거예요.

재작년까지만 해도 출판사에서 북 디자이너로 일했다고요.

출판사에서 3년 정도 일했어요. 책도 좋아하고 이야기도 좋아해서 책 만드는 일에 동경이 있었죠. 꿈꾸던 일을 하게 되니 행복했고, 동료들도 정말 좋았어요. 그런데 시간이 갈수록 점점 저를 잃어가는 기분이 들었어요. 들뜬 시기가 지나고 일에 익숙해져야 할 때쯤부터 그랬던 것 같아요.

다른 사람의 이야기에 옷을 입히는 것도 즐거웠지만, 점점 제 이야기를 하고 싶다는 욕구가 강해졌어요. 여러 장르를 매번 다른 색깔로 보여줘야 한다는 압박감도 컸고요. 판권 수정할 일이 있어서 파일을 열었는데, 작가 소개에 '그림책 출판사에서 일하다가 그림 공부를 위해 유학을 떠났다. 이후 그림 작가로 활동하고 있다.' 이런 문구가 써 있는 걸 보면 막 미치겠더라고요. 하고 싶은 일을 찾고 싶다는 마음이 가득 차 더 이상 견딜 수 없을 때 퇴사를 결정했어요. 회사 다니면서 많은 걸 배웠고, 앞으로 어떻게 살지에 대해서 치열하게 고민했어요. 덕분에 다음 스텝으로 넘어올 수 있었다고 생각해요.

안정적인 월급, 소속감, 성취감 같은 걸 포기하는 게 쉽지는 않았을 것 같아요.

어느 직장을 다닌다, 어떤 일을 한다, 한마디로 설명할 수 있는 사람이 되고 싶었던 것 같아요. 안정적으로 일하지 않으면 큰일 난다고 생각했죠. 그런데 막상 직장에 다녀보니 저답게 사는 게 훨씬 더 중요하고, 안정은 그다음에 찾아가야 한다는 걸 알게 된 거예요. 후련한 기분으로 그만뒀는데, 그다음엔 스스로 이상하다고 느낄 정도로 계획이 없었어요(웃음). '하고 싶은 걸 해보자.' 정도? 일단 뭐든 그려보고, 한 발짝 떨어져서 내가 어떤 생각을 하는 사람인지, 그림이 모여 어떤 이야기가 만들어지는지 바라보고 추려봤어요.

좋아하는 걸 하면서 살아보니 어땠어요?

한동안은 뭘 해야할지 몰라 마음이 텅 비어 있었어요. 주변을 둘러볼 에너지도 없었죠. 특출 난 시선을 가진 건 아니지만 시시각각 잘 느끼고 잘 표현하는 편이라고 생각했는데, 무기력하게 지내다 보니 무뎌지더라고요. 평소에는 당연하다고 생각했던 감정과 감각을 더 이상 잃어버리면 안 되겠다는 생각에 다이어리를 사서 다시 일기를 썼어요. 처음에는 아무 생각도 안 나서 그날 먹은 걸 썼어요. 맛있는 걸 안 먹으면 적을 말도 없었죠. 그래도 계속 쓰려고 노력했고 심바랑 산책도 열심히 했어요. 그러다 보니 어느 날 편의점에서 계산하면서 점원의 눈을 쳐다보게 됐고, 버스 기사님께 인사도 할 수 있었어요. 자다가 눈이 떠졌을 때 쓰고 싶은 말을 막 적으면서 아, 이제 내가 돌아왔구나 싶었어요. 여전히 불안하긴 하지만, 지금은 즐거워요. 회사 다닐 때는 매일이 이대로 끝인 것처럼 느껴졌다면 앞으로는 나를 찾아갈 시간들이 남아 있는 것 같아 안심이 돼요.

이 작업실에서 그림을 그리는 거죠? 미술 도구도 많지만 음악 장비와 책의 비중도 커요.

이곳은 뮤지션 라이브 촬영을 하는 신촌전자라는 공간이에요. 저와 제 남자친구인 뮤지션 류준의 작업실이기도 하고요. 그보다 전에는 남자친구 할아버지인 류경채 화백의 작업실이었어요. 할아버지께서 왕성하게 활동하던 시기에 가족들이 다 같이 살 집을 만드셨대요. 3층은 작업실이고 아래층엔 가족들이 모여 산 거죠. 조각가인 아버지가 작업실을 물려받으셨는데 두 분 모두 돌아가신 후에는 텅 비어 있었어요. 남자친구가 여기 거주하게 되고 작업 장비와 살림살이를 들여놓으면서 다시 온기가 생긴 거예요. 남자친구와는 6년 전 대학생일 때 만났는데, 학교 과제 겸 제가 신촌전자 로고를 만들어 줬어요. 남자친구가 이 공간을 운영하니 옆에서 디자인과 촬영을 거들었고, 같이 일하고 먹고 놀고 하면서 자연스럽게 한 자리를 차지하게 됐죠. 겉모습은 라이브 촬영만 하는 곳처럼 보이지만 저는 이 공간이 할아버지와 아버지에 이어 예술가를 모이게 한다는 생각이 들어요.

평소에 작업 패턴을 정해두는 편인가요?

그날그날 계획이 있다기보다는 그리고 싶을 때 그려요. 그리다가 좀 누워 있다가 밥 먹고 딴짓하다가 또 그리고 싶어지면 새벽 네다섯 시까지 그리고 오후까지 자고 그래요. 좀 너무한가요(웃음)? 작업 시간과 할당량을 정해보려고도 해봤는데, 그럴수록 경직되더라고요. 의무감보다는 마음 가는 대로 그린 것들이 더 마음에 들어요. 루틴을 만들어야겠다고 생각하면서도 좀더 자유롭고 싶어요.

주위에 늘 음악이 있으니 영향도 많이 받을 것 같아요.

음악보다는 음악가들한테 영향을 많이 받았어요. 저는 늘 쓸모를 걱정하는 사람이었어요. 가족들도 그렇고 어릴 때부터 주위에 현실적인 사람들이 대부분이어서 꿈보다는 현실을 보고, 무용한 일은 되도록 멀리하려고 했거든요. '나는 이렇게 엉망이고 하고 싶은 것만 하려고 하는데 쓸모 있는 일을 할 수 있을까? 못 하면 어떡하지?' 그런 생각으로 살았는데, 남자친구를 포함해 이곳에서 만난 사람들은 저와 다르게 모두 자기답게 살고 있었어요. 그들을 보면서, 같이 지내고 대화하면서 억지로 쓸모를 따라가는 것보다 나다움을 지키는 게 중요하다는 걸 느꼈어요. 꽃은 햇볕을 받고 비를 맞으면서 활짝 필 뿐인데, 그냥 그렇게 생생하게 피어 있는 것 자체로 주변이 환해지잖아요. 내가 생생하게 살아 있는 게 세상을 이롭게 하는 일이라는 믿음을 가지게 됐어요.

존재 자체를 긍정하게 된 거네요. 저는 좋아하는 일로 일도 하고 돈도 버는 사람들이 그렇게 부럽더라고요.

저도 방법을 찾아보는 중이에요. 친구와 함께 브랜드를 구상하고 있고, 이야기책과 전시도 조금씩 준비하고 있어요. 어떻게 벌이가 될지는 모르겠지만 그림으로 할 수 있는 건 다 해보고 싶어요. 물론 쉽지는 않겠지만요. 전에 달력이랑 작은 그림책을 제작해서 판매한 적이 있는데, 그때 '아, 이래서 책을 대량 생산하는구나. 그렇게 전형적으로 만들어질 수밖에 없구나.' 납득하게 됐어요. 아코디언북 형태인 《잠든 열매씨》라는 책을 하나부터 열까지 제가 다 만들었거든요. 모든 게 노동이더라고요. 표지를 따로 붙였는데 삐뚤어지면 버리고 다시 붙이고, 버리고 다시 붙이고… 걸음마부터 배우는 기분이었지만 꼭 필요한 경험이었다고 생각해요. 올해는 저의 해로 만들어 보려고요. 왜냐하면 제가 2월 22일 2시 22분에 태어났거든요. 그런데 올해가 2022년이니까….

정말요? 이건 의미 부여 안 할 수가 없는데요!

그렇죠(웃음)? 원래 생일에 별거 안 하고 보내는 사람인데, 올해는 행복할 거예요. 기억에 남는 해로 만들고 싶어요.

작가님 그림은 사랑스럽다는 말이 참 잘 어울리는 것 같아요. 그림을 통해 표현하고 싶은 게 있어요?

대부분 일기에서 온 작업들이라서 처음부터 어떤 메시지를 가지고 있지는 않지만, 대신 가장 솔직한 마음이 담겨 있는 것 같아요. 영화를 보다가 기록해두고 싶은 장면, 꿈에서 본 잔상, 길을 걷다가 눈에 들어온 풍경이나 사물 같은 걸 그려 놓고 나서 나중에 '내 상태가 이랬구나.' 하고 돌아보는데요. '나 너무 아무거나 그리나?' 고민할 때 들은 말이 "그렇다고 네가 죽은 개미를 그리는 건 아니잖아."였어요. 자연스럽게 마음이 기우는 것들을 그리게 되나 봐요.

그림에 동물과 자연도 많이 등장해요.

우리는 동물과 자연과 함께 살아가고 있잖아요. 무언가와 함께하는 마음을 소중하고 중요하게 생각해요. 심바가 저를 많이 바꿨어요. 심바는 식용견으로 사육되다가 구조된 유기견 출신이에요. 이렇게 사랑스럽고 살아 있는 애가 사람에게 먹혀서 사라질 뻔했다는 게 너무 이상해요. 지금은 다행히 저랑 함께지만요. 같이 산책하면 심바가 가는 대로 따라 가는 편인데, 숲 냄새가 조금이라도 더 나는 곳으로 가고 싶어 하다 보니까 덩달아 알지 못하던 자연을 보고 느끼게 돼요. 마치 저를 자연의 틈새로 인도하는 것 같아요. 음… 또 저는 귀여운 것들에 시선이 많이 가요. 좀 어설프고 촌스럽고, 근데 또 씩씩한, 사랑으로 덮어지는 부족함을 가진 귀여움이요. 의도적으로 귀여움을 발산하는 것들이 아니라 의도치 않게 우연히 귀여워져 버리는 것들에 애정이 가요. 예를 들면…
비둘기가 그래요.

비둘기요…?
비둘기를 보면 좀 슬퍼요. 많은 사람들이 비둘기를
싫어하잖아요. 그런데 저는 비둘기가 우리 같다는
생각을 많이 해요. 바닥에 떨어진 음식을 주워 먹는 게
스스로 먹이를 구하는 것보다 쉬우니까 자유롭게 날
수 있으면서도 걸어다니게 된 것 같아요. 그 모습이
안타까우면서도 귀엽고 애달파요.

**비둘기를 무서워하는 대표적인 사람으로서 왠지 미안한
마음이 드는데요…. 시선을 달리해 봐야겠어요. 사물이나**

감정이 아주 무뎌지거나 비어 있을 때는 잘 안 그리지만,
기분이 안 좋을 때나 슬퍼질 때는 그리기도 해요. 수채화로
그리던 시기가 그랬던 것 같아요. 잠들어 있거나 포개져서
꿈꾸고 있는 동물들을 많이 그렸거든요. 이유도 모르는
채로 그리고 싶어서 그랬는데, 한참 지나고 나서 봤더니
하고 싶은 말이 있었더라고요. 스스로 정체되어 있다고
느꼈지만, 나는 지금 꿈꾸고 있는 거라고, 잘하고 있는
거라고 얘기하고 싶었던 것 같아요. 슬플 때는 기쁨의
순간과는 분명 다른 아름다움이 나오기는 하지만 거기에
기대 작업하고 싶지는 않아요. 계속해서 즐겁고 힘차게
살고 싶어요. 건강하고 행복하게, 나눌 수 있는 사람이
되는 게 우선이에요.

풍경에서 눈, 코, 입을 발견하거나 그려서 얼굴을 만드는
것도 재미있는 작업이에요.
대학교 때부터 하던 놀이예요. 전에는 하얀색이랑 검정색
스티커를 들고 다니면서 벽에 막 붙이고 다녔어요.
사진으로 찍어두었다가 그리기도 했죠. 무생물에서 표정을
발견하면 되게 반가운 기분이 들어요. 표정을 만들어
붙이면서 제가 살아 있다는 게 다시 한번 환기되는 것
같기도 하고요. 제 컨디션이 좋다는 증거이기도 해요.
너무 피곤하거나 예민하면 갈 길 가기 바쁠 텐데, 주위를
둘러보며 이런저런 상상을 할 수 있다는 건 그만큼 여유가
있다는 뜻이니까요.

그럼 우울할 때는 그림을 그리지 않는 거예요?

앞으로 만들어갈 이야기는 어떤 형태로 담고 싶어요?
음… 제 그림에 이야기를 더하면 말 그대로 그림책이
되는 거잖아요. 보편적인 그림책처럼 기승전결이
있으려면 스토리보드를 짜고 작업 과정을 계획하고 그림
톤도 일정하게 맞춰야 한다는 부담감이 있어서 어렵게
느껴지더라고요. 일단 그려보고, 입체물이나 영상으로도
만들어보고 있어요. 이야기가 꼭 책 형태로 만들어질
필요는 없다고 생각하지만, 개인적으로 책을 만들고 싶은
욕심은 있어요. 작년 크리스마스에 남자친구가 크베타
파코브스카Květa Pacovská의 《Flying》이라는 그림책을
선물해 줬는데, 원래 좋아하는 작가이기도 했지만 이
책을 보고 이런 그림책을 만들고 싶다고 생각했어요. 두
개의 성이 등장하고, 그중 하나의 성이 나머지 하나에게

나는 법에 관한 비밀을 이야기해 주는 내용이에요. 그 비밀을 듣고 어떤 친구는 풍선을 달아 날고, 다른 친구는 기구를 타고 날고, 또 다른 친구는 아무것도 없이 그냥 날아요. 모두가 자기만의 방식으로 날게 된 거죠. 비밀은 이거였어요. "나는 건 쉬워." 훨훨 나는 데 엄청난 비밀이 있었던 게 아니라 그냥 '쉽다'는 말 한마디였던 거예요. 내용도 좋지만 그림과 글씨도 장난스러우면서 페이지마다 제각각 자유로워요. 이렇게 쉬우면서도 통찰력 있는 이야기를 보면 쓸모에 관해 덜 고민하고 싶어져요.

쓸모를 찾다 보면 타협할 수밖에 없게 되니까요.
타협하지 않은 것의 힘은 정말 대단해요. 이런 작업을 하려면 당장 결과를 내기 위해 조급해하지 않고 좀 더 자유로워져야겠다는 생각이 들어요.

사물이나 작업물에 생명을 불어넣는 걸 좋아하는 거죠?
맞아요. 낙서를 하다가 마음에 드는 아이가 있으면 이름을 붙여요. 성격이 어떤지, 어떤 생활을 하고 있는지 살을 붙이고 말을 지어내면 조금씩 생명력이 생기죠. 그럼 금세 친구가 돼요. 제 무의식에서부터 만들어진 친구들이기 때문에 그 친구들이 사라지지 않고 살 수 있는 세상을 그림으로 그려서 만들어주고 싶어요. 그렇게 만든 아이 중에 '부베'라는 친구가 있어요. 파랗고 커다란 병아리인데, 병아리 마을에 적응하지 못하고 모험을 떠나요. 대학교 때 과제로 만들었는데 그때는 부베가 살아 있는 애라고 말하고 다녔어요. 정말 그렇게 믿었고요. 이후에 현실 감각이 생기면서 멀어졌다가 퇴사하고 나서 다시 생각나더라고요. 진짜 현실이 뭔지 헷갈리기 시작하면서, 내가 정말 좋아하는 친구와의 우정이 왜 인간관계 안에서만 이루어질 수 있는지 의아했어요. 부베처럼, 제가 더 시간을 쏟고 애정을 부으면 그림도 더 오래 살아있을 거라고 믿어요.

그리는 사람의 생각과 마음이 이런 방향으로도 흘러갈 수 있다는 게 신기하고, 왠지 뭉클하기도 해요. 작가님이 사는 세계와 그림이 태어나고 머무는 세계가 다르지 않아 보여서요.
펼쳐놓고 보면 중구난방 같지만, 그림과 그림, 저와 그림이 다 연결되어 있는 것 같아요.

"겨자씨보다 조금만 크게 살면 돼."라고 쓰신 글에서 작가님이 삶을 어떻게 살고 싶은지 느껴졌어요. 욕심 내지 않으면서도 자기 삶을 잘 지키고 싶다는 마음을 봤거든요.
성미정 시인의 시 제목이에요. "여보 우린 그저 조그맣게 살자 / 더 넓은 평수로 갈아타려고 아등바등 / 살지 말고

자가용 같은 거 끌지 말고 / 나는 게송 같은 시 절대 쓰지 말고 / 그렇게 살자" 이렇게 시작하는 시인데, 말씀하신 것처럼 조그맣게 살고 싶어 하는 마음도 공감 가지만, 더 좋아하는 부분은 화자가 겨자씨보다 조금만 크게 살자고 얘기했을 때 그러자고 기꺼이 답해주는 사람이 있다고 느껴진다는 거예요. 그래서 본문의 '살자'가 제목에서는 '살면 돼'가 된 것 같아요. 그게 너무 좋아서 제 곁에 있는 남자친구와 함께 찍은 사진 밑에 적어 둔 말이에요.

작업에도 삶에도 서로 없어서는 안 될 존재네요. 조그맣지만 단단히 살아갈 모습이 그려져요.
많이 이루고 많이 가져서 성공하는 것도 정말 멋진 일이지만, 가진 것보다 많이 느끼는 사람이 되고 싶어요. 하나도 완벽하지 않은데도 스스로 완전하다고 느끼는 상태를 저는 행복이라고 생각해요. 그렇게 살고 싶다고 말했을 때 그러자고 하는 사람이 제 곁에 있으니까, 저는 행복한 사람인 것 같아요. 앞으로도 그렇게 살 거고요. 지금 이 순간을 살아가는 게 가장 중요한 일이라는 걸 훗날의 제가 잊지 않았으면 좋겠어요.

앞으로의 길을 진심으로 응원하고 싶어요.
열심히 해볼게요. 이런 저를 미리 알아봐 주셨으니 꼭 훌륭한 사람이 되어야겠어요!

좋아하는 일을 위해 새로운 길을 나서며, 자신이 얼마나 크고 묵직한 용기를 낸 건지 그녀는 알까? "생생하게 살아 있"으므로 누군가의 마음을 뭉클하게 했다는 것도. 나는 그녀가 더 이상 쓸모에 대해 고민하지 않았으면 좋겠다.

수민의 집에는 거리에서 주워 온 것이 많았다. 깨진 거울이 침대를 비췄고
화장대와 책장에는 여기저기 부서진 흔적들이 있었다. 그 모든 건 누군가의 것이
아닌 오롯한 수민의 것이었다. 그에게는 아무것도 아닌 풍경 속에서 근사한 장면을
포착하는 눈이 있다. 슬픔도, 아픔도 스스로 만든 좋은 기억으로 덮어버리는 사람.
수민은 자신의 배를 끌고 바다로 나서며 비로소 자기 삶의 선장이 되었다.

스스로 선장이 된 사람

임수민 — 스트리트 포토그래퍼

에디터 김지수
포토그래퍼 김혜정

포토그래퍼, 브랜드 마케터, 항해사까지 여러 타이틀을 가지고 있어요.

그래도 여전히 저는 스트리트 포토그래퍼 임수민이에요. 거리에서 사진을 찍기 시작한 이후로 제 인생의 큰 전환점을 이루었거든요. 얼마 전까지 브랜드 마케터로 일하다가 최근에 프리랜서로 전향했어요. 마케팅 세일링도 했고, 한 배의 캡틴이 된 적도 있지만, 가장 근본적인 자아는 스트리트 포토그래피에 있어요.

최근에 겪은 가장 큰 변화는 퇴사네요.

한 달에 퇴사를 세 번이나 했어요. 다행히 모두 좋게 헤어졌지만. 퇴사를 한 이유는 더 이상 성장할 수 없겠다는 확신이 들었기 때문이에요. 회사와 제가 추구하는 방향이 맞지 않기도 했지만 회사를 계속 다니면서 겪을 앞으로의 시간이 너무 예상되어서 오히려 답답하게 느껴지더라고요.

퇴사가 반복되어 힘들지 않았어요?

지금은 새로운 일상에 적응해서 만족하고 있지만 퇴사 직후에는 고민이 많았어요. 제가 아무리 자유를 추구한다고 하더라도 연속 세 번 퇴사는 너무 하지 않나(웃음). 스스로 자괴감이 들었는데 아무리 생각해 봐도 퇴사할 수밖에 없는 상황들이 있었어요. 대부분 가치관의 문제였고요. 브랜드 마케터라면 그 브랜드를 정말 좋아하고 아껴야 한다고 생각하는데 그러려면 가치관이 잘 맞아야 하잖아요. 그게 안 맞는다는 걸 깨달은 순간 출근이 힘들어지더라고요. 무엇보다 저는 시간을 자유롭게 쓰는 게 중요한 사람인데 하루 중 골든타임에 무조건 사무실에 있어야 하는 게 조금 억울하게 느껴지기도 했어요. 저의 반려견 수리와 더 많은 시간을 보내고 싶었거든요.

마케팅에는 진심이 필요하다는 생각도 드네요. 수민 씨가 직접 브랜드를 만들면 어떤 브랜드가 될지 궁금해요.

저도 궁금해요. 확실한 건 제품을 판매하는 브랜드는 아닐 거예요. 경험을 제공하는 브랜드에 가까울 것 같아요. 같이 사진을 찍으며 거리를 걷거나 함께 항해를 하겠죠. 많은 사람들이 사진이나 항해의 문턱을 높게 생각하는데 직접 해보면 그렇지 않거든요. 제가 좋아하는 것들을 다수가 같이 좋아하게 되는 일을 해보고 싶어요. 결국 교육이네요.

누구를 가르쳐본 경험이 있어요?

영어 선생님으로 일한 적이 있어요. 제가 가르치던 초등학생이 이번에 대학을 갔어요. 저 엄청 재밌게 잘 가르쳐요(웃음).

저도 배우고 싶어요(웃음). 항해 이야기가 궁금한데 어떻게 시작했어요?

당시에 사진을 시작하면서 전시도 하고 티브이 프로그램 강연도 나가게 됐는데 그때 주변인들 반응이 다양했어요. 평소에 친하지 않던 사람들에게 연락이 오기도 하고 괜히 소문으로 '조금 뜨더니 변했다'는 말도 듣고요(웃음). 진짜 떴으면 억울하지도 않지 저 정말 변한 게 없었거든요. 인간관계에 지쳐갈 때쯤 마침 함께 강연했던 선장님이 태평양에서 부산까지 배를 끌고 오셨어요. 합류할 사람을 모은다고 하시더라고요. 도피하듯 떠났는데 정말 최악의 경험을 했어요. 여자는 저뿐이었는데 같은 배를 탄 아저씨들에게 입에 담기도 싫은 모진 말들을 매일같이 들었어요. 항해에 관해 아무것도 모르다 보니 그 안에서 저는 숟가락만큼이나 쓸모없는 사람이었죠. 나중엔 제 존재 자체에 의문을 갖게 되더라고요.

도망갈 수도 없어서 더 힘들었겠어요. 그때 힘이 된 사람이 지금의 연인이군요.

그렇죠. 남자친구는 다른 배에 타고 있던 사람이었는데 서로 편지를 주고받으면서 친해졌어요. 배 안에서 힘든 일들을 털어놓으면서 서로 위로가 됐죠. 그 편지가 너무 좋아서 계속 들고 읽을 정도로 소중했어요.

첫 항해에 대한 기억이 좋지 않았는데 돌연 갑자기 배를 산거네요.

항해를 마치고 돌아왔는데 사람들이 후기를 묻더라고요. 떠올리기도 힘들어서 한동안 집에만 있었어요. 파도 소리만 들어도 질색했고요. 그런데 바다는 저에게 정말 소중한 존재였거든요. 바다에는 사람의 인생이 있으니까요. 그냥 이렇게 미워해도 되나, 아쉬움이 밀려와서 결국 극복해야겠다는 생각이 들었어요. 내 배를 사서 선장이 되어야겠다 결심했죠. 배를 사는 것부터 시작해서 그때도 남자친구가 많이 도와줬는데 계속 의지하게 될 것 같아서 혼자 통영의 비진도로 떠나버렸어요. 그때도 모든 게 처음이라 너무 힘들었지만, 비로소 진짜 항해를 했다고 말할 수 있게 됐어요.

도피하지 않은 게 대단해요.

트라우마로 남겨놓으면 나쁜 것들에 패배하는 거니까요. 이길 수 있는 방법은 별로였던 기억을 스스로 만든 좋은 기억으로 바꾸는 것뿐이라고 생각했어요. 이제는 웃을 수 있게 됐죠. 그 경험을 온전히 저만의 것으로 만들었고 그래서 지금의 제가 된 거니까요.

작업실 곳곳에도 항해의 흔적이 남아 있네요. 지금은 작업실에서 혼자 일하고 있는데, 프리랜서로서 일상에 어떻게 적응하고 있는지 궁금해요.
나름의 규칙을 세웠어요. 아침에는 꼭 8시에 일어나려고 해요. 그러곤 바로 수리와 한 시간 정도 산책을 하고요. 돌아와서 아주 정성스럽게 아침을 챙겨 먹어요. 최근에는 소금빵을 만들어 먹고 싶어서 실패하고 있지만 계속 시도하고 있어요. 성공할 때까지 해보려고요(웃음). 11시쯤 책상에 앉아서 일을 시작하면 오후 5시까지 계속 오피스 워크만 해요. 낮잠 안 자는 걸 꼭 지키고 있고요. 일이 끝나면 수리랑 산책하고 돌아와서 완전한 자유 시간을 보내요.

새로운 것에 도전하는 걸 주저하지 않는 성향이라 이런 일들을 해낸다고 생각하는데 오히려 반대예요. 속으로는 '어떡하지?' 하는 생각들로 가득 차 있어요.

의외네요.
저 원래 겁쟁이예요(웃음). 아버지가 외교관이셔서 어릴 때부터 해외에서 살았고 3년마다 이사를 다녔는데요. 그때 어머니가 엄청 걱정이 많으셔서 거의 집, 학교 외에 다른 곳을 가본 기억이 별로 없어요. 대부분의 시간을 세상에 대한 탐구보다는 가족들과 날들로 보냈어요. 그렇게 어린 시절을 지나서 그런지 외국에서 자란 기억이 개방적인 성격으로 이어지지는 않았어요. 한국에 돌아와서도 친구들이랑 영화 보러 가는 것도 주저할 때가 있었고요.

자유 시간에는 뭘 해요?
크리에이티브한 활동에 투자해요. 최근엔 이젤과 캔버스를 장만했어요. 전자 피아노도 구비해 뒀고요. 누군가는 쓸데없는 걸 한다고 생각할 수도 있는데 저는 제 삶이 '굳이' 싶은 것들로 가득 채워질 때 행복해져요. 내 시간의 90퍼센트를 돈 벌기 위한 작업에만 쏟는다고 생각하면 너무 슬프잖아요. 최대한 쓸모없는 일들로 일상을 꽉 채우고 그 쓸모없음을 위해 돈을 벌자는 마음이에요.

실패하는 베이킹을 계속하는 것도 그렇고, 쓸모없는 일을 하는 게 아니라 작은 도전들로 일상을 채워간다는 생각이 들어요.
사실 저는 도전을 두려워하는 사람이에요. 사람들은 제가

대학교 때 큰맘 먹고 혼자 교환학생을 떠나면서 처음 외국에 왔다는 생각을 할 정도였으니까요. 영어를 잘해도 너무 낯설게 느껴졌어요. 엄마가 처음 외국에 왔을 때 이런 느낌이었겠구나 하는 생각도 들었죠.

아까 어머니가 직접 만든 인형을 봤는데 너무 예쁘더라고요. 손재주가 좋으신가 봐요. 어머니는 어떤 분이세요?
엄마는 너무 아름다운 사람이에요. 서울대 조소과의 퀸카였고요(웃음). 저랑은 조금 반대의 성향이라 제가 새로운 꿈을 꾸면 많이 반대하시기도 했죠. 제가 막 뮤지컬 배우를 하겠다고 선언했거든요(웃음). 그래도 계속 반대만 하시던 엄마가 저에게 힘을 실어주신 일이 있어요.

부다페스트에 살 때 같이 숲을 산책하다가 이런 말씀을
하시더라고요. "수민아, 사람들은 숲을 걸을 때 걷기
쉬운 반듯한 길로 걷기 마련인데 너는 꼭 엉클어진 길만
골라서 걷더라. 넌 저 보이지 않는 너머가 궁금한 거지.
너무 걱정되지만 어쩌겠니, 너는 저 길이 궁금한데." 하고
말하셨어요. 이 말이 큰 위로가 됐죠. 그때 제가 엄마의
포용력을 배웠다는 생각이 들어요.

**잠시 어머니가 다녀가신 것 같아요(웃음). 뭉클하네요.
어릴 때 부모님 영향을 많이 받고 자랐나 봐요.**
저에게 두 분은 늘 영감이 되어요. 당시에는 영어를 못
하는 외교관들도 많았는데 저희 아버지는 영어를 굉장히
유머러스하게 구사하셨거든요. 외국인들 앞에서 거침없던
아버지 모습이 굉장히 멋있었어요. 지금의 저도 영어로
말할 때 아버지에게 배운 유머와 시니컬한 표현 방식을 쓸
때가 있어요. 글로벌 브랜드 마케팅 일을 할 때 아버지의
태도를 계속 떠올리며 큰 도움이 됐죠.

**아버지에게는 당당한 태도를, 어머니에게는 포용력을
배웠네요. 이제 그 포용력은 수리에게 돌아가고 있는 것
같아요. 수리와 함께 지내면서 변한 것들이 많다고 했는데,
어떤 변화들이었나요?**
제 공간을 가지자마자 신기하게 모성애 비슷한 감정을
느꼈어요. 그게 수리를 데려오는 일로 이어졌고요. 수리와
지내면서 처음으로 혼자 운전을 해서 여행을 다녀오기도
했고, 처음 겪는 일투성이었어요. 애완견 관련 책도 많이
읽고 수리를 혼내기도 하고 겪어보지 못한 문제들과
직면하기도 했고요. 예전의 저였으면 포기했겠지만 수리는
포기할 수 없잖아요. 해서는 안 되고요. 수리와 지내면서
해결 못 할 문제는 없다는 걸 알았고 문제를 곧 바로
직면하고 유연히 풀어가는 과정을 배우고 있어요.

**독립하면서 겪은 변화이기도 하네요. 처음 자기 공간을
가져본 건데, 어떤 기준으로 채워갔나요?**
일단 눈을 떴을 때 '임수민 공간'이라는 걸 느끼고
싶었어요. 가족들과 살 때는 아침마다 '여기가 어디지.'
하면서(웃음) 낯설어했거든요. 모든 게 다 제가 고른
물건들도 아니었고요. 이 집은 오롯이 제 선택으로
완성됐어요. 벽 색깔부터 물건들 하나하나 다 제가 생각한
것들이에요. 그래서 집들이 선물도 집에 두는 물건은 안
받았어요. 친구들에게 휴지만 사 오라고 당부하고요(웃음).
사실 독립이 꼭 필요한 일은 아니었는데 저에겐
기회비용이 더 중요했어요. 온전한 내 공간이 아니라
누리지 못했던 자아실현들을 이루고 싶었거든요.

그럼 이 집에서 가장 '임수민다운' 공간은 어디예요?
지금은 이 책상이 있는 공간이요. 이 방은 원래
암실이었는데 인화를 자주 하지도 않으면서 사진가라는
정체성을 잃고 싶지 않아서 고집부리듯 유지하던
공간이었어요. 그런데 사실 암실이라는 공간이 저를
증명하는 건 아니잖아요. 과감히 정리하고 책상을
뒀죠. 책상도 벽에 붙이면 공간이 더 넓어 보이겠지만
벽을 보면서 일하고 싶지는 않아서 반대로 돌렸어요.
출퇴근하듯 꺾어서 들어와 책상에 앉을 때 기분이 너무
좋아요. 동선이 불편해도 뚜렷한 이유가 있는 점이 꼭 저
같아서 마음에 들어요.

사진 작업은 어떤 점이 좋아요?
중학교 때부터 친구들을 찍고 다니는 걸 좋아했는데
교환학생 때 사진 수업을 들으면서 본격적인 계기가
됐어요. 이것도 쓸모없는 걸 하고 싶어서 시작한 거였네요.
그때는 디지털이 유행할 때라 필름은 인기가 없었거든요.
처음엔 인화 과정을 신뢰하지도 않았어요. 배우면서도
'이게 된다고?' 하는 의심만 했고요. 첫 인화를 하는데
아니나 다를까 제 사진만 백지였어요(웃음). 용액을
잘못 섞은 거죠. 친구들은 저를 위로했는데 저는 오히려
재밌었어요. 모든 게 버튼 하나만 누르면 다 되는 세상에서
처음으로 제 존재가 필요한 일을 발견한 느낌이었어요.
그때부터 막 사진을 찍고 다니기 시작했죠. 거리로
나갔는데 재밌는 풍경이 너무 많더라고요. 애틀랜타
노숙자들이랑 친해지면서 길거리와 점점 가까워졌어요.
그때 과제가 어떤 직업을 선택해서 사진을 찍어
오는 거였는데 저는 노숙자들을 선택했어요. 그들도
그들만의 일이 있고 그 세계의 룰이 있거든요. 그때
제 사진을 보시던 교수님이 저한테 "너는 스트리트
포토그래퍼구나."라고 말씀하셨어요. 처음 듣는 단어라
그게 뭐냐고 여쭤봤더니 "그게 너야."라고 하시더라고요.

영화에 나올 것 같은 대사네요.
그런가요(웃음). 그러곤 한국에 돌아갔는데 거리에서
전에는 보지 못했던 것들이 보였어요. 다른 사람들은 그런
것들을 안 보고 그냥 지나치는 것 같아서 보여주고 싶은
마음에 계속 사진을 찍었어요. 과거를 추억하기보다는
현재, 지금의 길거리에 역사가 흐르고 있다는 걸 알려주고
싶었어요.

거리에서 본 것 중 지금 떠오르는 풍경이 있어요?
굉장히 말끔한 행색의 노숙자분이 있었어요. 그분이
노트에 뭘 계속 적고 계시더라고요. 다가가서 뭘 쓰고
계시냐 여쭤봤더니, 책을 쓰고 있다는 거예요. 자기가

오랜 노숙 생활을 하면서 받은 도움이 많은데 그 감사함을 담아 '진정한 천사들은 거리에 있다'는 주제로 글을 쓰고 있다고요. 이런 순간들을 포착하고 있는 저 자신이 좋았어요. 좋은 스트리트 포토그래퍼는 길거리에 있는 좀 특이하고 멋진 풍경들만 찍는 게 아니라고 생각해요. 거리에 놓인 풍경을 보고 서술할 수 있어야 해요. 어떤 이야기로 연결 지을 수 있냐는 거죠. 거리를 유심히 들여다보면 당연해서 모를 뿐이지, 우리의 평범한 삶이 소설같이 특별하다는 걸 깨닫게 돼요.

마케팅 일뿐만 아니라 사진, 항해를 하면서도 배운 점이 많은데, 더 이야기해 볼까요?
일단 사진을 찍으면서 관찰하는 습관을 배웠어요. 순간을 포착하고 망설이지 않는 법도 깨우쳐 갔고요. 브랜드 마케터로서는 무언가에 관심 가지는 법을 배운 것 같아요. 내 것, 내 브랜드만 파헤치는 게 아니라 다른 것들도 계속 지켜보고 좋은 건 캐치하는 방식을 배웠어요. 그렇게 인사이트가 넓어지다 보니 일상에서도 제 주변인들에게 필요한 것들이 너무 잘 보여요. 가까운 사람에게 도움을 줄 수 있는 사람이 된 거죠. 항해를 하면서는 뭐든지 의심했어요. 초반에 저 때문에 배가 전복할 뻔한 일이 몇 번 있어서 울면서 의심하는 법을 배웠죠. 수리를 돌볼 때 의심하는 습관이 계속 튀어나와요(웃음).

그래도 세 작업 중 평생하고 싶은 일로 하나를 꼽는다면 사진이겠죠?
그렇죠. 저는 뭘 해도 스트리트 포토그래퍼의 시선으로 바라보고 있는 것 같아요. 우연히 일어나는 일들에 의미를 붙이고 혼자서 깨닫는 과정이 즐거워요. 이런 시선이 마케팅을 할 때도 이어지고요. 어떤 사람들은 우연한 가치를 발견하는 일이 너무 운에 기대는 것 아니냐고 말하기도 하지만 그게 얼마나 어려운 건데요(웃음). 그래서 저는 죽을 때까지 스트리트 포토그래퍼의 눈을 가지고 살고 싶어요. 지금은 브랜드 마케팅 일을 하고 있지만 언젠간 다시 돌아갈 거예요.

자기 매력을 깨닫는 건 어려운 일인데, 수민 씨는 어떤 매력을 가진 사람인가요?
저의 가장 큰 매력은 실패한 모습을 부끄러워하지 않고 그걸 계속 사람들과 공유한다는 거예요. 어떤 사람이 뭔가를 이뤘을 때 결과보다는 과정이 더 궁금하잖아요. 저는 그 과정을 잘 기록하고 공유하는 사람이에요. 그래서 항상 선포하는 것부터 시작해요. 어떤 결과가 나오기도 전에 말하고 보는 거죠(웃음). 퇴사할 때도 그랬어요. "여러분 저 퇴사합니다!" 이렇게요. 그러고 나서 변해가는

과정을 함께 공유했어요. 그게 저 자신에게 솔직해질 수 있는 방법이기도 한 것 같아요.

일단 저지르는 거네요(웃음). 오늘 대화를 나누니 수민 씨는 참 자유로운 사람이라는 생각이 드는데, 스스로도 자유롭다고 생각하나요?
처음 항해를 떠날 때까지만 해도 정말 자유롭지 못한 사람이었어요. 항상 부모님과 같이 지냈다 보니 독립심도 부족했고요. 지금은 독립해서 제 공간도 가지고 있고 수리도 있고, 이젠 자유롭다고 생각해요. 나중엔 나이에 매이지 않고 하고 싶은 일은 바로 하는 사람이 됐으면 좋겠어요. 해야 하니까 하는 거 말고, 하고 싶은 이유가 반듯한 사람이 되고 싶어요. 그러다 보면 언젠가는 도전도 두려워하지 않을 수 있겠죠.

거리의 작업실, 거리의 문장들

1. 사람들은 무심코 지나치겠지만, 내게는 연극의 막이 올라간 것처럼 신경이 집중되는 순간들이 있었다. '여자가 허리를 굽혀 땅에 가방을 놓고 물건을 정리한다. 그 뒤로 연관 없는 사람들이 우르르 쏟아진다.' 클라이맥스 없는 얘기지만, 서술하기 시작하면 모든 동작 하나하나가 의미 있다. 그렇게 나는 서술할 거리가 있는 사람들을 찾으며 길을 쏘다녔다.
2. 길에서 자고 있는 남자 곁에서 나란히 자고 있는 개. 과연 주인과 반려견 사이일지는 몰라도, 이 순간만큼은 서로 최고의 동지일 것이다. 3. 그 남자는 알았을까. 자신이 휴대폰을 보고 있는 사이 10여 명이 자신의 머리를 쳐다보고 있다는 것을! 우리는 인지하지 못하지만 멀리 떨어져서 보면 우리 모습은 배경과 꽤 어우러져 재미난 이야기들을 만들어 내고 있다. 4. 배 위에서 나의 유일한 모델은 'CHAE' 한 사람이었다. 하지만 충분했다. 그는 나의 뮤즈였으니까.
5. 때로는 사람의 행동에 따라 그를 정중앙에 놓을지, 한 코너에 놓을지 프레임을 선택하게 된다. 그래야 그 역동성이 부각될 수 있다. 6. 개와 주인은 닮는다는 말을 증명하는 사진.

ⓒ 임산모

통유리로 된 미닫이문을 살그머니 열고 들어서니 작업대 앞에 서 있던
노란 앞치마의 그가 상냥하게 인사를 건넨다. 꾸밈 없이 간소한 태도에
쓸모없는 긴장감은 사라지고 쓸모 있는 설렘만이 남는다. 요리하는
경우의 수 곁에서 무슨 이야기를 하면 좋을까 고민한 게 무색하게
삽시간에 그의 손짓에 매료된다. 정신 차리고 보니 눈앞에 따뜻한
한 그릇이 뚝딱. 와…. 이거 먹어도 되는 건가? 일단 잘 먹겠습니다!

하나, 둘, 셋, 넷…

황지수 — 경우의 수

에디터 이주연
포토그래퍼 김혜정

(작업대를 바라보며) 이 자체로 예술 같아요. 항상 이렇게 세팅해 놓고 요리하세요?

보통은 이렇게 해요. 수업이나 워크숍도 하고 있어서, 이렇게 해두고 기록해놔야 레시피를 알려주기 편하거든요. 혼자 요리할 땐 타이머도, 계량기도 없이 눈대중으로 하는데, 수업할 때 "적당히" 하라고 하면 난감하잖아요.

레시피를 보면서 따라 하다가 김빠지는 순간이 그런 때 같아요(웃음). 그 풀은 뭐예요?

아, 이건 세이지예요. 향이 좋은 허브인데, 맡아 보세요. 버터나 고기랑 잘 어울려서 이따 고기 볶을 때 살짝 뜯어 넣으려고요. 요즘 양배추랑 당근이 맛있어서 한 그릇 요리를 만들어보려고 해요. 채소들을 한 번 구워서 다시마 물에 미소랑 생크림을 넣고 푹 끓일 거예요. 그 사이 고기를 버터에 볶아서 함께 넣을 거고요. 아침 안 드셨죠?

네. 아침 먹는 게 습관이 안 돼서….

이거 같이 먹고 시작해요. 우선은 약간 거뭇해질 정도로 채소를 구워주는 게 좋아요. 언뜻 보면 탄 것처럼 보이지만, 이렇게 해야 색이 잘 우러나고 끓이면 감칠맛도 좋거든요. 끓을 때까지 5분만 기다릴까요?

(한 상이 차려진다.) 와, 사진부터 찍어야겠어요.

천천히 드세요. 채소를 먹기 좋게 잘라서 고기랑 같이 드셔보세요. 아, 겨자 좀 덜어드릴게요. 겨자랑 같이 먹으면 맛이 또 다르거든요.

이렇게 단맛이 강하게 나는 당근은 처음 먹어봐요. 정말 맛있네요. 오늘의 메뉴를 뭐라고 부르면 좋을까요?

어, 구운 양배추와 당근, 미소 크림 스튜… 약간의 고기도 들어간….

'구운 양배추와 당근 미소 크림 스튜 feat.약간의 고기'(웃음). 미소는 거의 국으로 먹어서 생크림과 어우러지는 게 신선해요.

지금까지 먹어본 거, 시도해 본 것들을 실험하다 보니 미소와 생크림을 조합한 미소 크림이 나왔어요. 아주 독특한 재료를 쓴 건 아니어서 누군가 어딘가에서 비슷한 요리를 하고 있을 것 같은데요. 먹어보거나 책에서 본 것들을 데이터로 제 작업의 조각이 만들어지는 것 같아요. 이 퍼즐, 저 퍼즐, 어떻게 맞추느냐에 따라 이런 요리도 나오고, 저런 요리도 나오고요.

소스까지 싹 비웠어요(웃음). 맛있게 잘 먹었습니다. 본격적으로 대화를 시작해 볼까요? 셰프, 요리사,

주방장… 요리하는 사람을 지칭하는 말이 참 많은데, 지금 하는 일을 뭐라고 생각하시는지 궁금해요.

어떻게 표현하느냐에 따라 무게감이 좀 달라지는 것 같은데 제 정체성은 늘 같아요. '요리하는 사람'이죠. 요리를 갓 시작했을 땐 저보다 요리를 훨씬 오래 해온 분이 많으니까 스스로 요리사라고 말하는 게 좀 부담스러웠어요. 시간이 흐르니까 셰프든 요리사든 그때그때 상황에 맞게 사용하게 되는데, 지금은 특히 더 '요리하는 사람'인 것 같아요. 현재 하는 작업은 상업 요리보다는 가정 요리에 가까워서 셰프나 주방장 같은 말이랑은 어울리지 않거든요. 한때는 제 활동명이랑 같은 '경우의 수'란 식당을 정기적으로 운영했지만 지금은 오히려 집에서 할 수 있는 요리들 위주로 작업하고 있어요. 사실 요리를 생활 기술이라고 생각하기도 하고요.

그런 생각은 자라온 환경의 영향도 있는 것 같아요. 부모님이 각각 식당을 하셨다고요.

맞아요. 주말이면 놀이동산이나 나들이 대신 아빠 따라서 제일 좋은 식재료를 보러 백화점에 갔어요. 실컷 구경하고, 장 보고, 집에 와서 그걸로 요리해 먹는 게 일과였죠. 특히 주말엔 아침, 점심, 저녁 모두 집에서 해 먹었는데 부모님이 요리하실 동안 저랑 동생은 옆에서 밑 작업을 도왔거든요. 주방에 네 식구가 함께 있는 게 당연한 일이어서 더더욱 생활 기술처럼 느껴지는지도 몰라요.

그래서 일찍부터 요리사를 꿈꿨을 줄 알았는데 디자인을 공부하셨다고요.

본격적으로 요리를 하겠다고 했을 땐 오히려 부모님이 좀 반대하셨어요. 음, 반대라기보다는 걱정이 많으셨어요. 육체노동을 해야 하는 일이니까 '과연 쟤가 버틸 수 있을까….' 싶은 마음이셨던 것 같아요. 정신적인 스트레스도 꽤 크고요. 그래도 제가 업장에서 일을 하고 있으니까, 부모님이 요리학교에 가보라고 권하시더라고요. 어깨너머로 기술을 익히니 기초부터 제대로 배워보는 게 어떻겠냐 하신 거죠. 그래서 조금 늦은 나이에 요리학교에 가서 한식을 전공했어요.

요리학교보다 업장에서 일한 게 먼저였군요. 처음에 식당 일은 어떻게 시작한 거예요?

음, 그때가 7일 내내 아르바이트를 하던 시기였는데요. 되게 힘들게 일했는데, 일한 시간만큼 돈을 벌고 있다는 느낌이 안 들더라고요. 노동의 대가를 정확하게 받는 일을 해보고 싶어서 자리를 잡으려고 면접을 봤어요. 한 군데는 전공을 살린 패션 브랜드의 막내 디자이너였고, 하나는 인터넷 커뮤니티에서 본 양식당 홀서빙

블로그에서 레시피를 찾아 국이랑 반찬을 만들어서
상을 차려드렸거든요. 근데, 미역을 처음 불리는 거라
감이 없어서 한 봉을 다 불려 버린 거예요. 물에 담가
두고 티브이 보다 다시 부엌으로 갔는데… 미역이
그릇을 탈출해선 엄청나게 불어 있더라고요. 와, 진짜
어마어마했어요. 난리가 난 부엌을 부모님 오시기 전에
치우고 상도 차려야 하니까 마음이 급했죠. 가위로 잘라서
끓일 만큼 두고 부랴부랴 치우고…. 그렇게 우여곡절 끝에
만든 국인데 엄청 짜고 맛이 없었어요. 반찬들도 그렇고요.
말도 안 되는 식탁을 차려드렸는데 부모님이 그걸 드시곤
우시더라고요.

아이고, 왜 제 코가 다 찡하죠.
그때 생각이 아직도 많이 나요.

**그땐 부엌이 부모님의 공간이었을 텐데, 나만의 부엌을
갖게 되는 것도 중요한 포인트였을 것 같아요.**
제 첫 부엌이라고 할 수 있는 곳은 개인 공간은
아니었어요. 개인 자취방을 갖기 전에 셰어하우스에 2년
정도 살았거든요. 2층, 3층을 열네 명이 함께 쓰는데요.
주방이 2층에 하나, 3층에 하나 공용으로 있었어요.
거기서 요리를 가장 즐겁게 한 것 같아요. 항상 같이 먹을
사람이 있고, 그날그날 먹고 싶은 게 다르니까 거기 맞춰서
요리하고….

그럼 요리 도구도 공용이지 않아요?
맞아요. 그래서 그걸로만 요리하려면 부족한 게 많아요.
거의 생존을 위해 모든 도구를 갖다 쓰는 느낌(웃음). 주방
가위가 칼도 됐다가, 밥솥이 만능 냄비 역할도 하고요.
오죽하면 전기밥솥에 밀크티 잼까지 만들었어요. 주방에
있는 가장 큰 요리 도구가 전기밥솥이어서 거기 온갖 걸 다
해 먹었거든요. 그 시절 덕분에 요리는 언제, 어디서나 할
수 있는 거라는 생각이 있어요. 지금도 여기저기 이동하며
요리 작업을 하고 있는데 상황이 어떻든 요리는 할 수
있다는 생각의 뿌리가 그 시절에 있는 게 아닐까 싶어요.

**오히려 나만의 작업 공간이라는 게 그렇게 중요하지 않을
수도 있겠네요.**
요리는 사실 주방만 있으면 된다고 생각해요. 내 작업실이
있어야겠다고 생각한 건, 다른 것보다도 제 조리 도구가
많아져서였어요. 공간은 어떻게 보면 개인 물건이 놓일
장소를 의미하는 것 같아요. 셰어하우스 살 때는 개인
물건이 정말 조금이어서 내 공간이 한 평만 있어도
충분하다고 생각했거든요. 근데 이젠 요리 소도구는
물론이고 앞치마만 해도 여러 개를 가지고 있으니까 이걸

아르바이트였어요. 시급이 괜찮았거든요. 둘 다 면접을
보고 붙었는데 출근 날까지 마음을 못 정하겠더라고요.
그러다 출근 날 이상하게 양식당으로 출근하고 싶다는
마음이 강하게 들어서 결국 아침 9시가 되기 전에 회사로
연락했어요. "죄송하지만 출근 못 할 것 같습니다."
시간이 지나고 보니까 그때가 터닝포인트였던 것 같아요.

**이런 이야기를 들으면 운명이 있나 보다 싶어요. 첫 식당
일은 홀서빙으로 시작한 거네요.**
네. 근데 서버로 일한 지 2주 만에 주방에 사람이 필요하게
돼서 주방 보조로 들어갔어요. 마침 보조 업무에 일손이
부족한 거여서 경력 없이도 주방에 들어갈 수 있었죠.
자원한 게 아니라 당장 급하니까 해보는 게 어떻겠느냐
제안 받은 건데, 사실 재료 손질은 저한텐 익숙한 업무여서
잘할 수 있겠다 싶었어요.

해보니까 어땠어요?
지옥 같았어요(웃음). 저는 요리를 좋아하던 사람이
아니었거든요. 오히려 부모님이 요리를 하시니까 고등학교
3학년 때까지 집에서 요리할 일이 없었어요. 주방 일이
이렇게 힘들다는 걸 처음 경험한 시기였고, 그만큼 행복한
부분도 많다는 걸 알게 됐어요.

처음 만든 요리 기억하세요?
네. 부모님 결혼기념일에 끓여드린 미역국이었어요.

보관할 공간이 필요하겠더라고요. 그래서 '내 작업실을 구해야겠다.' 생각하게 됐죠.

이번엔 이름 이야기를 해볼게요. 경우의 수는 "같은 요리법이어도 어떤 채소를 쓰느냐에 따라 다 다양한 경우에서의 레시피가 나온다."라는 의미라고요.
제철 요리를 해오다 보니 자연스럽게 이런 메시지를 담게 되었어요. 국을 하나 끓여도 무를 넣으면 뭇국, 양배추를 넣으면 양배춧국이 되잖아요. 어떤 채소를 넣느냐에 따라 요리가 완전히 달라지기 때문에 저는 제철 요리가 참 매력적이라고 생각해요. 엄청 거창한, 새로운 요리가 아니라 재료만 바꿔도 맛이 달라진다는 게 재미있지 않나요? 계절에 따라 맛이 달라지는 게 멋지기도 하고요.

제 요리 도구를 다 가져갈 수 없고, 공간, 사람, 감정, 환경이 그때마다 다르기 때문에 그날 할 수 있는 걸 그날 파악하고, 그렇게 나온 결과에 만족해야 하는 작업이에요. 완벽하지 않은 상황이어서 완벽할 수 없지만, 완벽을 생각하지 않을 순 없거든요. 워크숍 때는 돌발 상황도 많아요. 필요한 도구나 재료가 없는 일도 자주 있고, 때에 따라 조리 시간이 촉박한 경우도 있어요. 그런 상황을 겪으면서 임기응변을 많이 배웠어요. 또, 여러 공간에서 요리하다 보면 같은 레시피여도 결과물이 다 다르거든요. 근데 그게 새로운 데이터가 되더라고요. 워크숍을 할 땐 예측할 수 없는 상황과 과정을 즐기게 돼요. 그러다 보니 요즘은 제 작업실에서 요리하는 것보다 다양한 공간을 옮겨 다니면서 요리할 때 좀더 만족감이 큰 것 같아요.

제가 오늘 달콤한 당근을 처음 맛본 것처럼요(웃음). 그런데 한때는 '경우의 (수)'라고 표기해 왔던 것 같아요.
맞아요. 차츰 경우의 수로 바뀌었는데요. 제 이름이 황지수니까 '수' 자에 핵심을 둔 거였어요. "경우의 (수) 안에 나 황지(수)가 있다." 이런 의미였는데, 요리를 하다 보니까 나라는 사람보다는 접시 안에 담긴 음식으로 사람들을 만나고 싶다는 생각이 들더라고요. 그래서 어느 순간 괄호를 빼고 소개하게 됐어요.

'나'보다는 '음식'을 앞세우게 된 거네요. 경우의 수라는 이름으로 워크숍을 계속 진행해 왔죠. 여러 공간을 돌아다니면서 워크숍을 해왔는데 내 작업실이 아닌 데서 요리하는 건 어땠어요?

오프라인 식당을 운영한 이야기도 해봐야겠네요. 바로 이 자리가 작년까지 운영한 식당 경우의 수지요.
작업실 공간을 식당으로 운영한 건데, 서촌이라는 동네를 좋아해서 여기 꼭 작업실을 얻고 싶었어요. 서촌 중에서도 수성동 계곡 쪽에 있다 보니까 조용해서 더 좋아요. 간판도 없는 공간이 생기니까 주민들이 여기서 뭘 할까, 돈은 잘 벌고 있나, 지나다니면서 물어보는 일도 많았어요(웃음). 올라오면서 보셨겠지만, 이 주변에 프랜차이즈가 하나도 없거든요. 제가 알기론 동네 주민들이 프랜차이즈가 못 들어오게 하셨다더라고요. 작은 상점이 많고 높은 건물이 없어서 동네 분위기가 유지될 수 있는 것 같아요. 앞으로 이런 동네를 또 만날 수 있을까 싶을 정도로 저는 이 자리가 좋아요. 이런 공간에서 요리를 하다 보니까 차츰

'여기서 또 뭐 하지.'라는 생각이 꼬리를 물더라고요. 그때 아침 식당을 해보고 싶다는 생각이 들어서 경우의 수를 식당으로 시작한 거였어요. 거창한 꿈이나 목표가 있던 건 아니었죠.

식당을 하면서 어떤 점이 좀 달라졌어요?
엄청 많이 긴장했어요. 떨리는 아침이었죠. 손님들에게 음식을 내어드리는 일이다 보니 매일 평가대에 올라가는 기분이었어요. 어쨌든 돈을 받고 하는 일이어서 마음가짐이 많이 달랐어요. '이거 드시고 아프면 안 되는데.', '이 공간이 항상 청결해야 하는데.' 같은 생각으로 가득했죠.

운영 시간이 7시에서 오후 4시까지였죠. 몇 시쯤 출근하셨어요?
새벽 3시 30분쯤?

으악!
제가 아침 시간을 좋아하니까, 저도 처음엔 아침밥을 만들어드리는 예쁜 그림을 상상했어요. '주먹밥과 간단한 국, 샐러드로 한 상을 차려드려야지.' 근데 막상 해보니까 준비 시간만으로도 어마어마하더라고요. 밥도 무조건 솥밥으로만 해서 새벽 3시 반에 출근하지 않으면 안 됐어요. 솔직히 운영하는 1년여 정말 힘들었는데요. 저한테는 잊을 수 없는 소중한 기억이에요. 해보고 싶은 걸 이룬 시간이었으니까요.

그 이른 아침에도 사람들이 줄을 서 있었죠. 평일 아침엔 꿈도 못 꿨고, 예약을 시도했다가 실패한 기억이 있어요.
아이고…. 이른 아침부터 줄 서는데 못 드시고 가거나 멀리서 오셨는데 그냥 돌아가시는 분들 보면 속상했어요. 마음 같아선 운영 시간을 연장하고 싶어도 새벽 3시에 출근하면서 운영을 더 길게 하는 건 체력적으로 너무 힘들었어요. 영업이 끝나면 저도 식사를 해야 하고, 다음 날을 위해 장도 봐야 했으니까요. 큰 식당이 아니니까 직접 장을 보러 다녔거든요. 장 보고 나면 5시, 돌아와서 밑 작업하면 금세 저녁 시간이 다 지나가요. 보통 9시쯤 퇴근했죠. 하다 보니까 건강한 방식이 아니라는 생각이 들더라고요. 건강한 음식을 만들려면 일단 제가 건강해야 하잖아요. 그 생각으로 경우의 수 시즌1을 종료했어요.

시즌1을 마치고 가장 먼저 한 건 뭐예요?
제 아침을 챙기는 거요. 좋아하는 아침 시간대에 컨디션과 패턴을 회복하는 데 힘썼어요. 그러면서 다양한 음식도 더 많이 해보려고 했고요. 경우의 수를 운영할 땐 주로 제철

재료로 만든 비건 식단으로 메뉴를 준비했거든요. 근데 제가 비건 음식만 하는 건 아니어서 더 다양한 걸 계속해서 연구해 보고 싶었어요.

포토그래퍼가 공간을 둘러보면서 "꼭 카모메 식당 같다."고 했는데, 정말 이 공간의 모티프가 카모메 식당이라고 하셨죠.
맞아요. 〈카모메 식당〉(2006)도 주먹밥을 차려주는 식당이 배경이잖아요. 그런 따뜻한 분위기를 우리 공간에서도 느끼면 좋겠다 싶었어요. 이 공간은 공간과 제품을 다루는 디자인 스튜디오 CAA가 전부 다 디자인해 주었는데, 제 친구거든요. 그 친구가 경우의 수 공간을 꾸미는 데는 하나부터 열까지 도와줬어요. 그 덕분에 저는 요리 작업에만 몰두할 수 있었죠. 친구가 골라준 가구, 소품, 그릇 모든 게 따뜻한 분위기인데다가 조화로워서, 저는 거기 음식만 담아서 내어드리는 데 집중할 수 있었어요.

아침을 먹어야 머리가 좋아진다는 얘기는 어릴 적부터 들어왔지만 경우의 수가 아침 식사를 중요하게 생각한 이유도 궁금해요.
개인적인 이유인데, 제가 아침을 안 먹으면 너무 힘든 사람이거든요. 아침을 거르면 종일 기운이 없어요. 간단하게라도 챙겨 먹어야 살겠더라고요. 또 아침 식사를 먹는다는 건 어느 정도 아침에 여유가 있다는 의미잖아요. 시간적으로도 그렇고 마음적으로도 그렇고요. 헐레벌떡 가서 사람을 만나고 일하기보다는 집에서 어느 정도 아침 시간을 보내다 나가면 일할 때도 시작이 다르더라고요. 손님들도 그런 기분을 느끼길 바랐어요.

오늘 아침엔 뭘 드셨어요?
라떼요. 오늘은 제주에서 올라와야 해서 시간이 없었는데, 그래도 간단하고 빠르게 먹을 수 있는 가장 든든한 걸로 마셨어요.

보통 집에서는 어떤 거 자주 드세요?
저는 아침에도 무겁게 잘 먹는 타입이에요. 여유가 좀 있으면 파스타를 만들어 먹을 때도 있고, 오늘처럼 스튜를 해 먹기도 해요. 주로 전날 먹고 남은 음식을 활용하는데요. 밥 위에 얹어서 덮밥이나 파스타를 만들고, 빵 사이에 넣어서 샌드위치를 만들 때도 있어요.

집은 제주, 작업실은 서울인 거죠?
원래 집은 마포구에 있는데요. 경우의 수 시즌1을 종료하고 휴식하면서 주로 집에서 요리를 많이 하게 됐어요. 답답한 마음에 환경에 변화를 주고 싶어 제주에도

집을 하나 더 구했죠. 제주 집에서 지내다 좀 지루하다 싶으면 다시 마포구로 오고, 마포구 집에서 작업하다가 또 서촌 작업실에도 나오고…. 번갈아 가면서 작업하고 있어요.

그중 진짜 내 작업실이라고 생각하는 데는 어디예요?
우열을 가릴 수 없어요. 작업하는 것도 다 달라서 느낌이 전부 다르거든요. 장 보는 곳이 다 다르니까 식재료도 전부 다른 걸 쓰고, 그래서 같은 요리를 해도 맛이 다 달라서 늘 새로운 느낌이에요. 사실 저는 주방이 세 개 생기니까 더 다양한 작업실을 갖고 싶다는 생각이 들더라고요.

어? 여기서 더요?
네(웃음). 지금 집은 제주시에 있는데, 고산이라고 좀더 바닷가에 가까운 데에 올 4월엔 주방을 하나 더 만들 생각이에요. 새로운 작업이 가능할 거 같아서 설레요.

왜 작업실을 여러 개 두고 싶어요?
여기저기 다니면서 요리하다 보니까 자극되는 게 많더라고요. 상황에 맞춰서 요리하다 보면 같은 메뉴여도 스타일이 달라지고 계속 모험을 하게 돼요. 사실 항상 그곳에서 지내는 게 아니다 보니 결코 안정적이진 않아요. 장을 보더라도 거기서 지내는 동안 사용할 만큼만 사야 하니까 완벽하게 모든 걸 사기는 힘들고요. 그래서 이런 상황에서도 충분히 만족하면서 요리하는 법을 터득하게 되는 것 같아요. 요리는 하면 할수록 완벽하게 잘하고 싶다는 생각이 가장 많이 드는데요. 옮겨 다니면서 작업하게 되면 오히려 힘 빼고 요리하는 걸 더 많이 생각하게 돼요. 완벽하지 않더라도 '오늘은 여기서 만족해야지!' 하는 거죠. 그런 재미 덕분에 공간을 계속 옮겨 다니며 요리하는 것 같아요.

아무 제약 없이 내 작업실을 만들 수 있다면 어떤 공간으로 꾸리고 싶어요?
요리하는 공간은 크면 클수록 좋거든요. 음… 작업실을 크게 두고, 바로 위층에 집이 있으면 좋겠어요. 충분히 요리하고 충분히 쉬고 싶어서요.

만일 그런 작업실이 생기면 또 다른 작업 공간에 대한 욕구가 사그라질까요?
아니요. 한 층은 작업실이고 한 층은 집인 공간을 여러 개 원하지 않을까요?

요새 새로운 것에 관심이 많아졌다는 이야기를 들었어요.

요즘 관심을 두는 건 요리 경험을 더 많은 사람에게 전하고 싶다는 거예요. 그래서 4월에 만들 작업 공간은 제 개인 작업실보다도 사람들이 오가는 곳으로 만들어보려고 해요. 여행 온 사람들이 외식만 하고 가는 것보다 제주의 식재료를 직접 장 봐서 요리하는 경험을 할 수 있길 바라서요. 그 외에도 요리를 재미있게 할 만한 방법을 계속 생각해 보고 있어요. 자극을 줄 만한 게 뭐가 있을까 하고요. 또, 저는 계속 장소를 옮겨 가며 요리할 텐데요. 그럴 때 나오는 에피소드가 참 많거든요. 그걸 쉽게 공유하고 싶어서 책이든, 블로그든 기록해 볼 생각도 하고 있어요. 다양한 주방에서 했던 요리나 요리를 같이 나눈 친구들 이야기, 또 다른 요리사 이야기 같은 걸 알리고 싶어요. 아무래도 요리하는 친구들과 나누는 이야기는 좀 다른 부분이 있는데 그걸 다른 사람들도 재미있어할 것 같아요. 요리하는 친구들이랑 얘기하다가 "우리끼리만 알기엔 너무 재미있는 얘기 아니니." 하는 일이 많거든요.

대화를 마치기 전에 꼭 여쭤보고 싶은 게 있어요. 이 책은 3월에 독자들과 만나게 될 텐데, 그때 쯤이면 어떤 재료가 가장 맛있을까요?
벌써 마지막이군요. 음, 3-4월이니까 봄풀이 제철일 거예요. 저는 봄풀로 튀김도 많이 해 먹는데 빵과 곁들여 먹어도 맛있어요. 그래서 봄이면 베이글을 꼭 만들게 돼요. 주먹밥 만들 때 섞어도 맛있으니 아침에 간단하게라도 봄풀 식사를 챙겨 먹어보세요!

집에 돌아가서도 건강한 음식이 먹고 싶어 자극적인 메뉴 대신 간단한 밥과 국으로 한 끼를 채웠다. 내일 아침엔 시간 내서 간단한 건강식을 제대로 챙겨 먹어볼까? 경우의 수가 내어준 따뜻한 한 그릇 덕분에 삶의 태도가 조금은 바뀔 것 같은 예감이 든다.

같은 회사에 다니며 같은 프로젝트를 하고, 같이 팟캐스트를 진행하며
같이 살아가는 혜경·승용 부부는 퇴근 후 작업실에 나란히 앉아 함께
글을 쓴다. 일본 선술집에 있을 법한 홍등이 밝히는 자리, 알코올이
찰랑대는 이 기묘한 작업 공간에선 무슨 일이 벌어지는 거지?

여기, 홍등이 있는데요?

김혜경—광고기획자 / 이승용—카피라이터

에디터 이주연
포토그래퍼 이요셉

아늑하고 따뜻한 신혼집이네요. 여기서 얼마나 지내셨어요?

혜경: 이제 3년 되었어요. 처음 들어왔을 때만 해도 되게 허했는데, 시간이 지날수록 뭐가 막 생기더니 이젠 빈틈이 없네요. 벽에도 원래는 아무것도 없었는데 자꾸 이것저것 들이고 붙여서 이렇게 빼곡해졌어요.

소품도 그렇지만 색감이 참 귀여워요. 그런데… 함께 사는 강아지가 안 보이네요?

혜경: 아, '똘멩이'가 겁이 많아서 낯선 사람을 무서워해요.

승용: 처음 이 집에 오는 친구들이 피를 많이 봤거든요. 특히 키가 크고 덩치가 있는 사람을 조금 경계하는, 혹시 몰라서 혜경이 부모님 댁에 맡겼어요.

오늘 못 만난다니 너무 아쉬운걸요…. 그럼 두 분 소개로 대화를 시작해 볼까요?

혜경: 평일 낮에는 광고대행사에서 일하는 직장인이고, 퇴근하면 집에 있는 책상으로 출근해서 글 쓰는 작가로 사는 김혜경이에요. 작년에 《아무튼, 술집》이 나왔지요. 주말에는 술 마시며 시 읽는 〈시시알콜〉이라는 팟캐스트를 녹음하며 지내요.

승용: 혜경이와 같은 광고대행사에서 카피라이터로 일하는 이승용이에요. 퇴근하면 혜경이 옆 책상에서 같이 글 쓰고, 주말엔 팟캐스트 방송도 같이 하고요.

정말 모든 일을 함께 하는군요. 다양한 일을 하고 있는데, 나를 대표할 직업으로 어떤 걸 꼽고 싶어요?

승용: 저는 확실히 직장인 자아가 강해요. 책을 썼다고 누군가 저를 "작가님"이라 부르면, 약간… 두드러기 날 것 같아요(웃음). 회사 일로 늘 바쁘지만 이 일을 좋아하고 일에서 얻는 보람이 커서 카피라이터로 대표되고 싶어요.

혜경: 하루 중 가장 큰 부분을 차지하는 게 회사여서 직업이라고 하면 당연히 직장인이 떠올라요. 절대적으로 회사에 오래 다니기도 했고요. 다만, 글 쓰는 건 회사 일보다는 제가 주체가 되는 일이어서 좀더 마음이 쓰이는 일이에요.

두 분 입사 동기로 알고 있는데, 직장인이 된 지 얼마나 됐어요?

혜경: 올해로 9년, 어느덧 차장(웃음)!

와, 축하해요. 코로나19로 직장인의 업무 환경이 많이 바뀌었죠.

혜경: 저는 재택근무할 때도 있고, 회사로 출근하기도 하고, 외근도 잦은데요. 처음 재택 할 때는 눈치도 보이고

적응도 잘 안 됐는데 이제 차츰 회사도, 저도 시스템을 찾아가는 것 같아요. 처음엔 코로나19 때문에 어쩔 수 없이 재택근무 시킨다는 분위기가 있었거든요. 근데 이젠 회사들이 집에서 일한다는 걸 좀 믿어주는 분위기가 된 것 같아요.

집에 작업실을 따로 만들었다고 들었어요. 재택근무도 저 방에서 하나요?

혜경: 승용은 항상 저 방에서 일하는데 저는… 겨울이 되니까 자꾸 거실로 나오게 돼요. 고타쓰(이불이 달리고 안쪽에 전기 히터가 있는 일본식 테이블)를 두어서 자꾸 여기 앉게 되더라고요. 이불 덮고 일하면 아늑하고, 기분도 좋아요. 집에서 일할 때라도 최대한 늘어져야죠.

승용: (고개를 저으며) 너무 늘어져.

혜경: 몸이라도 편해야지.

승용: 적당히 늘어져야지.

혜경: 적당히 늘어지는 건 늘어지는 게 아니야!

잠깐, 잠깐(웃음). 회사 얘길 좀더 해볼게요. 같은 공간이어도 직원마다 자리에 특성이 있잖아요. 두 분 자리는 어때요?

혜경: 제 자리는 딱 이 집 같아요. 물건이 엄청 많거든요. 근데 일이랑 관련된 물건은 하나도 없어요. 제 정서에 도움을 주는 모형, 소품, 일이랑 전혀 상관없는 책 더미, 캔… 같은 거로 가득하죠. 회사에서 종종 보안 점검이란 걸 하는데요. 보안에 위배되는 행위는 없는지 살피는 건데, 물건이 많아서 제 자리만 유독 유심히 확인당해요(웃음).

승용: 제 자리는 정신 상태를 좀 반영하는 편이에요. 일이 많고 정신이 없을수록 더러워지죠. 두어 달에 한 번, 이대로는 안 되겠다 싶을 때 대청소하듯 치워요. 종잇조각부터 시작해서 먹다 남긴 간식, 캔… 정신없을 땐 별게 다 있죠. 한번은 먹다 남긴 커피를 오랫동안 방치해 놓은 적이 있는데 어느 날 보니까 곰팡이가 피어 있더라고요.

혜경: 와, 너무 싫어! 집에서는 매일 쓸고 닦는데 회사 자리는 왜 저렇게 지저분한지 모르겠어요.

승용: 회사 자리는 '내 자리'라는 인식이 덜해서 그런 것 같아요. 제 것이 아니니까요.

혜경: 이 집도 우리 건 아닌데? 집주인이 아니잖아.

승용: 그래도 저 책상은 내 돈 주고 산 거잖아.

잠깐, 잠깐(웃음). 두 분은 광고 회사의 광고기획자, 카피라이터잖아요. 정확히 어떤 업무를 하고 있어요?

혜경: 광고기획자는 너무 많은 걸 해서 한마디로 설명하긴 어렵지만, 카피라이터가 뭐 쓸지 알려주는 것도 수많은

업무 중 하나예요. 예를 들어 물을 광고한다고 무턱대고 "물에 대해 써주세요." 할 수는 없잖아요. 광고의 방향성이나 물의 특성 같은 걸 정리해야 하는데, 그런 것부터 시작해서 광고주와 직접 만나 커뮤니케이션도 하고 저예산 프로젝트의 경우엔 제가 카피를 쓰기도 해요.

승용: 저는 제작본부 소속이고 혜경이는 기획팀 소속인데 보통은 제작본부와 기획팀이 협업하며 일해요. 최근엔 같은 프로젝트를 함께 하고 있는데, 가끔 혜경이가 저한테 뭘 툭 던지면서 "야, 이거 내일까지 되지?" 그래요. 오전에 업무를 주면서 오후까지 달라고 한 적도 있고요. 제가 무슨 카피 자판기도 아니고….

혜경: 아니, 오해의 소지가 있는데 보통은 그렇게 일하지 않아요. 내용을 문서로 정리해서 미팅을 요청하고 조정도 하고…. 얘는 일하는 속도가 빠르고 그 시간 안에 된다는 걸 잘 알아서 빨리 해달라고 부추기는 거예요. 무엇보다 편하고요. 저, 그렇게 막 일하는 사람 아닙니다(웃음).

카피를 빨리 뽑는군요. 전 가끔 제목이 엄청 안 써지던데(웃음) 혜경 씨는 어때요?

혜경: 전 일할 때 예열이 오래 걸리는 편이에요. 시작하면 그렇게까지 속도가 느리진 않은데… 그냥 일하기가 싫은 것 같아요(웃음). 글쓰기도 그래요. 쓰기 시작하면 진도는 빠르게 나가는데 작업실에 앉기까지가 너무 오래 걸리거든요.

예열하는 루틴이 있어요?

혜경: 아침에 무조건 따뜻한 아메리카노를 마셔요. 꼭 회사 지하에서 마셔야 하는데, 회사가 이태원에 있어서 주변에 좋은 카페가 많거든요. 커피 마실 공간이 주변에 널려 있는데 저는 그런 커피를 '가짜 커피'라고 불러요. 맛있고 기분도 고양시키는 커피는 가짜 커피, 회사 지하에서 마시는 커피는 '진짜 커피'(웃음). 진짜 커피를 마셔야만 일할 수 있는 뭔가가 세팅되는 것 같아요.

승용: 저는 좀 딴짓을 해요. 보통은 유튜브 켜고 이것저것 들여다보는데요. 영감…은 사실 핑계고, 30분 정도 딴짓하다 보면 마음이 다급해지잖아요. 정말 '안 되겠다.' 싶은 순간까지 미루다가 작업에 들어가는 편이에요.

집이 마포구에 있어요. 이 집은 어떤 기준을 두고 구했어요?

승용: 혜경이가 이 동네에 좋아하는 술집이 많아요. 친구들도 주변에 많이 살고요. '신혼집은 꼭 이쪽에 구하고 싶어.'라는 욕구가 있어서 계속 주변을 둘러봤어요. 근데 아무리 다녀도 마음에 딱 드는 곳이 없더라고요. 열 군데 넘게 돌아다니다 지쳐서 다른 집을 계약할 뻔도 했죠. 좀더

찾아보자 싶었는데, 그때 한눈에 반해서 들어온 게 이 집이에요. 집을 고르기가 좀 힘들고 웃겼는데요. 저는 방이 몇 개고, 수압은 어떻고, 난방은 잘되는지… 현실적으로 고려해야 할 것들을 확인하는데, 혜경이는 다른 건 다 필요 없고 방문을 열고 딱 그 생각만 해요. '내가 여기에 앉아서 술을 먹을 수 있을까?'

혜경: (웃음) 술 먹는 그림이 그려지는지가 중요해요.

승용: 그래서 처음엔 너무 힘들었어요. 조건도, 가격도 좋고 다 괜찮은데 혜경이가 "여기선 술 먹는 그림이 안 그려져." 그러면 끝이었거든요.

"술 먹는 그림"이라는 게 어떤 거예요?

혜경: 말로 설명하기는 진짜 힘든데, 뭐라 그래야 되지…. 일단은 거실이 넓어야 해요. 방이 좀 좁더라도 친구들이 왔을 때 거실에 다 같이 둘러 앉을 수 있고, 술 마시고 퍼져 있을 수 있는 그림을 원했거든요.

퇴근하면 작업실로 출근한다고 했는데 작업실이 (손가락으로 가리키며) 저 방이잖아요. 공간을 따로 두는 게 도움이 되나요?

승용: 작년에 '글을 꾸준히 쓰고 싶다.'는 생각으로 작업실에 저렴한 책상을 하나 들였는데 책상 하나로 많은 게 변했어요. 그 이전엔 글을 써도 식탁에 앉아 하다 보니까 기분이 안 났거든요. 근데 책상에 앉으니까 본격적으로 글 쓴다는 느낌이 들더라고요. 회사에서도 카피를 쓰니까 집이나 회사나 글을 쓴다는 맥락은 같은데요. 집에서 에세이나 칼럼을 쓰는 건 방향성이 많이 달라요. 회사에선 명확하게 저한테 요구하는 지점이 있고 광고주를 설득할 카피를 써야 하지만, 집에서 쓰는 글은 내가 즐거워서 쓰는 거다 보니 모드 전환이 필요하죠. 그래서 장소를 바꾸는 게 '난 이제 다른 글을 쓸 준비가 되었어.'라는 마음을 먹는 데 도움이 되는 것 같아요. 작업실에 책상을 들인 이후로 훨씬 열심히 써요. 계약서도 많이 쓰게 됐고요(웃음).

혜경: 애초에 이름부터가 '식탁'이어서 부엌에선 글 쓰는 모드로 전환이 제대로 안 되는 것 같아요. 그렇다고 식탁이 멋스러운 것도 아니고요. 저는 '멋있다.'라는 상태에 돌입해야 좀더 몰입하는 사람이거든요. 제가 작업하는 걸 누가 보는 것도 아니지만, 스스로 생각하기에 작업하는 내가 멋있어야 집중이 되더라고요. 근데 사실, 환경이 갖춰지고 나니까 오히려 거실에 앉아서 쓰는 일이 더 많아졌어요. 작업실을 '보면서' 쓰는 거죠(웃음). 저기 들어가서 쓰는 건 너무 본격적인 것 같아서 적당히만 일하고 싶을 땐 거실에 앉게 되더라고요. 초고는 거실에서 써도 퇴고는 작업실에서 한다, 이런 느낌?

그럼 작업실에 들어가는 게 스트레스이지 않아요?

혜경: 그래도 글을 쓰려면 들어가야 하니까 일부러 좋아하는 걸 다 저 방에 몰아 넣었어요. 좋아하는 소품이랑 술병이 저기 제일 많아요. 술을 가지러 가기 위해서라도 들어가게끔 만든 거죠. 정부터 붙이려고요.

용도가 남달라 보여요. 문 대신 발이 주렁주렁 달려 있고, 방 안엔 일본 선술집에 달려 있을 법한 홍등이 있던데요.

혜경: 발이 있으면 어쨌든 헤치고 들어가야 하잖아요. 작업실에 들어갈 땐 좀 '어나더 월드' 같은 느낌을 주고 싶었어요. 들어가 보실래요?

(작업실로 들어선다.) 모니터에 타이머가 달려 있네요. SNS에 50분 글쓰기, 10분 휴식 패턴으로 작업한다고 쓰신 걸 봤는데 또 어떤 규칙이 있어요?

승용: 엄격한 규칙이 있는 건 아닌데, 둘 다 타이머 맞춰놓고 글 쓰는 걸 자주 했어요. 요새는 바빠서 시간 잴 필요가 없어졌죠. 주어진 시간 안에 빨리 써서 넘겨야 하는 상황이거든요. 그래서 요새는 좀… 치기랄까, 자꾸 딴짓에 눈독을 들이게 돼요. 제가 게임을 전혀 안 하는데요, 게임 유튜브를 봐요. 우연히 추천 영상으로 뜬 스타크래프트 영상을 본 적이 있는데, 유튜버가 한때 유명한 프로게이머였다더라고요. 그가 좀 특이한 방식으로 사람들을 이기는 걸 보는데… 묘한 쾌감이 있는 거예요. 이상하게 위로가 되더라고요.

혜경: 글쓰기나 회사에 전혀 도움이 안 되는, 비생산적인 걸 하면 시간을 소모하고 있다는 느낌이 들어요. 계속 바쁘게 지내서인지 그런 시간에 안정이 되더라고요. 작년 하반기엔 숨도 못 쉴 정도로 바빴는데요. 어느 정도였냐면, 화장실을 못 가는 건 당연하고 계단 내려가다 잘못 디뎠는데 '여기서 구르면 좀 쉴 수 있을까.'라는 생각이 들 정도였어요(웃음). 그런 상황에서 갑자기 모바일 게임이 생각나는 거예요. 사실 할 시간이 없으니까 화장실 갈 때나 커피 마실 때 잠깐 꺼내서 하려고 '쿠키런 킹덤'을 시작했거든요. 24시간을 저당 잡힌 거 같을 때 간간이 했는데 하다 보니 지금 길드장까지 됐어요(웃음). 쉬는 시간이 진짜 필요했나 봐요.

승용: 우리 너무 매몰되기 시작했어. 조금씩 끊어야 돼.

9년째 같은 회사에 다니고, 같이 팟캐스트를 진행하고, 같이 술 먹고, 같이 사는데 글도 나란히 앉아 쓰신다고요. 함께하는 데서 어떤 시너지가 있어요?

승용: 초반에는 시너지보다 다툼이 많았는데, 팟캐스트만 해도 벌써 6년째 하고 있어서 이젠 틀어질 게 별로 없어요.

요새는 회사 프로젝트를 같이 하는 게 특히 좋아요. 지금 삼성 모바일 광고를 함께 하는 중인데, 서로 잘 아니까 소통이 편하고 일하는 것도 자연스러워요. 문제가 생기면 집에서 바로바로 소통할 수 있어서 효율적이기도 하고요.

서로 원고 피드백도 자주 한다고 들었어요.

승용: 그것도 처음엔 우여곡절이 좀 있었어요. 저희 첫 책이 같이 쓴 《시시콜콜 시詩알콜》인데, 그때 혜경이가 쓴 글을 보고 제가 별생각 없이 회사에서 피드백 주듯 "이 부분은 마음에 안 들고, 이런 게 좀 아쉬워. 이렇게 바꿔보는 게 어때?" 그랬거든요. 그랬더니 혜경이가 컴퓨터를 딱 끄면서 "너 혼자 써." 그러는 거예요. 그때 글에 대한 피드백을 어떻게 주고받으면 되는지 좀 알게 됐어요. 지금도 글을 완성하면 한 번씩 보여주는데, 혜경이 입에서 "괜찮네." 소리가 나오면 안심이 되더라고요. 반대로 혜경이 반응이 별로면 '많이 고쳐야겠네.', '다시 써야겠네.' 생각하게 되죠.

꾸준히 쓰고 피드백을 받으면서 잘하고 있다는 확신도 생기나요?

승용: 음, 스킬이나 확신까지는 잘 모르겠지만 글 보는 눈은 조금씩 생기는 것 같아요. 작년 3월에 저, 혜경이, 우다영 소설가, 구현우 시인 넷이 부산에 간 적이 있어요. 제가 택시 조수석에 앉고 셋이 뒤에 앉았는데 그 당시 연재하던 제 글을 읽고 피드백해 준다면서 셋이 이것저것 날카로운 얘기들을 하는 거예요. 제 뒤통수에 대고 한 명씩 "이건 좀 별론데?", "다시 써야겠는데?" 하니까 나중엔 너덜너덜해지더라고요(웃음). 근데 그 시간이 도움이 많이 됐어요. 지금도 글 쓰고 나면 친구들 목소리가 저절로 들려요.

혜경: 사실 전 피드백을 하는 쪽이고 듣는 건 별로 좋아하지 않아요. 제가 피드백을 해달라는 건 "잘 썼다."는 소리를 듣기 위해서예요(웃음). 생각해 보면 저는 회사에서도 제작물을 받아서 "이거 수정해 줘." 하는 역할이지 피드백 받을 일은 딱히 없거든요.

승용: 반대로 저는 회사에서도 피드백을 받아서 카피를 수정하는 역할이에요. 저한테 피드백은 자연스러운 과정이고, 수정이 어려운 일도 아니거든요. 피드백 관련해서 어려웠던 경험은 딱 한 번 있어요. 혜경이가 《아무튼, 술집》 원고를 책으로 엮기 전에 저한테 먼저 보여줬거든요. 거기 '라면 먹고 갈래?'라는 챕터가 있는데 이전 연애에 대한 이야기더라고요. …그땐 진짜 무슨 말을 해야 하나 싶었어요.

혜경: 사실 그것도 피드백을 바라기보다는 '책 나오기 전에 네가 먼저 알아야 하지 않겠냐.' 그런 심정이었어요(웃음).

야근하는 날도 있을 텐데 매일 작업실로 들어가는 게 힘들지 않으세요?

혜경: 이제는 오히려 힘이 안 들면 나태해진다는 생각도 들어요. 한때 회사 일과 원고 마감이 겹쳐서 정말 바빴던 적이 있어요. 새벽에 퇴근해서 미룬 마감을 꼭 끝마쳐야 하는 일정이었죠. 그날 새벽 4시까지 원고를 쓰는데 너무 서러워서 눈물이 나더라고요. 엄청 울고 잠들었는데, 그게 뭐랄까… 헬스로 따지면 '빡센' 트레이닝을 해서 근육이 잡힌 느낌이더라고요. 그 시간은 솔직히 너무 힘들었지만 조금 지나고 보니까 더 많은 일을 할 수 있게 하는 근육을 만들어줬단 생각이 들었어요.

승용: 저는 이런 작업들이 오히려 회사 일을 좀더 열심히 하게 해주는 동력이 돼요. 팟캐스트나 책 작업은 제가 하고 싶어서 하는 일이고, 사실 회사 일은 주어진 일을 해나가는 거잖아요. 근데 신기하게 회사 일이 잘돼야 개인 작업도 잘되고, 개인 작업이 잘돼야 회사 일도 잘 돌아가더라고요. 그래서 개인 작업이 잘 풀릴 때 회사에 애정을 느끼기도 해요. 물론 일이 늦게 끝나서 마감할 시간이 부족하면 너무 힘들지만, 만일 글 쓰는 게 생업이라면 또 다른 문제들이 생기지 않을까 싶더라고요.

때때로 공간은 제약이기도 했는데, 어느덧 공간 없이 일하는 것도 가능해진 것 같아요. 작업 환경은 앞으로 또 어떻게 변할까요?

혜경: 저는 오히려 공간이 더 중요해진 시대 같아요. 만나지 않고도 화상으로 미팅이 가능해졌지만, 카메라 화면 안에 존재하려면 어쨌든 제 공간이 필요하잖아요. 좀 역설적으로, 지금은 나만의 공간이 어느 때보다 중요한 시대가 아닌가 싶어요. 내 공간에서 보내는 시간이 절대적으로 많아져서 작업 공간이 없던 사람도 오히려 그런 공간을 원하는 시대 같기도 하고요.

승용: 그래서 점점 더 작업실이 집 안으로 들어오는 게 아닐까요? 예전에는 작업 공간이 외부에 있었지만 지금은 집에서 작업하게 되었으니까요. 유튜브만 봐도 이미 그런 욕구는 많아진 거 같아요. 예전에는 다들 깔끔한 책상 정도를 원했는데 지금은 모니터 화면에 반응하는 조명이라든지, 듀얼 모니터 같은 기술적인 제품을 들여놓더라고요. 밖으로 나가지 못하는 시대여서 오히려 내 작업실, 개인 공간이 더 중요해진다는 생각이 들어요.

듣고 보니 그렇네요. 사람들이 작업 환경을 좀더 전문적으로 가꾸는 거 같아요.

승용: 혜경이가 묘하게 좀 그런 걸 좋아해요. 저희 작업실에도 혜경이 책상에만 모니터 거치대가 두 개 달려 있거든요. 사실 문서 프로그램 쓰는데 저렇게까지 좋은 기계가 필요한가 싶고(웃음). 저한테는 그런 아이템이 키보드인 것 같아요. 키보드에 따라 타이핑하는 느낌이 다르니까 글 쓰는 기분이나 마음가짐도 달라져요. 그래서 저 작업실에도 제 키보드만 세 개예요. 기분에 따라 바꿔 쓰고 있죠.

혜경: 작업실에 물건은 점점 많아지는데 공간이 이미 가득 차서 아마 더 넓은 집으로 가게 된다면 그때 좀 다른 모습이 되지 않을까 싶어요. 책장도 키우고, 좋아하는 물건도 더 넣고요.

그때 또 초대해 주실 거죠? 앞으로는 또 어떤 작업이 예정돼 있어요?

승용: 작년에 밀리의 서재에 오리지널 전자책으로 《헛소리의 품격》을 출간했는데요. 올해 종이책으로도 출간 예정이어서 지금은 열심히 책 작업 중이에요. 아마 올해 상반기에는 만날 수 있을 것 같아요. 그 외에도 계약된 책들이 있어서 마감의 연속이지 않을까요? 아, 조만간 우다영 소설가, 구현우 시인이랑 이 집에서 마감 캠프를 하기로 했어요. 각자 마감할 원고를 갖고 모여서 마감하는 마감인들의 모임! 같은 파자마를 맞췄는데 그거 입고 여기서 각자 글을 쓸 것 같아요.

혜경: 저도 상반기에 나와야 할 책이 있어서 열심히 마감 중이에요. 저 작업실이 이 집에선 가장 생산성이 높은 공간이니까 저는 또 저 안에서 뭔가를 쓰고 있겠죠? 저희에겐 나름 '신성한' 공간이니까요!

"술 따르는 모습 한 컷 찍어도 될까요?" 말이 떨어지자마자 어떤 술을 프레임에 담을지 고민하는 두 사람. 몇 번 의견이 오가고 술병을 가지고 나오며 "오늘도 마셔야겠네!" 해사하게 웃는다. 빛이 잘 드는 거실에서 두 사람은 몇 번쯤 목을 축이며 "맛있다.", "아, 근데 정말 맛있다."를 반복해 말한다. 그 소리가 꼭 이 집의 BGM 같아 듣기에 참 좋았다. 매일의 한 모금이 이들을 작업실로 들어가게 할 테니!

여유와 다정이 흐르는 아침 시간. 성범과 다슬은 조금 일찍 일어나 커피를 내리고
서로의 식사를 챙긴다. 조용하고 사소한 대화로 하루를 시작하는 게 두 사람이
매일 지켜가는 약속이다. 나란히 앉기를 좋아하는 둘은 오래된 빈티지 벤치에 앉아
같은 곳을 바라보며 꾸준한 시간을 지난다. 하루하루 둘만의 약속을 지켜가는
것만큼 서로를 존중하는 일이 또 있을까. 두 사람은 이 집에서 편안함이 빠졌다고
했지만 둘만이 가지는 온기가 곳곳에 퍼져 포근한 애정이 더해지고 있다.

LIGHTNESS

매일 쌓여가는 아침의 여유

방다슬—라이프스타일 큐레이터 / 허성범—건축가

에디터 김지수
포토그래퍼 임정현

두 분 소개로 시작해 볼까요?

다슬: 라이프스타일 편집숍 '인포멀웨어informalware'에서 일하고 있어요. 원래는 아트퍼니처 갤러리와 내추럴 와인바에서 일도 했었는데요. 최근에 좋아하는 일을 찾아 재밌게 지내고 있어요.

성범: '건축적사무소' 소장 허성범이에요. 작년에 당선된 공모전들을 완성하느라 바쁘게 지내서 요즘은 소강상태예요. 갈무리하는 시기로 올해를 맞이하며 쉬어 가고 있어요.

유튜브에서 집 소개 영상을 즐겁게 봤어요. 영상에는 공간에 관한 이야기만 있어서, 개인적인 이야기들이 궁금하더라고요. 먼저 두 분은 어떻게 만나게 됐나요?

성범: 사연이 조금 길어요.

다슬: 제가 서촌 카페 mk2를 좋아하는데, 우연히 어떤 블로그 리뷰를 보게 됐어요. 원래 잘 알고 있던 공간이라 저와 그곳을 보는 관점이 다른 게 인상적이더라고요. 굉장히 건축적인 시선이었고 본인의 생각을 요약해서 잘 표현한 글이었어요. 다른 글에는 제 취향과 비슷한 포스팅이 많았고요. 흥미가 생겨서 이웃에 추가했는데 그게 오빠의 블로그였던 거죠(웃음).

성범: 저도 다슬이 블로그를 열심히 봤어요. 댓글로 사진이 좋다고 얘기해 주는데 관심이 가더라고요. 혼자 착각하고 설레발이었죠(웃음). 그러다가 오프라인으로 만날 수 있는 계기가 생긴 거예요. 사실 저는 그날 이미 호감을 가지고 나갔는데 다슬이는 저에게 이성적인 호감이 전혀 없었다고 하더라고요.

서로의 첫인상은 글과 사진이었네요.

다슬: 그런 셈이죠(웃음). 저는 잘해볼 생각으로 만난 게 아니라 취향이 비슷하고 관심 분야가 같으니까 좋은 사람과 대화를 하러 나간 거였어요. 조금 일찍 도착해서 먼저 커피를 마시고 있었는데 어떤 사람이 들어오는데, 저 사람만 아니었으면 좋겠다고 생각했어요(웃음).

성범: 그때 한창 여름이고 건축 현장 감리를 볼 때라서 얼굴도 까맣고 상태가 별로 안 좋았거든요.

다슬: 그래도 그날 새벽 2시까지 놀다 들어갔어요. 커피 마시고 전시 보고 밥 먹고 밤에는 한강 벤치에서 와인까지 마셨어요.

새벽 2시요? 와인잔은 어디서 난 거죠?

성범: 편의점에서 부랴부랴 샀어요(웃음).

다슬: 그날 하필 하이힐을 신고 하루종일 걷는 바람에 발에서 피까지 났어요.

성범: 급하게 삼선 슬리퍼를 사 와서 신겨 주려는데 하필

사이즈도 270짜리밖에 없어서(웃음). 아무튼 그렇게 오래 대화를 했는데 지루하지가 않더라고요. 그때부터 열심히 마음을 표현했는데 처음엔 다슬이가 계속 거절했어요.

다슬: 세 달 뒤면 오빠가 일 때문에 런던으로 떠나야 했거든요. 자기랑 사귈 거면 런던으로 함께 떠나자고 했어요. 너무 큰 결정이라 계속 고민하고 거절했는데 한 달 남았을 때 마음이 굳혀지더라고요. 이대로 헤어지는 건 너무 아쉽다는 생각이 들었어요.

런던 생활은 어땠어요?

다슬: 제대로 된 연애는 런던에서 시작한 셈이었어요. 여유로운 상황에서 떠난 게 아니라 같이 살아야만 했고요. 본의 아니게 연애와 동거를 동시에 시작해서 그런지 짧은 기간에 상대를 많이 알게 됐어요. 생각보다 그렇게 다투지도 않았고요. 오히려 낯선 타국에서 서로 의지하는 일이 더 많았죠.

성범: 힘들게 일하고 돌아가면 다슬이가 있어서 힘이 됐어요. 제가 일할 때 다슬이는 혼자서 하고 싶은 일들을 찾아 했고요. 서로 하고 싶은 말들을 종일 쌓아 두고 있다가 집에서 매일 대화했어요.

다슬: 저는 그때부터 빈티지 오브제에 관심을 가지기 시작했어요. 런던에 빈티지 오브제를 전문으로 바잉하시는 분이 있으시거든요. 오빠가 그분과 자주 거래했는데 저도 친해지게 되면서 매주 같이 마켓에 나가 딜러들도 만나고 오브제에 얽힌 역사와 시대에 관해 배우기도 했어요. 여행자의 시선에서 벗어나 로컬 문화를 가깝게 접하게 된 거죠.

성범: 다슬이가 원래 패션 쪽 일을 하면서 워라밸이 잘 지켜지지 않는 회사 생활을 했는데 런던에 와서 정말 좋아하는 일을 찾은 것 같아 저도 다행이라고 생각했어요.

다슬: 이런 경험들이 쌓여서 제가 개인적으로 운영하고 있는 빈티지 테이블 웨어 브랜드 '나우앤덴nowandthen'을 만들기도 했어요. 쓸모가 확고하고 오래 사용할 수 있는 물건들을 모아 소개하고 있어요. 전업은 아니지만 제 취향과 삶의 방향이 담긴 브랜드예요.

런던 생활은 여러모로 서로에게 시너지가 되었네요. 외식 문화가 발달하지 않은 곳이라 요리도 많이 했을 것 같아요.

다슬: 그때 했던 요리가 정말 많아요. 지금 집에서 하고 있는 요리들도 그때 익힌 레시피고요. 런던은 식재료가 굉장히 다양하고 주말에는 집 근처 브로드웨이 마켓에서 재료를 사와 요리하곤 했어요. 루틴이 생긴 것 같아 기쁘기도 했어요. 오빠가 치킨이 먹고 싶다고 해서 저는 먹어보지도 못한 지코바 치킨을 만들기도 했고요(웃음).

외식이 힘든 곳이지만 맛있는 카페는 꼭 찾아다녔어요. 지금도 그때 생활 습관이 남아서 둘이서 연희동 주변 숨은 가게들을 잘 찾아다녀요.

이번 주제어는 '작업실'이에요. 각자의 작업에 관해 묻고 싶은데 성범 씨는 이 집을 꾸밀 때도 자기만의 공간 철학이 확고해 보였어요. 집에 과감한 시도도 많았고요. 어떤 건축 스타일을 추구하는지 궁금해요.

성범: 지향점이라고 하면 완성으로 끝나는 건축이 아니라 계속 논쟁거리를 남기는 건축을 하고 싶어요. 여러 사람들이 풍부한 의견을 내던질 수 있는 프로젝트를 하고 싶은 바람이 있어요. 아이러니한 뉘앙스가 있지만 그 안에 분명한 논리가 있는 건축을 좋아해요.

작업에도 영향을 준다고 생각해요. 늘 있는 물건들이라 항상 인식하고 있는 것은 아니지만 어느 날 문득 눈앞에 걸릴 때가 있거든요. 그럼 저도 모르게 새로운 생각이나 기분이 몰려올 때도 있어요.

다슬: 쓸모의 유무보다는 그 물건을 바라보고 해석하는 사람의 태도에 따라 진짜 오브제의 기능이 생긴다고 생각해요.

성범: 동시에 자연스러움을 곳곳에 남겨 두고 싶었어요. 옛날 집의 흔적들을 그대로 두고 콘크리트 벽이나 천장을 그대로 노출했는데, 집을 이루고 있는 재료들이 가진 생동감이 그대로 느껴져서 마음에 들더라고요. 이 집을 처음 봤을 때 가장 큰 고민이 여기저기 달린 문들이 작은 공간을 더 작게 만든다는 거였어요. 실제 물리적인 평수는

이 집의 토대를 고쳐갈 때도 지향점들이 잘 묻어난 것 같아요. 가령 벽 자재를 가리지 않고 그대로 드러낸 점이요.

성범: 사실 다슬이는 집이 편안했으면 좋겠다는 의견이었는데 저는 반대로 활기찼으면 좋겠다고 생각했어요. 날씨가 어두운 날에 집에서까지 우울할 필요는 없잖아요. 반대로 햇빛이 맑은 날에 우울한 사람이 있을 거고요. 사람의 감정이 환경에 반응하는 것처럼 집이라는 공간의 가능성을 열어 두고 싶었어요.

집에 있기엔 생소한 물건들이 곳곳에 눈에 보이는데 이런 부분도 같은 맥락인가요?

성범: 이어지죠. 공간에 의외의 요소들이 모여 각자의

좁지만 넓어 보이도록 설계했어요. 일단 문을 다 생략하고 침실로 들어가는 공간을 복도식으로 만들어서 의도적으로 긴 비율의 공간을 만들었어요. 작은 집이지만 풍부하게 느낄 수 있는 요소를 더했죠.

집이지만 반드시 편하기만 해야 하는 건 아니니까요. 편안함을 뒤로한 이 집은 어떤 매력을 가지고 있나요?

다슬: 이곳으로 이사오기 전에 집은 꼭 휴식을 취할 수 있는 공간이어야 한다고 생각했는데요. 사실 집에서 늘 쉬는 시간만 보낼 수는 없잖아요. 밖에서 보다 집에서 자기만의 에너지를 채우길 원하는 사람들도 있으니까요. 저희는 티브이가 없는 대신 항상 음악을 틀어 놓고 있어요. 좋아하는 인센스도 자주 피우고요. 공간에 에너지를

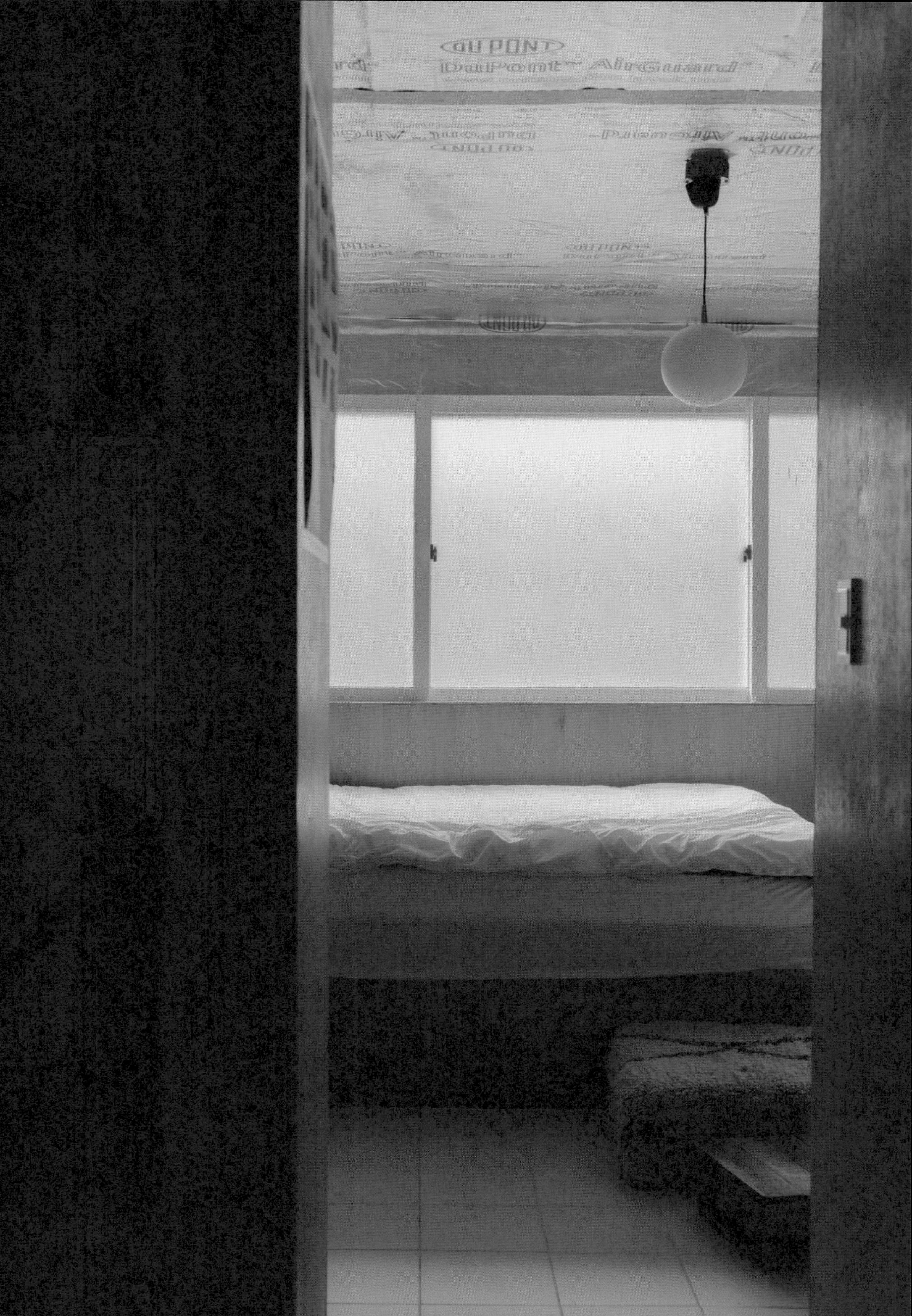
DUPONT
DuPont™ AirGuard®

불어넣어 주는 건 결국 그 공간을 채우는 것들이라고
생각해요. 자잘한 소품, 음악 소리, 공기 중의 향까지, 저희
집에는 그런 사소한 요소들이 분명한 존재감을 가지고
있고 하나하나 저희가 선택한 것들이라 애정을 두고
있어요. 이 모든 것들이 모여 저희의 일상을 촘촘히 채워
준다고 생각해요.

집을 다듬어갈 때 두 분의 역할은 어땠는지 궁금하네요.
성범: 저는 다슬이를 클라이언트라고 생각했어요. 3D
공간 시안을 만들어서 보고를 드리기도 하고요(웃음).
건축적인 부분은 다슬이가 저를 많이 믿어줬어요. 반대로
저는 공간 안에 들이는 가구나 작은 소품을 고를 때는
다슬이 의견을 존중해 줬고요.

야반도주 시켰어요(웃음). 저는 뭔가를 시도하면 크게크게
나아가려는 성향이라 집이 덜 완성되었다고 해도 그냥
들어와서 살 수 있다고 생각했는데 다슬이는 디테일한
부분을 챙기는 게 중요한 사람이라 처음에는 되게
낯설어했거든요. 그래도 일단 살아보자고 설득해서 밤
10시인가 짐을 챙겨 갑자기 집에 들어오게 됐어요.
다슬: 생활에는 문제가 없다고 해도 지금 당장 필요한 게
없으니 답답하게 느껴지더라고요.

집에 정이 드는 과정은 어땠는지 궁금해요.
다슬: 처음엔 일단 낯설었어요. 익숙한 게 하나도
없으니까요. 이제는 오히려 원래 살던 부모님 집에 가면
너무 늘어져요. 괜히 피곤하고요(웃음). 다시 집에 오면 할

다슬: 서로의 강점을 잘 알아서 큰 다툼 없이 채워갔어요.
그래도 오빠가 추구하는 느낌과 제가 원하는 느낌이
확고히 달랐어요. 저는 우드톤의 편안함을 원했고,
오빠는 스테인리스 같은 재료가 주는 중성적인 이미지를
좋아했거든요.

두 가지 무드가 균형 있게 맞춰진 느낌이에요.
성범: 가장 중요하게 생각한 부분이기도 해요. 적절하게
믹스앤매치가 되면 밸런스가 맞을 거라 생각했어요.
한쪽으로만 치우치면 너무 단조로운 공간이 되니까요.

처음 이 집에 들어서며 생겼던 우여곡절은 없나요?
성범: 공사가 끝나고 가구가 들어오기 전에 제가 다슬이를

것도 많고 제가 더 활기차게 변하고 있다는 걸 느낄 때가
있어요. 결국엔 집을 직접 채워가는 과정이 중요했어요. 이
집 안의 모든 게 온전히 제 선택으로 이루어진 거잖아요.
사소하지만 물건으로, 흔적으로 남아 있는 집 안의 풍경을
보면서 애정이 깃들고 있어요.

결혼하기 전에 각자의 공간은 어땠나요?
다슬: 사실 제 공간을 가져본 경험이 별로 없어요. 늘
부모님과 함께 살았고 독립된 공간에 살았던 경험은 LA에
인턴으로 갔을 때가 전부였거든요.
성범: 저도 결혼하기 전에 살았던 집들은 모두 누군가와
함께 사용하는 공간이 많았어요. 여러명이 함께 사는
플랫에 살 때가 대부분이었고, 서울에서 자취를 시작할

때도 누나와 함께 살았거든요. 저도 이렇게 공간의 틀을 바꾸며 사는 경험은 이번이 처음이네요.

두 사람 다 자기 공간을 여러 번 가져봤을 거라고 생각했는데 의외네요.
다슬: 저만의 공간은 부족했지만 저 자신을 위한 시간은 잘 만들어 갔어요. 그래서인지 오히려 공간에 대한 부족함을 못 느끼고 살았던 것 같아요. 집보다는 좋아하는 카페에 가서 혼자 사색하거나 일기를 쓰기도 하면서 저 자신과 마주할 시간을 계속 만들었거든요. 그런 시간이 있어서 물리적인 공간이 필요 없었을 수도 있어요.

공간이 있어도 그곳에 있는 시간을 활용하지 못하면 무용지물이니까요. 둘의 첫 공간이 아주 성공적이네요. 집의 틀은 물론이고 작은 물건들까지 신경 써서 고른 티가 나요. 어떤 기준으로 물건을 들였나요?
다슬: 그 기준을 점점 높이는 게 목표이기도 해요. 물건을 보는 안목이 있어야 구하기 힘든 물건들을 단번에 알아볼 수 있거든요. 해외 마켓에 나가 바잉을 하다 보면 눈 깜짝할 새에 킵해놓은 물건이 사라져요. 어떨 때는 물건을 운명처럼 받아들이기도 해요. '저건 나의 것이 아니었구나.' 하고 넘어가는 거죠(웃음). 물건에 얽힌 스토리도 중요해요. 쓰임과 더불어 어떤 시기에 어떻게 만들어졌는지 그 물건에 관한 역사를 아는 게 중요하다고 생각해요. 그리고 결국 중요한 건 공간과 잘 어울려야 한다는 점이죠. 저희 집에는 둥글한 엣지가 있거나 크리미한 색감의 오브제가 잘 어울린다고 생각해서 그런 기준으로 물건을 들이기도 했어요.

오브제를 바잉하는 일은 취향이 잘 드러나는 일이기도 해요. 다슬 씨는 본인이 어떤 취향을 가졌다고 생각해요?
다슬: 얼마 전에 취향에 관해 고민해 보는 시간을 가진 적이 있어요. 카페에서 커피와 빵을 드시는 노부부를 보면서 깨달은 건데, 저 역시 나이가 들어도 좋아하는 것들을 놓치지 않고 살았으면 좋겠다는 바람이 생겼어요. 어쩌면 취향은 그런 거라고 생각해요. 시간이 지나 점점 쌓이면서 자연스럽게 발현되는 것이요. 매일매일이 더해져 자연히 뿜어 나오는 분위기라고 할까요. 거리에서 자기만의 무드를 가진 사람들에게 자연스레 시선이 가는데 그럴 때마다 취향은 한순간에 나오는 것이 아니라는 걸 느끼고 있어요.

취향을 그런 관점으로 바라볼 수도 있겠네요. 차곡히 쌓이는 시간만큼 확고한 게 없죠. 두 분은 매일 같이 하는 일이 있나요? 두 사람만의 루틴이 궁금해요.

다슬: 출근 전에 보내는 아침 시간을 좋아해요. 30분 먼저 일어나서 여유롭게 대화하는 시간을 루틴처럼 지켜가고 있어요. 아침에 급하게 움직이고 싶지 않기도 하고요. 주말에 사 놓은 빵을 같이 먹기도 하면서 서로 하루의 시작을 토닥여주는 느낌이 들어서 아침 시간만큼은 꼭 지키려고 해요. 오히려 저녁 시간은 각자 자유롭게 쓰는 편이에요.
성범: 저희는 주 활동 공간이 침실보다 거실이에요. 그래서인지 나란히 앉아 대화하는 시간들이 더 잘 모이는 것 같아요.

벌써 마지막 질문이에요. 이다음 집에서 보내는 시간들을 상상해 볼까요?
성범: 아침에 일어나서 오전엔 서로에게도, 각자에게도 집중할 수 있는 시간이 있었으면 좋겠어요. 저희의 아침 루틴 시간이 좀더 길어졌으면 하는 거죠. 여유롭게 커피도 내리고 아침도 정성스럽게 차려 먹고요. 작업에 필요한 물건들이 집 한쪽에 모두 갖춰져 있어서 습관처럼 자유롭게 작업할 수 있는 공간이었으면 좋겠어요. 아티스트 같은 삶을 원하고 있죠.
다슬: 이 집의 거실 창문 너머를 보면 주인아주머니의 정원이 있어요. 여름이 되면 꽃이 많이 펴서 정말 아름다운데 보기만 하고 가지는 못해요(웃음). 집에서 요리하는 걸 좋아해서 허브류 재료가 갑자기 필요할 때가 있는데 바로 수확해서 먹을 수 있는 작은 텃밭이 딸린 정원이 있었으면 해요. 저희 둘은 언젠가 집을 지어 살자는 꿈이 있는데 자연을 곁에 둔 집을 만들고 싶어요.

길 따라 걷다 보면

런던에 살 때 머물던 동네가 쇼디치Shoreditch였어요. 걷다 보면 감탄할 만한 공간들이 늘어서 있는 곳이에요. 파머스 마켓처럼 로컬 문화가 직접적으로 드러나는 장소들이 혼재된 지역이었죠. 그곳에 사는 사람들은 스스로를 잘 챙기며 살고 있다는 인상을 받았어요. 그때 보았던 풍경의 연장선으로 저희가 추구하는 일상의 모습을 실현할 수 있는 동네가 연희동이라고 생각해요. 작업에 환기를 줌과 동시에 사소한 하루에 힘을 실어주는 공간들이 섞여 있어요. 저희가 연희동에서 자주 가는 공간들을 소개해 드릴게요.

1.

 2.

3.

 4.

1. 라우터 커피
각자 좋아하는 스타일에 맞춰 내어 주시는 커피 맛이 좋아 여유 있는 날 아침에는 꼭 들려요. 조용히 커피 마시며 책 읽기 좋은 곳이죠. 매장에 다양한 요리책들이 많아 레시피를 하나 씩 살펴보며 쇼핑리스트를 만들곤 해요.
A. 서울 서대문구 연희로11마길 12

2. 비노테카 내추럴 와인 보틀
특별한 날이고 싶을 때 꼭 들리는 곳이에요. 갈 때마다 사장님이 와인을 아끼는 마음이 느껴지고요. 같이 곁들이면 좋을 음식도 함께 추천해 주신답니다. 이젠 저희의 와인 취향을 잘 아셔서 매번 꼭 맞는 와인을 추천받고 있어요. 늘 다시 맛보고 싶은 와인을 만나게 되죠.

A. 서울 서대문구 연희로11바길 2 2층

3. 뉘블랑쉬 베이커리
산책 겸 골목길을 따라 걷다 보면 늘 지나 치는 곳이에요. 이곳의 '에스프레소 크라상'을 추천해요. 싱글 오리진 원두와 샷을 반죽에 넣고 만든 크라상이에요. 쌉싸름한 맛이 특징이랍니다.
A. 서울 서대문구 연희로15길 52

4. 케그스테이션
수제 맥주를 테이크 아웃할 수 있는 곳이에요. 영국의 펍 문화를 좋아했는데 닭강정을 사서 돌아가던 길에 우연히 들른 곳이에요. 맥주 맛이 좋아서 자주 가게 됐죠. 특히 흑맥주가 맛있으니 꼭 드셔 보세요!
A. 서울 서대문구 연희맛로 23 사러가쇼핑

ⓒ방다솔

스스로에게 '왜'라는 질문을 던지는 것만큼 자신을 귀찮게 하는 일이 또 있을까.
디자이너 문승지는 매사에 의문을 가지고 끊임없이 고민하는 사람이다. 늘
나아가 멈추지 않는 것. 하지만 결코 그 과정이 숨 가쁘게 보이지는 않는다.
그에겐 오히려 자연스럽다. 혼자 묻고 답하는 시간이 반복되어, 한 사람에게 남는
것은 무엇일까. 그에게서 답을 찾은 사람이 가진 여유와 당당함이 느껴졌다.

물음 끝에 찾아오는 것

문승지 — 디자이너

에디터 김지수
포토그래퍼 Hae Ran

제주에서 연휴를 보내신다고 들었어요.
오랜만에 고향에 가요. 아버지와 백록담을 오르기로
했어요. 새해가 되면 매년 하는 저희 가족만의 의식 같은
건데 등반을 하지 않으면 올해를 시작하지 않은 것 같은
느낌이 들기도 해요. 오랫동안 고향을 떠나 있다 보니
가족들과의 시간이 점점 더 귀해지는 걸 느끼고요. 어릴
때는 이렇지 않았던 것 같은데 이제는 저한테도 소중한
약속이 됐어요.

기대되겠어요. 제주 작업실 이야기로 시작해 볼까요?
직접 방문하지 못해서 아쉬운데, 소개를 부탁드릴게요.
할아버지가 직접 지으신 구옥의 창고 공간을 고쳐서 만든
작업실이에요. 할아버지는 직업 군인이셨는데 월남전이
막 끝나고 제주로 돌아오셔서 할머니와 처음 장만한
집이었다고 해요. 지금은 할머니 혼자 집을 지키고 계세요.
어릴 때부터 나고 자란 집이라 저에게는 추억이 무척 많은
집이기도 해요. 할아버지 세대부터 남아온 흔적이 있고요.
벽에는 제가 한 낙서 자국도 있고 신문지로 벽지를 메꾼
흔적도 있어요. 집에 새겨진 때를 지우고 싶지는 않아서
최대한 흔적을 남겨두고 그 안에 제 작품들을 가져다
놨어요.

집과 어떤 추억이 있는지 궁금하네요.
제주 전통 가옥의 무드와 일본식 가옥의 이미지가 함께
있는 굉장히 묘한 건축 형태를 가진 집이에요. 대부분 전통
가옥은 화장실이 따로 분리되어 있는데, 저는 어릴 때부터
화장실은 무조건 밖으로 나가야 있는 건 줄 알았어요(웃음).
작은 마당에는 비파나무부터 소철, 야자수까지 다양한
나무들이 있고요. 할머니랑 비파나무에 앉아서 놀던
기억이 아직 선명해요. 주변에 있는 다른 건물들은 점점
개발되고 있는데 변하는 풍경들을 보면서 이 집을 꼭
지켜야겠다고 마음먹었어요. 근데 사실 제주 작업실은
저보다 할머니가 더 잘 쓰고 계세요.

어떻게 사용하고 계신가요?
할머니가 속해 있는 '녹색할머니회'의 아지트가 됐어요.
나름 할머니만의 카페를 만들어 놓으신 거죠. 작업실에
제가 만든 의자, '포브라더스'를 가져다 놨는데 동네
할머니들이 한 번씩 앉아 보시면서 놀고 계신 거예요(웃음).
포브라더스에 담긴 의미와는 상관없이 잘 쓰이고 있어서
더 좋아요. 할머니는 손주가 만든 가구 자랑도 하시고요.
작업실이 여러모로 알차게 사용되고 있어요.

정겨운 풍경이겠네요(웃음). 할아버지께서 직접 집을
지으실 정도면 어릴 때 공간이나 디자인에 관심을 가질

만한 환경이었겠어요.

전혀 아니에요. 저는 디자인 분야와 전혀 관련
없는 사람이었어요. 그냥 운동 좋아하는 제주
촌놈이었거든요(웃음). 디자이너가 되겠다는 꿈을 꿔본
적은 한 번도 없었어요. 그런데 지금 생각해 보면 디자인은
아니지만 그 비슷한 것에 관심을 가질 만한 계기는
있었네요.

어떤 계기였나요?

이런 얘기를 해도 되나 모르겠는데(웃음)…. 제가
중학교 1학년 때 친구와 작은 사고를 친 적이 있어요.
장난이었지만 해서는 안 될 짓을 한 거죠. 당시 선생님이
저희를 엄청 혼내시면서 제 친구는 육상부로 보내시고
저는 발명부로 보내주셨어요.

발명이요?

재밌죠(웃음). 방과 후 활동 중에 하나였는데 저를 강제로
보내셔서 얼결에 과학상자를 만들게 됐어요. 그 친구는
육상부에서 매일 뛰다가 육상 고등학교까지 갔고요. 저도
떠밀려 하다가 재미가 붙어버렸는데 결과가 꽤 좋았어요.
과학상자 전국대회나 발명품 경진대회에서 상을 받기도
했으니까요. 지금도 구글에 치면 그때 제 작품이 나와요.

아주 비상한 학생이었네요.

그때 기억이 디자인을 시작할 때 밑바탕이 됐던 것
같아요. 결정적으로 대학을 제품디자인과로 가게 됐어요.
제주를 벗어나 도시에서 살고 싶다는 생각으로 가득찼던
시기가 있었거든요. 드라마를 보면 사람들이 건물들
사이로 바쁘게 사는 모습도 부러웠고, 강남역에 있는
스타벅스에도 가보고 싶었어요(웃음).

**이전 인터뷰에서 제주 바다가 답답하게 느껴졌다고
말하신 게 떠올라요.**

매일 봤으니까요. 끝도 없는 바다에 갇힌 것 같은 느낌이
들었어요. 서울에 갈 이유를 찾고 있다가 계원예대 입시
포스터를 발견했는데 '수시 100%'라고 적혀 있더라고요.
성적은 빼고 면접만 볼 때라서 운 좋게 합격한 거죠(웃음).
학교 실습실에서 일하면서 가구 쪼가리를 가지고 저 혼자
뭔가를 막 만드는데 중학교 때 과학상자를 만들면서
집중하던 제가 오버랩 됐어요. 순식간에 몇 시간이
사라지더라고요. 드디어 저 자신이 제대로 몰두할 수
있는 분야를 찾았다는 생각이 들었어요. 동시에 가구를
공부해야겠다는 확신이 섰죠. 가구디자인과 교수님을
찾아가서 수업을 듣고 싶다고 말씀드렸는데, 흔쾌히
받아주시더라고요. 전공을 두 개로 삼은 셈이었어요.

졸업작품도 두 배로 만들었고요. 힘든 것도 모르고 너무
열심히 학교를 다녔어요. 여태 어떤 걸 좋아하는지 모르고
살다가 크게 깨달았으니까요. 뭘 공부하고 싶다는 생각은
처음이었어요.

원래 공부를 좋아하는 학생은 아니었나 봐요.

학교 공부는 싫어했죠. 제가 배우고 싶지 않은
것들이었거든요. 노는 걸 너무 좋아했어요. 그래서 가구
디자인에 매력을 느꼈을 때 더 강렬히 와닿았어요.

**다시 작업실 이야기로 돌아가 볼게요. 제주도 작업실
외에 실질적으로 작업이 이루어지는 공간은 직접 운영하고
있는 디자인 레이블, '팀바이럴스' 사무실인 거죠?**

그렇죠. 제주도 작업실은 추억을 간직하자는 의미에 더
가까워요. 최근에 사무실을 이사하면서 작업실에 대한
생각이 구체적으로 정리됐어요. 집보다 오래 있는 곳이
작업실이잖아요. 많은 시간을 투자하는 공간인데, 그
전에는 빛도 안 들어오는 사무실에서 일하고 있었거든요.
팀바이럴스를 함께 운영하는 동료들과 계속 고민하다가
속된 말로 우리가 망해도(웃음) 좋은 환경에서 일하자고
마음먹었어요. 지금 사무실은 테라스도 있고 빛도 잘
들어요. 라운지 공간도 있고요. 이사를 하고 나서 일이
훨씬 잘되고 생각도 잘 열려요. 저는 책상에 가만히 앉아
있어야만 작업이 된다고 생각하지는 않거든요. 여긴
일하는 공간이기도 하지만 대화하면서 쉬어가기도 하고
동시에 실험하는 곳이기도 해요. 가볍게 테라스에서
팀원들과 앉아서 사는 얘기 하는 작은 시간들이 정말
중요해요. 어디 갔다 왔는데 뭐가 좋더라, 하는 사소한
대화들이요. 이런 얘기가 꼬리에 꼬리를 물다 보면
번뜩이는 순간들이 반드시 와요.

**작업 공간은 편하게 대화할 수 있는 환경을 만드는 것도
중요한 거군요.**

사실 대화가 모든 아이디어의 대부분을 차지한다고
생각해요. 그다음에 사색이 중요해요. 요즘 저에게 중요한
화두가 멍 때리기예요.

명상이 필요한 걸까요?

그렇죠. 단순히 생각을 비우는 시간을 보내고 있는데 그게
저에겐 작업을 다시 할 수 있도록 도움을 주는 것 같아요.
멍 때리다가 다시 작업에 들어가면 집중이 더 잘될 때가
있고요. 사실 요즘 명상이 너무 필요한 시기예요. 레이블이
조금씩 성장하면서 여러 프로젝트를 동시에 진행하고
있거든요. 창의적인 생각을 반복하는 일을 하다 보니
머리를 식힐 구석이 필요한 거죠. 일에서 오는 스트레스를

해소하고 싶은데 따로 시간을 내서 하는 특별한 활동에서 찾고 싶지는 않고요. 일상에서 자연스럽게 이루고 싶어서 지금은 열심히 멍 때리고 있어요.

좋은 가구 디자인은 기본에 충실한 디자인이라고 표현한 적이 있어요. 가구 디자인의 기본은 뭘 말하는 걸까요?
예를 들면 기본적으로 의자가 가져야 하는 사이즈와 사람이 편하게 앉을 수 있는 숫자들이 있어요. 그런 게 잘 지켜져야 해요. 그리고 그 의자에 앉을 사람을 고려하는데 저는 한 사람을 위한 의자보다는 다수를 위한 의자를 만들고 싶어요. 결국 스탠더드 가구를 만들고 싶은 꿈인데, 그래서 더 어렵기도 해요. 많은 사람들이 편하게 사용하려면 그 뒤에 어마어마한 설계가 필요하거든요. 그걸 해냈을 때 디자이너로서 가장 행복하고요. 제가 설계한 의자를 저만 만들 수 있는 게 아니라 공장에서 쉽게 양산되며 동시에 버려지는 재료들을 최소화하는 것이 제가 디자인하면서 생각하는 가장 중요한 지점이에요. 물려줄 수 있는, 오래 기억되는 디자인을 하고 싶어요.

멀리 보았을 때 어쩌면 빈티지가 될 수 있는 작품을 만들고 싶은 거네요.
그렇죠. 정답은 거기 있겠네요. 빈티지라는 건 결국 오래 사용되어 왔다는 것을 증명한 거니까요. 우리는 왜 빈티지를 구매할까, 생각해 보면 사실은 스탠더드였기 때문이에요. 특이하다는 이유만으로 빈티지를 사는 건 아닐 거예요. 결국 우리가 사용해야 하는 거잖아요. 지금은 스탠더드 가구를 만들기 위해서 어떤 시스템을 만들어갈 것인지 고민하고 있어요. 과거의 저는 콘셉트를 잡는 데 혈안이 되어 있던 사람이었는데 지금은 나아가고 싶은 방향성에 관해 생각이 점점 다듬어 가고 있어요.

첫 브랜드 '엠펍'의 창업 이야기와 이어지네요. 반려동물과 사람이 함께 사용할 수 있는 가구를 만든 브랜드였죠. 콘셉트가 굉장히 명확했어요.
엠펍을 만들었던 기반은 사실 졸업작품에서 나왔어요. 반려묘가 자유롭게 지나갈 수 있는 통로가 있는 '캣터널'이라는 소파를 만들면서 첫 회사를 창업한 거예요. 그때는 에너지가 너무 넘칠 때였어요. 작품을 만들 때는 교수님의 반대도 있었는데, 거의 농성하듯(웃음) 학교에서 천막까지 치고 교수님 바로 앞에서 작업을 하면서 열정으로 만든 작품이었거든요. 당시에 저는 캣터널로 창업을 하겠다는 호기로운 목표를 가지고 있었어요. 거기서부터 제 인생이 꼬인 거예요(웃음). 엄청난 빚을 진 실패를 경험했죠. 디자이너가 디자인에 집중했어야 했는데 사업을 해버린 거예요. 지금의 팀바이럴스가 회사가 아닌

레이블이 될 수밖에 없는 이유가 그때의 경험에 기반해요. 디자이너가 사업을 하면 안 된다는 걸 깨달았죠. 디자인과 경영은 전혀 다른 영역이고 이 영역 간의 커뮤니케이션이 돼야 하는데 그때 저 혼자서는 역량이 부족했던 거예요.

고민이 많았겠어요.
졸업 직후였고 잘못하면 평생 디자인을 못하는 사람이 되겠다는 생각까지 들었어요. 과감히 접고 저의 개인 브랜드 'mun'을 만들게 된 거죠.

실패를 겪으면 주저하기 마련인데, 계속 멈추지 않았어요. 새로운 브랜드를 만들고 포브라더스로 해외 브랜드와 컬래버레이션 프로젝트를 이어가면서 성공적인 데뷔도 이뤘고요. 자신을 호기심이 많은 사람이라고 소개할 때가 많잖아요. 그런 점에서 비롯된 이력일까요?
저는 호기심을 넘어 의심이 많은 사람이에요. 조금 심한 수준인데 뭘 하든 계속 물음표를 만들어요. '그래서 왜 이 디자인을 해야 해?', '난 이걸 왜 해야 하는 걸까?' 같은 생각들이 끊이질 않아요. 그 물음을 채우기 위해서 또 다른 소스를 찾는 사람이기도 해요. 나쁜 말로는 의심인 건데 좋게 말하면 호기심인 거죠. 어릴 때부터 사소한 물음이 많아서 피곤한 스타일이었어요(웃음). 이제는 그런 의심들도 긍정적으로 발현하려고 노력하는 것 같아요. 그래서 계속 실패해도 부딪히려 했고요.

물음을 채우려 하는 건 디자이너로서 가장 좋은 역량이죠.
해야만 하는 거라고 생각해요. 우리가 그리는 선을 왜 이렇게 그려야 하는지 명확한 이유가 나와야 하죠. 그게 결국은 디자인의 핵심 스토리가 되고요.

자연에서 자란 경험이 디자인 작업에 도움이 되기도 하나요?
너무 크죠. 어릴 때 숲을 보고 흙을 밟는 게 당연한 일상이었어요. 학교가 끝나면 학원에 가는 게 아니라 바다에 갔고요. 배 타고 나가서 다이빙하는 게 일이었죠. 제주에선 천국 같은 노을을 매일 볼 수 있어요. 에메랄드빛 바다를 지루할 정도로 봤고요. 그 모든 경험들이 작업할 때 무의식에 남아 있다고 생각해요. 굳이 끄집어내려 하지 않아도 이미 머릿속에 들어와 있는 거예요. 자연의 오묘한 색감이나 풍경을 바라보며 평온했던 순간들이요. 서울은 답답하고 빠르잖아요. 정신을 못 차릴 정도인데 어릴 때 봐오던 수평선이 주는 감각이 무의식에 존재하는 덕에 작업을 하는 태도에 있어서 분명히 도움된다고 생각해요.

어릴 때 자연에서 자란 사람들은 꼭 다시 자연을 좇게 되는 것 같아요.

크면 클수록 그렇죠. 저는 최근 기억보다 어릴 때 기억이 더 선명해요. 여행을 가더라도 맛집이나 도시를 가는 게 아니라 꼭 시골로 동선을 짜고요.

가구부터 제품, 공간까지 디자인 영역이 넓은데 그 안에서 더 발전하고 싶은 분야가 있나요?

디자인 영역을 넓힐 수 있었던 건 프로젝트 종류에 상관없이 저희 팀원들의 역량이 넓기 때문이에요. 팀워크가 아주 좋거든요. 세상은 혼자 살 수 없다는 걸 팀과 함께 일하면서 빼곡히 느끼고 있어요. 가장 편한 작업은 결국 가구인데, 좋아하는 일일수록 지금을 생각하지 않고 더 먼 곳을 바라보고 싶어요. 디자이너라는 직업은 나이를 먹으면서 고민한 것들이 경력과 같이 쌓이는 직업이라고 생각해요. 그게 디자이너가 가지는 가장 큰 무기이자 힘이죠. '나'라는 아카이빙이 쌓이면서 나오는 결과가 곧 작품으로 증명되는 거고요. 결국엔 제가 만드는 가구가 아이콘이 됐으면 해요. 제가 사고 싶은 빈티지 의자를 만든 디자이너들처럼요. 지금의 저는 그 과정에 있다고 생각해요.

문득 승지 씨의 집에 놓인 가구들이 궁금해져요. 집은 공개 안 하는 거죠?

네(웃음). 제가 아직 성공하지 못했다는 뜻이기도 한데, 저희 집에 제가 만든 가구를 못 놓고 있거든요. 제가 만드는 가구는 아직 제작가가 너무 비싸기도 하고 집에 놓기에는 부담스러운 크기이기도 하고요. 그래서 결국엔 제 가구로 오롯이 제 공간을 채우는 게 목표이기도 해요. 나중에 더 큰 집으로 이사를 가야겠죠(웃음). 되게 아이러니해요. 사실 이런 지점이 저희 팀 모두가 겪는 고충이에요. 일교차 같은 건데, 저희는 늘 누군가를 위해 고심해서 디자인을 하지만 정작 자신을 위한 디자인을 하기는 어려워요. 이건 정말 고민이네요. 최근에 충격받은 게 허리가 너무 아파서 왜일까 생각해 봤는데 소파가 문제였더라고요. 전에 살던 집 앞에 버려져 있던 소파가 맘에 들어서 리폼해서 쓰고 있었거든요.

조금 슬프네요.

그렇다고 뭐 엄청 부족한 건 아니에요. 집에 있을 건 다 있어요(웃음).

그렇죠(웃음). 또 다른 고민이 있나요?

삶에 대한 고민은 건강이에요. 일이 한창 바쁠 때라 일과 운동 사이의 접점에서 계속 지고 있는데 어느 순간 건강을 놓치면서까지 일을 해야 하나 하는 생각까지 들더라고요. 여행을 못 가는 것도 고민인데 예전에는 떠나고 싶으면 가능한 바로 떠나는 사람이었거든요. 꼭 팬데믹 상황 때문만이 아니더라도 팀이 커지고 책임과 부담감이 쌓이면서 저도 모르게 주저하게 되더라고요. 이렇게 변하는 게 두렵기도 해요. 그래도 시스템을 점점 더 잡아가다 보면 조금씩 자유로워지는 순간이 올 거라고 믿고 있어요.

그래도 긍정적인 상황이네요. 일이 잘되고 있다는 거니까요. 요즘 문승지를 가장 즐겁게 하는 건 뭐예요?

여행 계획 짜는 거요. 저는 디자이너가 아니었으면 가이드 회사에 있었을 거예요. 그 정도로 여행 생각 하는 걸 좋아해요. 지인들 사이에서는 '문투어'라고 불리고요. 사실 계획이라고 해서 별건 없고 목적지만 정해두고 끌리는 대로 가는 거예요. 식당도 눈에 보이는 데로 가요. 저기가 맛집이라고 해서 저한테도 맛집이라는 보장은 없잖아요. 늦잠도 자고 눈앞에 보이는 카페 가서 커피 마시고 현지 친구들도 사귀고 그러는 거죠.

문투어를 믿고 떠나면 뭘 얻을 수 있을까요?

기억이요. 너무 선명할 기억. 아주 오랫동안 잔상처럼 남을 거예요. 관광을 떠났다는 느낌보다 그곳에서 살아가듯 일상을 보냈던 추억을 남겨줄 수 있어요.

그에게 작업 루틴을 묻고는 아차 싶었다. 한참 대화를 나누고 나니 그에겐 애써 지켜갈 루틴은 중요하지 않겠다는 생각이 들어서. 짐작한 대로 그는 매일 출근 시간을 지키는 것이 가장 큰 루틴이라고 말한다. 단순한 대답 속에 그 무엇보다 확고한, 자신에 대한 믿음이 숨어 있었다. 한 사람을 위한 아트 퍼니처 보다 많은 사람들이 매일 사용할 수 있는 디자인을 꿈꾸는 사람, 그러기 위해서 어마어마한 설계가 필요함을 아는 사람. 쉽고 명쾌한 말투 속 느껴지는 단단하고도 섬세한 이유에 고개를 끄덕이게 됐다.

자세로 구축된 우주처럼
깊고 깊은 예술의 세계

이배 — 현대미술가

에디터 양윤정
포토그래퍼 **Jean Lim**

파리 페로탕 갤러리 측에서 미술가 이배Lee Bae의 전시 소식을 전하며 성품이
훌륭한 작가와 인터뷰해 보지 않겠냐고 물었다. 지금까지 경험상 '좋은 사람'이라는
평가가 더해진 인물과의 인터뷰는 늘 즐겁게 진행되었기 때문에, 거기에 파리에서
한국인 작가와의 만남이라 그런지 약속 날이 유난히 기다려졌다. 솔직히 그 작가가
'이배'이니 누가 이 주선을 마다할까! 전시가 열리기 하루 전, 비가 쏟아지는 아침
프랑스 기자들 앞에서 불어로 작품 설명을 하는 작가님을 만났다. 적극적으로
말씀하시는 모습도 기억에 남지만, 완벽하지 않은 외국인의 불어에 최대한
집중하는 프랑스인들의 관심과 함께 형성된 좋은 에너지로 전시장이 무르익었다.
순간 신기하게 비가 그치더니 쨍한 겨울 햇살이 마법처럼 창을 통과했다. '검은
별자리'에 빛이 더해져 작품에 사용된 숯이 밤하늘의 은하수처럼 반짝였다.

프랑스에서 30년을 지내셨으니 이제 파리가 제2의
고향처럼 느껴질 것 같아요.
처음 10년 정도는 한국에 다녀올 때마다 공항에 내리면
한숨이 나오면서 '어떻게 파리에 와서 또 살지….' 하는
생각이 들었는데, 어느 순간 그런 게 없어졌어요. 지금은
드골 공항에 내리면 마음이 좀 편안해지고 '내가 할 일이
기다리고 있구나.'라는 기대감이 드는 걸 보니 이제는
파리가 많이 친근해졌나 봐요.

2018년에는 프랑스 정부가 주는 문화예술 훈장
기사장도 받으셨어요.
기메 국립동양박물관Musée National Des Arts
Asiatiques Guimet에서 개인전을 한 적이 있는데, 대개
국립미술관에서 전시를 하면 그런 추천을 통해 격려
차원에서 주는 걸 받게 되었어요.

프랑스 미술계에 기여한 바를 인정받으신 것을 너무
겸손하게 말씀하시네요.
한 사람의 한국인으로 해외에 나와 산다는 것은 곧 한국의
배경을 가지고 사는 것이잖아요. 아무래도 30년 동안
나와 관계된 프랑스 평론가나 작가들이 한국에 대해 알게
되면서 한국을 방문하게 되고, 반대로 한국인 작가들이
프랑스에 진출하는 데 도움이 되었을 거예요. 한국 사람이
외국에 가서 산다는 것은 하나의 환풍기 같은 구실을
한다고 생각해요. 안과 밖의 공기를 순환시키는 역할이요.
그걸 자연스럽게 해온 게 아닌가, 그래서 기여라기보다
그런 역할에 대한 격려가 아닌가 싶어요.

이번 파리 갤러리 페로탕에서의 전시는 2018년
이후 4년 만이에요. 파리에서 처음 선보이는
'브러시스트로크Brushstorke'와 '불로부터Issue De Feu
White line'에 관심이 몰릴 것으로 예상돼요.
그런가요? 코로나로 사람들이 활동을 자유롭게 못 하는
시기에 전시를 하게 돼서 이걸 어떡하나 걱정이 많아요.
화랑 주인인 엠마뉴엘Emmanuel Perrotin은 걱정하지
말라고 하는데 작가로서 고민이 있죠. 현대사회에서 모든
일이 그렇지만 사회적 현상과 반응이 작가에게 영향을
많이 미치기 때문에 아무래도 신경이 쓰이긴 해요.

'검은 별자리Le Noir en Constellation'라는 전시명이
일단 호기심을 불러일으켜요.
제가 지은 건 아니고, 저를 가장 잘 아는 미술평론가
앙리-프랑수아 드바이유Henri-François Debailleux
씨가 지었어요. 2018년 파리 전시의 타이틀도 그분이
'검은 지도Cartographie du Noir'라고 지었는데, 이번엔

'검은 별자리'라는 문장이 흥미롭더라고요. 상상력을
불러일으키는 제목이죠.

저도 전시 작품들을 보면서 상상력을 자극하는
그림이라고 생각했어요. 간단해 보이는 블랙 앤 화이트
작품이지만 그 속의 레이어들과 순간의 붓의 스침이
표현하는 오묘하면서 완벽한 선들이 어떻게 만들어졌을까,
또는 어떤 과정에서 나왔을까 하는 상상을 하면서 보게
되었거든요.
제가 한국 작가 중에는 겸재 정선, 일본 작가는
호쿠사이Hokusai를 아주 좋아해요. 그리고 중국 작가는
팔대산인Bada Shanren의 그림을 좋아하는데, 그가 그린
연잎을 보고 있으면 라인을 그냥 그린 것 같지만 사실은
아무도 따라 그릴 수 없는 선이에요. 겸재의 인왕산
그림에서도 바위를 표현한 선이 머금고 있는 웅대함,
품위가 느껴지는데 이런 게 예술가들이 가진 감성이고
영혼이라고 생각해요. 저도 그런 작품을 흉내 내고 싶고
그렇게 만들고 싶어서 열망하는데 많은 시간이 걸리네요.
그러기 위해서는 속되지 말아야 할 것, 그리고 흔들리지
말아야겠다는 생각과 자세가 필요하고 그것이 작가를 오랜
시간 연단시킨다고 봐요. 새롭고 창조적이고 방법론에
대한 탐구를 추구하는 서양 예술과 비교하면 동양 예술은
어쩌면 예술을 통해서 인생의 품위나 고귀함이 나타나기를
열망하는 것이 아닐까요.

흉내 내고 싶은 열망이 오랜 연습을 거쳐 이제는 궤도에
오른 것 같아요. 전 세계에서 선생님의 그림을 원하니까요.
한때는 유럽이 중심이었다가 1970년 이후에는 미국,
1990년도부터 2000년도에는 일본으로 문화적 호감도가
움직였는데 최근에는 그게 한국이 되었어요. 음악, 음식,
영화, 미술 등 문화적 호감도가 가장 높은 국가가 되니
한국인 저도 도움을 받게 되었네요. 그리고 아시아가
세계의 중심이 되면서 서구 중심이던 미술시장이 이쪽으로
많이 옮겨 오며 자연스럽게 아시아 작가에 대한 관심이
높아진 게 저한테 큰 도움이 되었죠.

한국인이라는 배경 없이도 작품 자체가 풍기는 아우라와
멋이 해외 미술계를 사로잡기 충분하다고 생각해요.
그런데 예술가들은 자기 세계를 위해서 삶을 다 집어넣어
일하는 사람들이라 어떤 예술가든지 무대에 올려놓으면
누구나 빛이 나게 되어 있어요. 누구나 좋은 점을 가지고
있고 어떤 시기에 어떻게 조명 받느냐에 따라서 그게
피어날 수도 있고 그렇지 않을 수도 있는데 작가가
훌륭해도 국가 배경이 약하면 상업화에 어려움을 겪어요.
지금 한국은 경제적 성장과 함께 작가도 많아졌지만

새로운 컬렉터들이 급격하게 많아졌어요. 그들은 경제력뿐 아니라 다른 나라에 비해 지적 수준이 굉장히 높아요. 전 세계 화상들은 문화적으로 부상한 한국의 이미지와 이런 수준 높은 한국 컬렉터들의 관심을 얻기 위해 최근 한국 작가들을 새롭게 발굴하는 데 노력하고 있어요. 누구 한 사람이 특별히 잘나서 성공하는 경우는 매우 드물고 보편적으로는 시대가 만들어 내는 거죠. 아무래도 나이 들어서까지 한국이랑 파리를 반반씩 왔다 갔다 하다 보니 양쪽을 다 보게 되는데 그동안 한국이 너무 갇혀 있었다는 생각을 했어요. 지정학적으로 걸어서 국경을 벗어나기 어려우니까요. 그런데 다행히 오늘날 한국에 큰 햇볕이 비추는 것 같아요. 그래서 내가 참 좋은 시대에 살고 있구나 싶네요. 파리에서 30년 동안 살면서 요즘처럼 좋은 느낌을 가져본 적이 없네요.

초반에 어려웠던 시절 물감 살 돈이 없어 숯을 사용하게 되었다는 이야기는 너무 유명한데, 그 에피소드 말고 숯을 사용하게 되신 철학적 배경도 있을 거라 생각해요.
대학교 시절 고영훈 선배라고 있었어요. (고영훈 작가는 한국 화랑계의 극사실주의 회화의 대가로 불린다.) 그 형이 제주도에서 서울로 대학을 와서 제주도의 현무암 작은 돌을 확대해서 사진처럼 그리는 걸 봤어요. 그걸 보고 있으면 굳이 얘기를 안 해도 이 사람은 제주도 사람이라는 걸 알게 돼요. 다른 사람이 그걸 그렸으면 그냥 돌을 그린 건데, 그 형이 현무암을 그리니까 제주도를 그리는 것 같았어요. 형의 삶이 그림 안에 있다는 느낌이 강해서 단순한 돌이 아닌 예술적 메시지로 보이는 거죠. 한국을 떠나 파리에 와 있으면서 퐁피두나 영국의 테이트모던 등 유럽의 미술관들을 돌며 도대체 무엇을 해야 작가로서 유럽에서 활동할 수 있을까 고민을 많이 했어요. 이미 수 세기를 거쳐 간 너무나 많은 사람들이 너무나 다양한 방식으로 작업해 놓은 걸 보면서 경제적으로도 어려웠던 시기에 절망도 많이 하고 그랬죠. 그러다 우연히 주유소에서 바비큐 숯 한 봉지를 마주했는데 그걸 통해 한국을 만난 거예요. 내가 떠나온 원래의 고향을 숯에서 보게 된 거죠. 어릴 적 정월 대보름이 되면 동네 사람들이 모여 우리 집 앞에서 달집태우기를 하고 그다음 날 아침, 산더미처럼 쌓인 숯을 동네 아주머니들이 광주리를 들고 나와 조금씩 담아 집으로 가져갔어요. 보름에 태운 숯이라 정결하다고 해서 간장 담글 때도 쓰고 아기가 태어나면 문에 거는 용도로 사용하던 게 떠올랐어요. 예전에 고향에서는 그냥 숯으로만 보이던 물건을 성인이 되어 프랑스 주유소에서 발견하자 숯이 아닌 한국이라는 메시지로 나에게 다가온 거죠. 그래서 이걸로 작품을 해봐야겠다, 해서 계기가 됐죠.

그럼 처음 숯을 다루시는 순간 '숯의 작가'로 불릴 것이란 운명 같은 걸 느꼈나요?
그런 생각은 못 했는데 숯을 쓰자 주변에서 이런 재료를 쓰는 사람이 없다며 새롭다는 반응을 보이고, 또 숯을 사용하는 이유를 한국인 작가라는 문화적 배경과 함께 인정해 주어서 지금까지 지속적으로 작업하게 된 힘이 되었죠.

20-30년 가까이 숯을 다루시면서 다른 재료에 대한 호기심도 물론 있었을 텐데요.
왜 없었겠어요. 늘 있죠. 20-30년 동안 작품을 했지만 사실 미술계에 별로 알려지지 않았기 때문에 그냥 묵묵히 하던 중 최근에서야 페로탕을 통해 국제 아트페어에도 출품하고 국제적 컬렉터들에게 그림이 소개되면서 '숯의 작가'로 알려지게 되었어요. 이제는 더 나이 들기 전에 새로운 작업을 해보고 싶다는 생각이 들어요. 모든 예술가들의 일대기를 보면 꼭 긍정의 시대가 한 번씩은 있거든요. 여정을 돌아보면 난 긍정의 시대가 오기까지 시간을 너무 많이 끌었구나 싶어요. 조만간 색채에 대한 열망과 조각을 하고 싶은 열망을 꺼내 보려고요.

선생님의 색채 예술과 조각이 벌써 기대되네요. 작업실은 고향인 경상북도 청도, 경기도 고양, 그리고 프랑스 파리 이렇게 세 곳에 있는데 각 작업실마다 특징이 있나요?
청도는 작업실이기도 하지만 산에 전통 숯을 굽는 가마가 있어서 조각이나 숯 작업은 주로 청도에서 해요. 경기도 화실에서는 브러시스트로크 같은 회화 작품을 많이 하고, 파리는 회화도 하지만 실험실 같은 곳이에요. 새로운 것을 실험하고 시도하는 장소로 사용해요.

매일같이 아침 9시면 작업실로 가셔서 저녁 7시까지 꾸준히 일하신다고 들었는데, 작업실에서만 이루어지는 습관 같은 게 있을까요?
내가 지금 살아가는 시대가 모던아트 시대가 아니고 컨템포러리의 시대, 그러니까 1950-70년대 미국에서 만들어진 사조인데 용어는 이렇게 만들어졌지만 실제로는 산업사회의 예술이라고 할 수 있어요. 산업사회 전이 장인들에 의해 수작업으로 생산하는 시대였다면 지금은 동일한 제품을 일률적인 품질로 대량생산 하는 시대고, 그 안에서 태동하게 된 게 현대미술이죠. 현대미술과 근대미술과의 차이점은, 근대미술은 에스프리Esprit가 굉장히 중요해요. 작업을 위한 모티브와 영감이 있어야 해서 그걸 찾아 고민하고 방황하고 때로는 술도 마시고 몸부림치는 게 근대미술이라면,

현대미술은 에스프리보다는 애티튜드, 즉 자세와 태도가 에스프리를 대신하는 역할을 하게 되었어요. 그게 무엇을 의미하느냐면 동일한 시간에 동일한 방법으로 계속 반복해서 일정하게 작업을 해야 한다는 거예요. 마치 회사에 취직해서 비가 오나 눈이 오나 기분이 좋거나 나쁘거나 매일 출근해야 하는 것처럼요. 이렇게 같은 일을 반복적으로 하다 보면 프로세스가 생겨요. 프로세스가 곧 철학이고 방법론이 되는 거예요. 그래서 현대미술은 애티튜드하고 프로세스가 우선이 되고, 에스프리는 뒤로 밀려났어요. 훌륭한 현대미술 작가의 작품들을 보면 퀄리티가 항상 비슷해요. 기분 좋을 때는 좋았다가 기분 나쁘면 질이 떨어지는 게 아니라 늘 균일한 퀄리티를 유지하는 작품, 그것은 그 사람의 애티튜드와 프로세스에서 나오거든요. 그런 태도가 곧 예술을 만들어 낸다고 생각하기 때문에 아침 9시에 화실에 가서 간단히 커피를 마시고 오전 내내 드로잉을 한 후 오후에는 캔버스 작업을 하고 저녁 7시에 집에 돌아와 밥 먹는 일과를 항상 일정하게 해야 한다는 의무감 같은 게 있어요. 그걸 일주일에 하루라도 안 하면 마치 운동선수들이 며칠 쉬면 감각을 잊어버리는 것처럼 예전 리듬을 찾기가 굉장히 어려워져요. 그래서 동일한 리듬으로 계속 이어나가야 자기 감성을 유지할 수 있고 좋은 결과가 나온다고 생각해요. 거창한 게 아니라 회사원들이 하루도 빠짐없이 회사를 나가는 것과 비슷한 거예요.

회사는 월급이라는 원동력이 있잖아요(웃음). 강제성 없이 무언가를 오랜 시간 지속한다는 것은 엄청난 노력과 원동력이 필요한데 선생님한테는 그게 무엇이었나요?
결국은 일이 원동력이죠. 일을 하게 되면 그 일에 빠지게 돼요. 그리고 그 일이 재밌어지기 시작해요. 마치 개미들이 작은 구멍을 파 땅속에 어마어마한 세계를 구축해 놓는 것처럼 일 안에서 커다란 나만의 세계를 구축해 놓게 되고, 나를 발견하게 되고, 그렇게 자신과의 다이얼로그를 형성하게 돼요. 예술가는 나만의 세계를 외부와의 관계가 아닌 내부에서 형성할 수 있는 능력이 있어야 해요.

태도에 대해서 늘 강조하시는데 선생님에게 내재되어 있는 타고난 감각도 작품의 질을 완성하는 요소 중 하나로 여겨도 되지 않을까요?
아뇨. 우리 부모님은 학교를 다니지 않으신 분들이세요. 내가 국민학교 들어가기 전에는 전기도 들어오지 않는 시골에서 자랐고, 문화적 소양을 받은 적이 없어요. 그냥 시골의 들에서 피는 냉이처럼 자란 셈이에요.

ⒸHong Bum An

그 냉이와 자연이 문화적 소양의 밑천이 되었을 것
같은데요.
들어보세요(웃음). 어느 날 다 커서 파리에 있다가 한국에
들어가 모친께서 끓여주신 냉이된장국을 먹었는데 세상에
태어나서 이렇게 맛있는 된장국은 처음 먹어보는 거예요.
그래서 어떻게 끓였길래 이렇게 향도 좋고 맛있느냐고
물었더니 "왜 니가 어릴 때 맨날 이것만 먹고 자랐는데."
하시는 거죠. 그러니까 머리로는 잊었는데 몸이 기억하고
있던 거예요. 태도는 두뇌의 훈련이 아니고 신체의
훈련이라고 생각해요. 마치 피아니스트가 머리가 아닌
손으로 악보를 기억하는 것처럼 신체가 하는 기억을 저는
신뢰해요. 그래서 저 자신이 세련됐다는 생각은 한 적 없고
오히려 내 속에 내장되어 있는 깊고 깊은 심연의 기억이
무엇인지 찾아 그것을 끄집어 올리려고 하죠. 스스로 한
번도 예술적 감성이 뛰어나다고 생각한 적이 없어요.
어쩌다가 파리에도 오게 되고 미술의 중심에 머물게 된
건데….

파리 주류 미술계에서 교류하려면 여기 사람들에게
호감을 얻기 위한 현지화된 세련된 감각도 어느 정도
필요하다고 생각해요.
백남준 선생님께서 살아 계실 때 베니스 비엔날레
황금사자상을 받으셔서 베니스에 가 계셨고, 저는 그
당시 이우환 선생님 전시회를 돕는 조수로 따라가서
매일 저녁 백남준 선생님과 이우환 선생님이 저녁을
함께 드실 때마다 옆에 있었어요. 그때 백 선생님이
독일 뒤셀도르프 미술학교 교수였는데 학교를 자주 안
가시니 학생들이 선생님 계신 곳으로 찾아오는 거예요. 전
선생님이 독일어를 잘하실 줄 알았어요. 그런데 찾아오는
학생들한테 독일어가 아닌 한국말로 "나 시간 없어.
바빠. 내일 와." 이렇게 얘기하시더라고요. 외국에 살면
언어 때문에 소통이 원활하지 못하니 그 사회에 섞이기
어렵겠다는 선입견을 가지고 있었는데 그때 독일어를
못해도 선생님을 찾아와 소통하려는 외부인들을 보고 저게
가능한 이유가 뭘까 고민하게 된 거죠. 결국 알아낸 방법은
외부와 자꾸 부딪치라는 거예요. 외부라는 게 무섭고 나를
경계하고 밀어내려는 곳이니까 다가가기에 두려운 마음이
드는 게 당연한데 밝고 긍정적으로 뭐든지 수용할 수 있는
태도를 취하면 그 어려운 외부와 소통이 가능해진다는
걸 배웠어요. 그런데 긍정적인 태도가 어느 정도여야
하느냐면 예를 들어 누가 오물을 뒤집어씌워도 화내지
않고 웃을 수 있을 만큼 긍정적이어야 외부가 어느 날
나에게 오게 돼요. 그때는 외부가 나를 더 귀하게 대우해
주죠. 이런 삶의 방법은 파리에 있는 우리 같은 사람들, 즉
해외에 나와 있는 한국인들에게 필요해요. 오늘도 기자들

질문에 대답을 하는데 전혀 말도 안 되는 소리를 해도 다들
알아들었잖아요. 왜냐면 그쪽에서 알아들으려는 태도를
가지고 있으니까요.

그렇게 외부가 문을 열게 되는 시간이 오기까지 어떤
점이 가장 힘드셨어요?
30년 살면서 제일 어려웠던 건 말도 말이지만 언어가
의미하고 있는 문화적인 습관, 발상법, 이런 게 다
한국이랑 다르니까 어려웠죠. 지금은 그런 부담은
많이 줄었어요. 말을 잘하게 돼서 줄어든 게 아니고
포기해서요(웃음).

현재 선생님의 가장 큰 관심사가 궁금해요.
더 늙어서 힘 빠지기 전에 새로운 작업을 시도해
봐야겠다는 것과 좀더 힘이 있을 때 밖으로 더 멀리 나가고
다양한 곳에서 전시회를 해보고 싶다는 생각을 해요.

이제 마지막 질문이에요. 작품 설명 중에 아트와
리얼리티에 대해 말씀하셨는데 선생님에게 예술과 현실은
어떻게 구분이 될까요?
모든 인간은 종교성을 가지고 있다는 얘기를 누군가가
했던 것 같은데 리얼리티는 비주얼, 즉 눈으로 보는
세계이고 우리가 눈을 감으면 내면의 세계가 따로 있다고
봐요. 눈을 감으면 보이는 내면의 세계가 눈을 떠야 보이는
바깥 세계보다 큰 우주를 안에 가지고 있어요. 그 하나의
관문이 신체라고 생각하는데 그래서 내면과 외부를
연결하는 하나의 고리가 종교성 아니면 예술로 나타낼 수
있다고 생각해요. 그래서 예술은 순수성과 속된 것을 엮는
일이 될 수도 있고, 현실과 초현실을 엮는 일이 될 수도
있는 거죠. 그게 내면에서 먼저 올 수도 있고 바깥에서 올
수도 있지만 그 만남은 인간의 신체를 관통해서 하는 게
아닌가, 이런 생각을 하면서 작업하고 있어요.

인터뷰 내내 나는 지금 어른과 대화하고 있구나라고
느꼈던 감동이 글을 읽는 독자들에게도 그대로
전달되었으면 좋겠다. 진부하게 들릴지 모르지만
아티스트가 아니어도 일이 원동력이 되어 매일 개미처럼
사는 일상은 분명 박수받을 일이라는 것. 요행을 멀리
하고 본질에 집중한 삶에는 꼭 긍정적인 결과가 보상처럼
기다린다는 교과서적인 가르침이 더욱 절실하게 느껴지는
요즘이다.

Collect Interview

집 속의 작업실

"사실 이거 다 연출이에요." 쓸모없음을 이야기하는 소호와 모춘의 홈오피스는 오로지
쓸모만을 위한 공간이다. 두 사람은 26년의 세월을 먹은 아파트로 이사하면서 안방을 서재로,
거실을 라운지로, 곳곳을 워크숍 공간으로 꾸렸다. 지금 이곳에서 그들이 격렬히 하고 있는 건
다음 스텝을 위해 '아무것도 하지 않는 것'!

다음 페이지엔 뭐가 있나요?

소호·모춘 — 모빌스 그룹

에디터 이주연
포토그래퍼 최모레

오랜만이에요. 시국이 여전히 뒤숭숭하네요. 그간 안녕히 지내셨어요?

모춘: 반가워요. 그간 저희는 열심히 일하면서 지냈어요. 일에 미쳐버린 작년 하반기를 보내서 지금은 좀 쉬고 있어요. 일종의 휴가 기간이라 계절에 맞지 않게 양양엘 갔다 왔네요.

소호: 컨디션을 위해 어제 9시에 자고 오늘 아침에 막 올라온 참이에요(웃음).

새 집에서 만나게 됐어요. 분당으로 이사했는데, 여기 이전 직장이 있는 동네 아닌가요?

모춘: 맞아요. 그때만 해도 이전 직장을 쭉 다닐 줄 알고 분당에 집을 마련한 거였어요. 전셋값이 올라서 이쪽으로 오게 됐죠. 커피 사러 나가면 전 직장 동료들을 우연히 보기도 해요. 기분이 좀 새롭죠(웃음).

모티비MoTV 채널에 '홈오피스 구축기' 시리즈를 업로드했어요. 이사하면서 구조랑 인테리어를 싹 바꾸셨더라고요.

소호: 이 아파트는 26년이 된 곳이어서 구조가 정겨워요. 어릴 때 살던 집 생각이 나기도 하고요. 방 세 개에 거실이 달린 구조인데요. 가장 넓은 방을 침실이 아닌 홈오피스로 만들고, 거실에 티브이랑 소파를 두는 대신 라운지처럼 꾸몄어요.

"Out Of Office"를 이야기해 왔는데 도리어 집 안에 오피스를 들이셨네요(웃음).

소호: 그런 문구들은 실제로 저희가 그렇게 하고 있다기보다는 그렇게 하고 싶단 이상에 가까워요. '스몰 워크 빅 머니Small Work Big Money'도 그렇고요. 빅 머니를 가지고 싶으면 어쨌든 일은 해야 하잖아요. 어차피 할 거, 좀더 편하게 하자고 집 안에 일할 공간을 꾸민 거죠. 메시지대로만은 살 수 없는 게 현실이니까요(웃음).

문을 딱 열고 들어왔을 때 느낌이 묘했어요. 카페 같기도 하고, 집 같기도 하고, 복합문화공간 같기도 하고…. 이 공간을 '집무실' 디렉터분들이랑 '알렉사앤코Alexa-&Co.' 대표님과 함께 만들었다고요.

모춘: 맞아요. 공간과 일을 결합하기 위해 전문적으로 고민하는 분들이어서 협업이 편했어요. 집무실 대표들은 일하기 좋은 환경에 대해 365일 생각하는 분들이고, 알렉사앤코 대표님은 인테리어 전문가여서 많이 의지할 수 있었어요. 콘셉트 부분은 집무실 분들이, 인테리어 소재나 색상 같은 건 알렉사앤코 대표님이 많이 도와주셔서 빠른 기간에 효율적으로 착착 진행할 수 있었죠. 이번 공사에서

저희가 한 건 레퍼런스를 보여드리는 것뿐이었어요. 거의 저희가 좋아하는 공간들이었죠. 일본에 있는 PFS라든지, 에이스 호텔Ace Hotel 같은 공간이요.

잘 구현됐다 싶은 부분은 어디예요?

소호: 거실과 홈오피스 벽면에 설치한 우드 패널이요. 딱 저희가 상상한 느낌이거든요. 평범한 아파트지만 아파트처럼 보이지 않는 포인트가 된 거 같아요. 알렉사앤코 대표님이랑 디테일하게 고민한 부분이기도 해요. 우드를 반절만 설치할지, 전면 다 설치할지 논의하며 완성했거든요. 거실 쪽은 세로 패널들을 한쪽 벽면에만 설치했고, 홈오피스는 편평한 우드로 사면을 전부 설치했어요.

홈오피스에서 일해 보니 어때요?

모춘: 일할 때 시동 거는 시간이 단축되는 게 특히 좋아요. 홈오피스가 없을 때 재택근무를 하더라도 커피 내리고 연필 깎으면서 일할 모드를 만드는 데 시간이 걸렸는데, 홈오피스는 환경이 딱 구축돼 있으니까 바로바로 일할 모드가 만들어지더라고요. 얼마 전에 신한카드랑 모베러웍스 컬래버레이션 작업이 있었는데요. 그 시안을 여기서 잡았어요. 집중하기 좋더라고요.

소호: 저는 재택근무의 또 다른 효용은 바이오리듬에 따라 움직일 수 있는 거라고 생각해요. 사무실에서는 다 같이 일하니까 좀 쉬고 싶어도 참고 일하게 되는데 집에서는 몸이 쉬고 싶다고 이야기하면 잠깐 쉬었다가 집중할 수도 있고….

직원들이 느슨해지는 것도 괜찮은가요(웃음)?

모춘: 음, 사실 회사를 운영하는 입장에선 효율이 유지되기를 원해도 사실상 불가능한 것 같아요. 재택근무를 택했다면 목표도 그만큼 낮춰야 된다고 봐요.

소호: 어? 이 점에선 모춘이랑 생각이 좀 다른 것 같아요. 책임감이 있으면 목표는 어떤 환경에서든 이룰 수 있다고 보거든요. 그런 점에서 저는 재택이 좋을 때도 많아요.

모빌스 그룹은 지금 재택근무 중인가요?

모춘: 사실 지금 이런 규칙을 이야기하기 애매한 게, 저희가 1월에 큰 프로젝트를 딱 끝내고 재충전하는 시기거든요. 작년 리뷰도 아직이고, 휴가 기간 비슷한 걸 가지면서 근무 시스템 역시 정비 중이에요. 출근 시간도 그렇고, 매주 수요일에 재택근무하기로 했다가 아닌 것 같아서 바꾸기도 하고…. 이렇게 또 저렇게 조정해 보고 있죠.

어? 근데 홈오피스에 책상이 하나네요?

모춘: 보통 저기에선 우리 대표님(웃음) 소호가 일하고
저는 거실에서 일해요. 제 일터는 이 라운지죠. 효율적이진
않지만, 지금은 각자 자리에 적응해서 둘 다 만족하고
있어요.

**유튜브 영상에서 "조금 고지식한 면이 있어 무조건
만나서 일해야 하고 화상은 낯설어서 대면해야 편하다."고
했어요. 재택근무도 이젠 적응됐나요?**

모춘: 많이 익숙해졌어요. 회사 오픈할 때부터 팬데믹
상황이어서 어쩔 수 없이 화상으로 처리할 일이
많았거든요. 그래도 여전히 직접 부딪치는 게 제일 편해요.
화상 회의보단 대면 회의가 좋죠. 그래서 한 달에 한 번씩
직원들이랑 저희 집에서 모이기도 해요. 이 라운지에서요.
직원들에겐 여기가 새로운 공간이니까 낯선 곳에서
회의했을 때 나오는 좋은 아이디어들이 있거든요.

소호: 여기가 워크숍 공간이 되기도 하는 거죠. 저도
미팅이나 회의는 역시 화상보단 대면이 편한데 개인
업무는 홈오피스에서 잘돼요. 확실히 집중되거든요.

**예산도 많이 들었을 텐데요. 홈오피스 구축기에서 "돈
쓰는 게 재미있다."고 하시더라고요.**

소호: 쓰면 쓸수록 재밌는 게 돈이죠(웃음). 살면서 이럴 때
돈 쓰지 언제 쓰나, 싶어서 써볼 만큼 써보자 하면서 크게
크게 썼어요.

모춘: 예산은 어쨌든 제한돼 있잖아요. 그래서 적게
사더라도 좋은 걸 사자는 마음이 컸어요. 여태 몇 번
이사를 다니면서 '평생 쓸 것 같아!' 했던 것들이 그렇지
않다는 걸 알게 되었거든요. 눈이 높아지기도 하고,
질리기도 하고요. 근데 분수도 모르고 산 값비싼 것들은
오래 같이 가더라고요. 그래서 돈을… 한번 제대로
써봤어요.

이번에 진짜 잘 샀다, 싶은 게 있다면요?

소호: 엄청 많죠. 일단은 거실에 둔 이 책상. 애플 신사옥을
설계했다는 노먼 포스터Norman Foster의 테이블인데,
멋있지 않나요? 아폴로11을 모티프로 해서 디자인한
거래요. 홈오피스에 둔 의자도 마음에 들어요. '오바마
체어'라고 불리는 프리덤 체어인데요. 진짜 오바마 전
대통령이 사용한 의자예요. 보기에도 예쁜데 앉으면 정말
편하더라고요. 몸에 맞춰서 손잡이나 의자 모양 같은 걸
세부적으로 조절할 수 있거든요.

모춘: 저는 한 가지만 꼽자면 식기 세척기요. 진짜 최고.
미쳤어요! 이 모든 가구 중 하나만 남겨야 한다면 식기
세척기예요. 혁명이에요.

**어? 의외의 아이템에 영업 당할 것 같은데요(웃음). 지난
78호 인터뷰에서 작업의 동력 영순위로 돈을 꼽았어요.
돈을 버는 것만큼 쓰는 것도 중요할 텐데, 기준이 있나요?**

모춘: 앞서 비싼 가구가 오래 간다고 한 것처럼, 저한텐

'열심히 모아서 크게 써야지. 비싼 가구 사야지.' 이런 생각이 컸어요. 근데 이제는 순간순간 재미있게 쓰는 걸 연습해야겠다 싶더라고요.

소호: 그래서 최근에 구입한 게 만년필이죠.

모춘: 비싼 건 아니지만 사니까 참 좋아요. 일할 때 필기를 정말 많이 하는데 손에 잡히는 대로 쓰는 것보다 만년필을 하나 두니까 즐겁더라고요. 사실 허영 같은 거죠(웃음). 가만 보면 저한텐 허영도 중요한 요소 같아요. 홈오피스 보시면 바닥에 카펫을 깔았잖아요. 먼지 쌓이는 거 생각하면 효율적인 아이템은 아니거든요. 여긴 둘이 사는 집인데 홈오피스에 책상을 하나만 둔 것도 그렇고요. 근데 효율이 떨어지더라도 심미적으로, 또 콘셉트적으로

연출된 공간을 꾸리는 게 저희한테는 긍정적인 영향을 끼쳐요. 홈오피스에 들어가는 순간 업무 모드로 확 바뀌는 것도 그렇고, 일하기 위한 시간이 단축되는 것도 그렇고요. 저는 무조건 효율과 기능에 맞춰 살아가는 게 체화된 사람이었어요. 빨리 돈 모아서 좋은 집, 좋은 가구를 마련하겠다는 생각이었죠. 그러다 보니까 지금 당장 가진 걸 쪼개서 순간의 즐거움을 사는 법을 몰랐어요. 근데 소호는 그런 걸 아는 사람이어서 곁에서 보며 많이 배웠어요. 해보니까 좋더라고요.

일과 생활을 한 집에 들이고 나니 어때요?

소호: 구분을 두니까 일과 휴식의 경계가 확실해졌어요.

요즘은 쉬는 기간이어서 침대에서 있는 시간이 많아진 상태예요.

모춘: 요즘 들어서 그런 생각도 해요. 우리에게 늘어지는 공간이 필요했던 거 아닌가…. 여태 일을 중심으로 움직여 왔으니까 집이 이런 형태로 완성된 것도 당연하다고 생각하지만, 막상 이렇게 지내다 보니 '삶에 놀이를 추가해야겠다.' 싶더라고요.

두 분에게 놀이라는 건 어떤 거예요?

소호: 조금 부끄러운데, 잘 모르겠어요. 저희는 쉴 때도 뭘 해야 할지 모르는 사람들이더라고요. 그간 저희에게 일이 너무 컸거든요. '일이 전부는 아니구나.'라는 생각을 최근에야 하고 있어요. 비효율적인 일들을 하면서 의미 없이 시간을 낭비하는 게 이제야 기쁘더라고요. '이런 게 취미생활이구나, 이런 게 노는 거구나.'라는 걸 좀 알게 됐어요.

모춘: 지금까지는 일과 노는 게 비슷했어요. 어떻게 보면 저희가 일이라고 해온 것들이 놀이처럼 비효율적이었을 수도 있던 거죠. 그러다 '모쨍이'라는 팬도 생기고, 조직도 조금씩 커져 가면서 마냥 비효율적으로 생각할 순 없겠더라고요. 그래서 점차 놀이 성격이 빠지고 온전히 일로 기능하게 된 건데요. 그러다 보니까 이제는 개인 차원에서의 놀이 개념을 찾아야겠다고 생각하고 있어요.

업무 만족도는 좀 높아졌어요?

소호: 아직 휴식 기간이라 이렇다 말하긴 어려워요. 다만, 재정비 시간을 가지면서 만족도를 더 높여야겠다는 다짐은 많이 해요. 그러기 위해 분재도 배우고 있고요. 취미반 클래스 모집 글을 보게 돼서 배우게 됐는데 정말 재미있어요. 환기도 되고, 비효율적인 활동을 통해 얻는 에너지가 확실히 있구나 싶어요.

왜 비효율적이라고 생각해요?

소호: 먹고사는 데 보탬이 되거나 제 커리어에 도움 되는 활동이 아니잖아요. 지난 1–2년을 되돌아보면 제가 해온 것들이 모두 성취에 집중된 것 같아요. 그렇지 않아서 오히려 더 좋게 느껴지기도 하죠.

모춘: 전 아직 소호처럼 구체적으로 마음 붙인 활동은 없어서 차츰 찾아보려고요. 근데 전 쉴 때도 쉴 계획을 다 짜놓는 편이거든요. 그래서 지금은, 일단 아무것도 안 하려는 연습을 하고 있어요. 시간을 낭비하는 연습.

여태 맘 놓고 쉰 적이 정말 없군요.

모춘: 맞아요. 극단적으로 일해온 거죠.

소호: 항상 회사의 성장에 대해 생각해 왔는데 지금은

'성장만이 답은 아니구나.'라는 생각도 해요.

모춘: 전 여태 사람들이 "잘했어!" 하면서 박수 쳐주는
데서 일할 동기를 찾았어요. 근데 소호가 그건 너무
외재적인 동기 아니냐고 하더라고요. 얼마 전까지만 해도
"그게 나인걸?" 했는데 이젠 저도 생각이 조금씩 움직이고
있어요. 나의 내재적인 동기는 무얼까… 그걸 생각하고
있죠.

소호: 나는 어떤 일을 할 때 제일 행복했나 그런 생각도
많이 하고요.

   **이번 쉬는 시즌이 끝나면 모빌스 그룹 시즌2가 시작될 것
같아요.**

모춘: 그렇겠죠? 큰 챕터 하나가 마무리된 것 같아요.
지난번에 뵀을 땐 저희가 욕심에, 욕심에, 욕심이 가득한
상태였거든요. 그때 생각하면 좀 부끄럽기도 한데요. 그
시기가 이렇게 지나가는구나, 싶어요.

소호: 얼마 전에 사무실도 한남동에서 성수로 옮겼고,
홈오피스도 생겨서 업무 환경이 안팎으로 많이 변했어요.
아마 이제 모빌스 그룹의 새로운 챕터가 시작되지
않을까요? 저희도 기대하고 있어요.

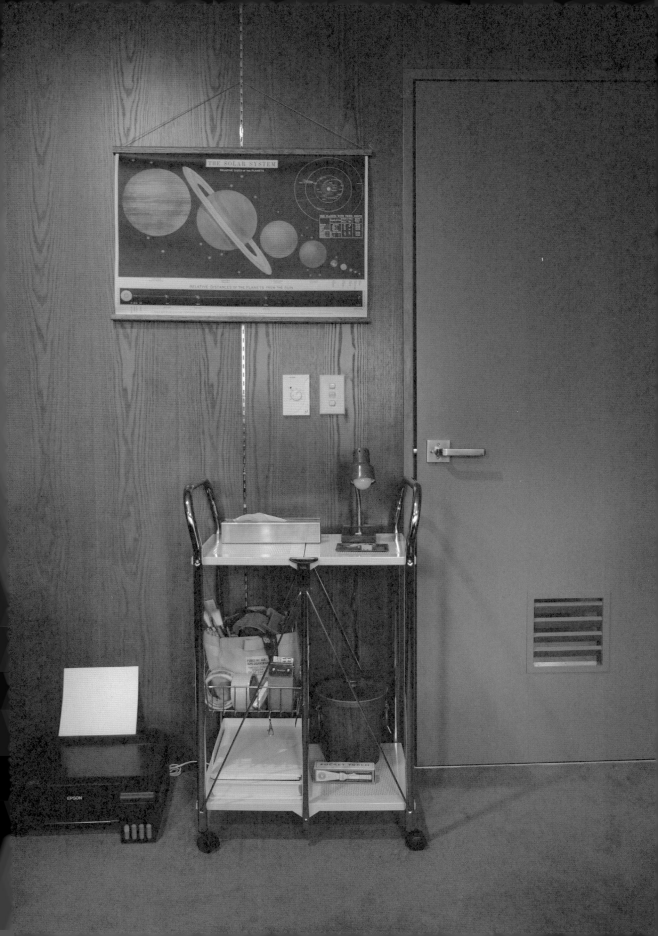

직업은 배우, 하는 일은 연기. 태주는 자신의 공간에 스스로를 촘촘히 기록하는 사람이다.
공간을 천천히 둘러보면 그녀가 일상을 영위하는 모습이 자연스레 떠오른다. 네모난 방 안에
켜켜이 쌓인 책, 오래된 펜과 두껍고 수더분한 노트까지. 태주의 작업실은 그와 같이 꾸밈 없이
아름다웠다.

그 자체로 충분한

안태주 — 배우

에디터 김지수
포토그래퍼 최모레

요즘 어떻게 지냈나요?

최근에 후반 작업 진행 중인 작품의 녹음을 마쳤어요. 아르바이트하면서 오디션도 보고, 겨울잠도 많이 잤네요. 요즘 언어 공부를 시작했어요. 여행엔 흥미가 없는 편인데 코로나19 상황이 장기화된 이후로 타국에 가고 싶다는 열망이 커졌거든요. 언어 공부를 하며 그 아쉬움을 기대로 채우고 있어요.

작업실이 멋져요. 이 공간이 태주 씨를 잘 담고 있다는 생각이 드네요. 여기서는 어떤 일을 해요?

주로 평소에 적어 두었던 글을 다시 랩톱에 옮기는 작업을 해요. 실질적으로 이 공간에서 뭔가 생산하는 일은 외려 적어요. 그래도 요즘은 시나리오를 쓰고 있어요. 하고 싶은 이야기를 시나리오에 풀고 있는데 혹시라도 나중에 아무도 저를 배우로 불러주지 않을 수도 있잖아요. 저라도 저 자신을 배우로 기용하자는 마음으로 쓰고 있어요.

어떤 시나리오인지 궁금해요.

떠오르는 대로 소재나 시놉시스를 먼저 적어두고, 생각날 때 다시 이어 쓰는 정도예요. SF 장르 이야기를 만들 때 제일 흥이 나요. 더 이상 공상과학이 먼 미래로 느껴지지 않잖아요. 그러나 여전히 거북함이나 당혹스러움이 잔존하고요. 그런 면에서 평범하고 지루한 세계에 균열을 내는 좋은 소재죠. 그런데 정말 각본 쓰는 건 너무 어렵네요(웃음). 감독님, 작가님들 존경해요.

시를 써서 책에 태주 씨의 글이 실린 적이 있어요. 어떤 글을 써요?

제가 쓰는 글의 장르는 신변잡기에 가까워요. 스트레스를 받을 때마다 해소의 개념을 쓰고 있는데 이럴 때 나오는 글은 그 안에 담긴 생각이 저를 오히려 가두는 것 같아 두려울 때가 있어요. 그런데 반대로 그 두려움이 긍정적인 자극으로 느껴질 때가 있기도 해요.

책이 굉장히 많은데 어떤 책들을 읽고 있어요?

도서관 분류 번호 100-300, 600-800번대 책들이 제 취향이에요. 대체로 하드보일드나 블랙 코미디의 문체나 장르를 좋아해요. 더불어 좋아하는 건 비평 쪽이에요. 가끔은 어떤 문학보다도 훨씬 감수성이 뛰어나다고 느껴요. 원작을 처음 봤을 땐 그저 그랬다가도 비평문을 읽고 나면 제가 놓친 게 많았다는 걸 알게 되니까 훨씬 감상이 풍부해지죠.

도서관을 좋아하는군요. 작업실에 책이 쌓인 풍경도 인상적이네요.

많은 책이 무질서하게 쌓여 있는 모습이 제가 제일 편하게 느끼는 풍경이에요. 어릴 때 정리가 덜 된 도서관이나 서점 구석에서 책 읽는 걸 좋아했는데 집에서도 책장 아래쪽에서 웅크리고 책을 쌓아 둔 채 읽고 있어요. 사실 저는 이 작업실을 마련하기 전까지 저만의 방을 가져본 적이 없어요. 생활하는 공간과 작업하는 공간이 분리되어 있으면 경제적 능력에 지대한 영향을 끼친다고 생각해 왔기 때문에 늘 아쉬운 부분이었는데 운 좋게 LH에 당첨되어 집 안에 작은 작업실을 마련하게 되었어요. 작업실이 있다는 것만으로도 저에게 안정감이 되어요. 이 안정감이 불안정한 제 직업을 감당하는 데 도움이 될 때도 있고요.

프리랜서에게 작업 공간은 매우 소중하죠. 배우로서는 주로 어떤 작품에 참여하고 있나요?

감사하게도 지금까지 참여한 작품들의 장르가 다양했어요. 블랙 코미디, 퀴어, 공상과학, 판타지, 휴머니즘까지요. 로맨틱 코미디 빼고는 얼추 다 해본 것 같네요(웃음). 포트폴리오를 정리하면서 알게 됐는데 최근에 찍은 작품들의 어떤 경향성을 발견했어요. 대부분 시류에 맞는 작품을 하고 있더라고요.

구체적으로 어떤 작품들일까요?

우연인지 실험 장르 영화에 많이 참여하게 됐어요. 퀴어 장르 영화도요. 모두 순전히 제가 해야만 할 것 같은 이끌림, 사회 화두에 따라 누군가 꼭 해야만 하는 이야기라서 선택할 때도 있어요. 정체성과 성소수자들의 목소리와 이야기가 지금보다도 더 수면 위로 올라와야 한다는 의견을 가지고 있어서 작품을 대할 때도 그런 관점이 적용되는 것 같아요. 쟁점으로 이슈화되긴 하지만 여전히 비주류인 상태잖아요. 그저 이슈에 머무르는 게 아니라 공적으로 보호받을 때까지 저도 배우로서 운동하고 싶어요.

캐릭터에 관한 이야기도 궁금해요. 연기하는 캐릭터들에게서 일관적으로 드러나는 특징이 있나요?

꼭 비틀어진 무언가를 발견할 때가 있어요. 캐릭터를 넘어 내러티브에서든, 미술이든, 연기 톤이든, 촬영 기법에서도요. 무난하고 평화로운 영화도 좋지만 그곳에도 어떤 괴상함이 있어야 저는 더 끌리는 것 같아요.

어떤 괴상함일까요?

묘한 뒤틀림에서 오는 아름다움과 재치예요. 예쁘고 매끄럽다고 할 순 없지만, 그래서 오히려 매력적인 것들이요. 내러티브만 생각했을 땐 변두리에 있는 사람,

혹은 어떤 '것'을 대변하고 싶다는 생각을 해요. 좀
거창하게 들리긴 하지만(웃음). 그 캐릭터들이 그냥 저
같아서 끌리나 봐요.

언제 처음 연기를 시작했는지 궁금해요.
확실하게 배우를 하겠다고 마음을 잡은 건 대학을
졸업하고 나서예요. 최초의 기억은 초등학생 때였고요.
계기가 분명하진 않아요. 어릴 때부터 그냥 연기를
하고 있었거든요. 지역 학생회관에서 열리는 연극에서
팥죽할머니 배역을 어렵게 따낸 것이 제 첫 오디션의
기억이에요. 할머니 발성을 내느라 목이 다 쉬었어요(웃음).
공연 당일 연출 선생님께서 배우들은 분장을 해야
하니 얼굴에 메이크업 베이스를 바르고 오라고 하셔서
엄마 화장대에서 몰래 화장품을 훔쳐 바르고 나간
기억이 있어요. 아무도 시키지 않았지만 제가 연기를
하고 있다는 걸 감추면서 혼자 급급했죠. 캐스팅
디렉터들에게 증명사진을 제출하면서 '학생 배우 찾으시면
연락주세요.'라고 열심히 어필하고 다니기도 했어요.

아주 열정적이었네요.
그냥 대중 앞에 서는 게 좋았어요. 그들의 관심과 사랑,
앞으로 나서서 온 힘을 다해 퍼포먼스를 보이곤 느끼는
묘한 뿌듯함이 좋았어요. 처음 연극을 했을 때 처음엔 분명
관객을 의식하면서 시작했는데 끝나갈 때쯤 아무것도 신경
쓰지 않고 내 캐릭터가 가진 감정에만 몰입하는 경험을

했어요. 제 안에 있는 여러 자아가 분열된 기분이었어요.
지금 나는 어떤 사람인가, 이 인물인가? 혹은 극장 밖에
있는 사람인가. 이도 저도 아니면 진짜 나는 어디 있을까?
하는 물음이 저를 다른 차원으로 데려다준 것 같았어요.
그 고조된 기분이 엄청난 쾌락을 줬고요. 이 기분을 절대
잊을 수 없겠다고 생각했어요. 속으로 큰 일 났다고
생각했죠(웃음). 그 뒤로 계속 연기를 할 거라는 확신이
생겼어요.

연기를 좋아하는 마음이 생생히 느껴져요. 배우라는 직업은 태주 씨에게 어떤 의미일까요?
정말 직업 그 자체로 생각하려 해요. 그게 저를 지키는
방법이기도 하고요. 가끔 제 캐릭터가 느끼는 감정이
믿기도 하거든요. 동일시가 제일 위험한 일이니까요.
연기하고 나서는 항상 아쉬워요. 다시 하면 더 잘할 수
있는데, 왜 저렇게 했지, 하는 생각들로 가득 차요. 배우를
직업으로 하는 사람은 연기에 상품성이 있어야 한다는
생각도 들고요. 상품성이라는 단어가 극히 상업적인
의미로 반감이 들 수 있지만 그 상품성이 관객의 몰입도를
달리한다고 생각해요. 관객이 지금을 잊고 스크린 시간에
몰입할 수 있게 하는 건 배우로서 중요한 의무니까요.

태주 씨는 연기할 때 어떤 부분에 초점을 맞추는 배우인지 궁금하네요.
영화 작업을 예로 들면, 배우마다 다르겠지만 저는 관객이

봤을 때 어떤 식으로 이 감정을 받아들일지, 다음 컷과 더 자연스럽게 이어지기 위해서 어떤 감정을 보여야 하는지에 고민을 많이 해요. 요즘 관객 분들이 촬영 기법과 영화 문법을 꿰뚫고 계시기 때문에 더 예민하게 움직여야 하는 것 같아요. 그래서 첫째 목표는 이 캐릭터의 감정에 솔직해질 것, 그다음 목표는 관객을 납득시킬 것이에요. 납득시킨다는 건 결국 속여야 한다는 거잖아요. '있을 법하다'를 넘어서 저 사람은 저기 진정으로 존재한다고 인식하도록 연기해야 한다고 생각해요.

배우로서 관객을 존중하는 마음이네요. 태주 씨는 연기할 때 언제 가장 즐거움을 느끼나요?

분명 연기가 좋아서 하고 있는데 기쁘거나 즐거웠던 순간이 떠오르지는 않네요. 왜 기억이 안 날까요(웃음)? 아마도 고민을 지나치게 해서 그런 거겠죠. 촬영 현장에서 감독님, 스태프들과 함께 으쌰으쌰 하는 순간들은 정말 짜릿하고 행복해요. 준비하는 과정에서 캐릭터 특징이나 서사가 '디벨롭' 되는 것도 재밌고요. 애초에 역할을 맡게 됐을 때 왜 나만이 이 캐릭터가 될 수 있는지 이해하는 과정은 비교 불가한 희열 그 자체예요. 이 아름다운 순간들을 다 기록해 뒀어야 했는데, 행복한 순간은 자주 흘려버리고 어려웠던 순간은 잘 기록해 둬서 얄밉도록 선명하게 남아 있어요.

어떨 때 그런 기록들을 남겼나요?

너무 많죠(웃음). 제가 맡은 캐릭터의 감정이 현실의 제가 받아들이기 어려울 정도로 벅찰 때, 감독님과 소통이 어려울 때, 온 힘을 다해서 연기한 작품에 아무도 관심이 없을 때, 말도 안 되는 금액을 받고 일할 때, 그런 순간들을 기록했어요. 그래도 다 참을 수 있지만 제일 힘든 건 아무도 날 배우로 쓰고 싶어 하지 않을 순간이 올지도 모른다는 두려움이에요.

작업의 어려움에 부딪힐 땐 어떻게 풀어가나요?

감독님과 제일 이야기를 많이 나눠요. 시나리오마다 다르긴 하지만 레퍼런스가 될 만한 자료를 많이 수집하거나, 그걸 아예 의도적으로 피할 때도 있고요. 동료 배우에게 조언을 구하기도 해요. 그런데 결국엔 다시 원점으로 돌아와요. 진심으로 연기하자고 마음먹는 거죠. 나중에 돌려 봤을 때 연기가 미숙한 건 어쩔 수 없다는 마음으로 내려놓고 다음에 더 잘하자고 다짐하게 되는데, 충분히 마음의 힘을 쏟지 않은 작업은 스스로 떳떳하지 못하니까 폐부까지 부끄러워서 다시 보기 힘들더라고요.

모든 작업자에게 후회가 없다면 거짓이죠(웃음). 연기는 육체적, 정신적 소모가 큰 작업이라 쉬는 시간이 더 중요할 것 같아요.

쉴 때는 오히려 연기에 도움이 될 만한 것과 제일 거리가 먼 영상들을 봐요. 조금이라도 저에게 유익할 만한 요소가 없는 것만요. 영화를 보면 연기나 촬영, 연출, 비하인드를 파악하려고 들게 되고 그럼 피곤해지거든요. 저도 절대적으로 몰입할 시간이 필요해요. '영화 하는 사람이라면 봐야 하는 영화 혹은 드라마, 책' 이런 거 절대 보거나 읽지 않아요(웃음).

작업에 몰입하려면 오히려 내려놓는 시간이 필요하다는 거군요. 벌써 마지막 질문이에요. 태주 씨는 어떤 배우, 어떤 사람이고 싶어요?

꾸준한 사람, 주어진 역할 자체로 보이는 사람이요. 무엇으로 지칭이 되어도 자연스러운 사람이 되고 싶어요. 표현하는 감정에서 밀도가 느껴지는 사람이었으면 좋겠고요. 이건 배우로서의 지향점이고요. 개인적으로는 재치 있는 사람이 되고 싶어요. 30년 뒤에 "그래도 이 일 하길 잘했지, 재밌잖아."라고 말할 수 있는 사람이 되고 싶어요.

커피를 내리는 남자와 흙을 어루만지는 여자는 인생의 반을 함께 보냈다. 고등학교 때
주고받았던 편지는 셀 수 없이 쌓였고 다정한 문장을 쓰고 읽던 날들은 오늘까지 선명히
남아 있다. 서로의 취향을 말하는 동안 느껴지는 자연스러움과 당연함. '우리'로 같이 보냈던
시간들이 모여 오늘 두 사람의 공간을 빼곡히 채워간다.

보살피며 살아가요

박혜림·봉우리 — 백합도자기

에디터 김지수
포토그래퍼 최모레

커피 향이 참 좋네요.

혜림: 원두가 잘 맞아 다행이네요. 매일 아침 일어나면 커피부터 내리는 게 저희 습관이에요. 오시면 꼭 내어드리고 싶었어요.

감사해요. 최근에 우리 씨가 커피 내리는 모습을 기록으로 남기기 시작했죠.

우리: 원래 커피를 좋아해서 매일 하는 일이라 특별하게 느끼지 못했는데 어느 순간 이런 습관이 '루틴'으로 불리더라고요. 그런데 기록으로 남기지는 않아서 어떤 원두를 썼는지, 어떤 맛이 나는지 알지 못하고 지나치게 되는 게 아쉬웠어요. 꾸준히 기록으로 남길 방법을 고민하고 있었는데 혜림이가 기획을 도와줬어요(웃음). 원래는 일지만 쓰다가 요즘에는 사진과 영상으로 남기기 시작했어요.

두 분의 합이 잘 맞아 보여요. 백합도자기를 함께 운영하고 있는데 역할은 어떻게 정하셨나요?

혜림: 사실 성향은 정반대예요. 그래서 더 잘 맞는 것 같기도 해요. 저는 고등학교 때부터 미술을 전공했고, 우리 씨는 이과에 있었거든요. 백합도자기를 운영할 때도 할 일이 확실히 나뉘어 있어요. 저는 도자기를 만들고 기획을 담당하고요. 제가 숫자에 약해서(웃음) 우리 씨가 경영과 행정 분야를 맡아주고 있죠. 홈페이지 관리부터 제품 사진 촬영까지 도와주고 있어요.

우리: 사실 저는 '투잡'으로 일하고 있어요. 작년 여름에 다니던 회사를 그만두고 백합도자기 일을 하면서 오후에는 바텐더로 일하고 있거든요. 처음 해보는 일이라 아직 배우는 단계예요.

혜림: 술을 잘 못하는데 바텐더 일을 하고 있네요(웃음). 요즘이 저희에게 격변의 시기라, 여러모로 새로운 시도를 해보고 있어요.

어떤 변화의 시기인가요?

혜림: 언젠가 둘이 공간을 만들고 싶다는 꿈이 있어서 조금씩 새로운 분야에 도전해 보고 있어요. 원래는 간단한 식사를 할 수 있는 카페 공간을 만들고 싶어서 커피에 관심을 뒀는데. 최근에 주류 분야까지 시선을 넓혔어요.

우리: 커피랑 술은 닮은 점이 많더라고요. 테이스팅하는 방식도 비슷해요. 생각보다 어렵지 않게 배우고 있어요.

혜림: 카페 공간을 운영하면서 한쪽엔 백합도자기 작업 공간도 두고 싶어서 잘 맞는 공간을 찾으려고 부동산을 열심히 돌아봤는데 쉽지 않더라고요. 이 집을 처음 발견했을 때처럼 "여기다!" 하는 곳이 없었어요. 정말 마음에 드는 공간을 발견하면 생각도 확장되면서 착착

진행될 텐데 아직 운명 같은 공간을 못 찾은 것 같아요.

우리: 그래서 당장 하자는 마음은 접어두고 지금 준비할 수 있는 일들을 해보자고 생각을 다잡은 상태예요.

이 집이 두 분에게 운명처럼 다가왔다고 들었어요. 서울에서 단독주택에 산다는 게 쉬운 일이 아니기도 하죠.

우리: 맞아요. 저희에겐 작업실이 없어서 집이라는 공간에 더 큰 의미를 두게 되는 것 같아요. 그래서 조금 무리를 해서라도 이 집을 보자마자 계약해야겠다는 확신이 섰어요. 작지만 마당도 있고 창도 넓었고요. 혜림이가 식물을 좋아하니까 여기가 딱 좋겠다는 생각이 들었죠.

혜림: 전에는 주로 관리가 쉬운 건물에 살아서 집에 보살핌이 필요하다는 것도 잘 몰랐어요. 겨울이 되면 눈을 쓸어야 하고 수도가 막히지 않게 신경을 써야 해요. 주택이라 수고로운 일이 많지만 계절을 체감하며 즐거운 마음으로 집을 돌보며 살고 있어요.

그래도 한곳에 오래 살다 보면 공간에 권태를 느낄 때가 있지 않나요?

우리: 물론 그럴 때도 있죠(웃음). 마당이 더 넓었으면 좋겠다, 창이 더 넓으면 어떨까, 하는 사소한 바람들이요. 그래도 이 집과의 시간이 언젠가는 끝난다는 걸 알아서 지금에 감사하며 살고 있어요.

혜림: 전에 살았던 공간들을 돌아보며 지금 집의 소중함을 더 일깨우기도 하고요(웃음). 연애를 오래해서 예전에는 둘이 원룸에 살던 시기도 있었거든요.

연애 기간이 길었군요. 두 분은 어떻게 만나게 됐는지 궁금해요.

혜림: 고등학교 1학년 때 만났어요. 편지를 주고받다가(웃음).

우리: 혜림이 친구랑 제 친구랑 편지를 주고받는 사이였는데 어쩌다 우리도 서로에게 편지를 쓰기 시작했어요. 정작 그 친구들은 서로 연락이 끊겼는데 얼굴도 모르고 편지만 주고받았죠. 공부도 안 하고(웃음).

혜림: 그리고 서로 얼굴 보고 실망했었지…(웃음)

기억나는 편지 내용이 있나요?

우리: 기억에 나는 건 별로 없어요(웃음).

혜림: 정말 사소한 말들을 주고받았거든요. 오늘 점심에 급식 뭐 나왔다, 수업 시간에 졸려서 지루하다 그런 얘기?

그 나이 때에만 할 수 있는 귀여운 대화들이었네요(웃음). 함께한 시간이 길어서 그런지 한 사람이 이 집을 채운 것 같은 느낌이 들기도 해요.

혜림: 각자의 취향이 섞이면서 중화되기도 했어요. 저는 원래 무늬가 화려한 물건들을 좋아했는데 이 사람이 워낙 무던한 취향이다 보니 서로 보완되면서 자연스럽게 맞춰진 것 같아요.

서로의 취향을 설명해 볼까요?

우리: 혜림이의 취향은 과하지 않다는 점에서 일관성이 있어요. 유행을 좇지 않고 자기 색을 낸다는 점도 특징이고요. 혜림이가 하는 모든 일이 그래요. 백합도자기를 운영하는 방식도 남들이 쉽게 생산하고 소비하는 것을 지양하고 본인이 만들고 싶은, 공유하고 싶은 물건을 만들어요. 그 물건에 용도를 정하지 않는 것도 혜림이답고요. 집도 사실 혜림이의 취향이 많이 반영됐어요. 식물을 가꾸는 일에 능숙한 것처럼 저보다 집을 꾸미고 채우는데 저보다 더 재능이 있다고 생각해서 믿고 맡기는 편이에요.

혜림: 좀 감동인데요(웃음). 우리 씨는 깔끔하고 모던한 이미지를 좋아해요. 화려한 것보다는 한국의 단정함이랄까요. 뭐든 미니멀한 느낌을 좋아해요. 제가 흙을 좋아해서 그런지 흙색처럼 따뜻한 색감이 떠오르기도 하고요. 저희 둘의 취향에 교집합이 있다면 채우지 않고 비운다는 거예요. 최소한의 것으로 단정히 정돈된 걸 좋아하는 점도 닮았고요.

서로의 취향이 집 안 곳곳에 잘 묻어나요. 혜림 씨는 집에서 도자 작업을 하고 있잖아요. 집에서 일하려면 스스로 정한 루틴이나 규칙이 있을 것 같아요.

혜림: 일단 아침에 일찍 일어나는 습관부터 지켜가고 있어요. 요즘은 7-8시에 일어나려고 노력해요. 저는 회사에 다니다가 프리랜서가 됐는데 퇴사 직후에 생활이 많이 무너졌어요. 밤에 일어났다가 아침에 자는 일이 빈번했고요. 그런 생활이 꽤 행복했지만(웃음) 점점 자괴감을 느끼게 되더라고요. 지금은 일찍 일어나기부터 시작해서 낮에 절대 침대에 가지 않기를 약속처럼 지키고 있어요. 책상에 앉아 있는 것만으로도 할 일들이 자연스럽게 찾아져요.

언제 처음 도자 작업을 시작했어요?

혜림: 고등학교 때부터 미술을 전공해서 자연스럽게 그림 일을 하고 있었어요. 어느 순간 권태를 느끼면서 취미 생활로 도자 수업을 들었는데 그때 제가 그림 그리는 것보다 손으로 무언가를 만드는 일을 좋아한다는 걸 깨달았어요. 흙 만지는 느낌이 너무 좋더라고요. 어릴 때 지점토로 뭔가를 만들던 기억도 떠올랐고 차가우면서도 촉촉한 감각이 너무 좋아서 지금까지 이어지게 됐네요. 아직까지도 작업할 때 그 감각이 좋아서 계속하게 되는 것 같아요.

쥐서 심바 덕분에 좋은 인연들이 생기기도 했죠. 동네 주변에 성곽길이 있어서 심바가 너무 좋아하고요.

심바가 여러모로 이로운 역할을 하네요(웃음). 각자 작업하다가 막힐 때는 어떻게 풀어가나요?
혜림: 저는 풀기보다 피해요(웃음). 안 풀리는 것에 매몰되지 않고 얼른 다른 생각으로 넘어가려고 노력하는데 오히려 그게 전환점이 될 때가 있더라고요. 이런 문제 해결 방식에서도 우리 둘의 차이가 드러나요. 예를 들어 집에 뭔가 문제가 생기면 저는 좀 외면하는 편인데 여기는 뭐라도 찾아서 해결하려는 성향이거든요.
우리: 문제에 접근하는 걸 좋아해요. 완전 반대죠.
혜림: 각종 컴퓨터 문제나 세무서 일 등은 다 알아서 해줘요. 제가 못 하는 부분을 채워주는데 우리 씨가 항상 져주는 편이죠.

서로의 부족한 점을 잘 알고 있다는 의미이기도 하네요.
우리: 보통 이런 차이가 있으면 갈등이 생길 수도 있는데 저희는 많은 부분을 대화로 풀어가요. 정말 긴 시간 대화를 하거든요.
혜림: 저는 감정 기복이 조금 심한 편이기도 한데, 그런 점도 잘 알아줘서 기다려 달라고 부탁했어요. 그렇게 대화로 이해하는 시간을 지나왔죠. 이젠 서로를 잘 기다려줘요.
우리: 조금만 기다리면 다시 괜찮아진다는 걸 알고 있으니까요.

그 무엇보다 대화가 정답이죠. 이 집에 있는 모든 것들이 함께 대화하며 서로를 돌보고 있다는 생각이 들어요. 사람과 공간, 식물과 심바까지요.
혜림: 어떤 힘든 일이 생겼을 때 서로에게 의지한다기보다 반복되는 일상에서 바라봐 주는 시선을 쌓아가는 게 중요한 것 같아요. 식물에 새 잎이 나는 걸 발견하고, 기록하고, 심바를 쓰다듬으며 아픈 곳이 있는지 살피고, 물건을 정성 들여 정리하는 일들처럼요.
우리: 사소하지만 이런 일들이 계속되면 어느 순간 마음을 툭 하고 건드리는 때가 찾아오죠.

작지만 기분 좋은 감각이 작업의 원동력이 되었네요. 그래도 집에서 일하다 보면 답답할 때가 있지 않나요?
혜림: 아무래도 심바가 있어서 괜찮아요(웃음). 심바를 보면 마음이 편해져요. 쓰다듬고 있으면 불안하던 마음도 진정되고요. 잠자리에 들기 전에 심바가 꼭 제 어깨 사이에 기대는데 그럴 때 하루를 잘 마쳤다는 안정된 마음을 느끼기도 해요.
우리: 심바도 저희가 없으면 안 되겠지만 저희야말로 심바에게 의지하고 있거든요.
혜림: 저는 식물도 굉장히 아끼는데 심바와 식물을 돌보면서 같은 마음을 가질 때가 있어요. 늘 곁에 있어서 인지하기는 어렵지만 작은 변화를 서로 바라보고 돌봐주며 살아가요. 이제 저희 가족에게 너무 당연하고 소중한 일상이 됐죠.

이곳에서 심바와 함께 만들어 간 루틴도 많겠어요.
혜림: 심바 덕에 저희가 본의 아니게 규칙적인 일상을 살고 있기도 해요. 아침에 커피를 내리고 심바와 꼭 산책을 나가요. 심바가 실내 배변을 하지 않아서 매일 꼭 반복해야 하는 일이에요.
우리: 눈이 오나 비가 오나 꼭 나가야 해요(웃음). 날이 좋을 때는 하루에 세 번은 꼭 나가려 하고요. 심바가 저희를 부지런하게 만들어 주고 있어요. 동네 사람들이 알아봐

당신의 책은 어떤 장르인가요?

에디터 이주연

자료 제공 몰스킨

두 손에 쥘 수 있는 가장 작고 깊은 작업 공간. 고무 밴드를 열어 견고한 커버를
들추면 새하얀 작업 공간이 눈앞에 펼쳐진다. 가름끈을 끼워 넣는 간단한 손짓으로
누군가의 작업은 멈춰지거나 다시 시작될 수 있다. 몰스킨이 꾸준히 사랑받는 이유는
하얀 종이에 생각과 작업을 담아내는 사람이 이 세계에 꾸준히 존재하기 때문이다.

MOLESKINE

가장 조용한 전설

한 시대를 풍자하고 서서히 사라지는 것들이 있다. 그것은 브랜드일 수도, 물건일 수도, 스타일이나 유행일 수도 있을 테다. 그 무언가를 복간하려는 노력은 꾸준히 있어 왔다. 그러나 다시 살아난 것들은 이전만큼 아름답지 못했고, 꾸준히 사랑받지 못했다. 시대가 변하고 사용하는 사람이 바뀌었기 때문이리라.

그러나 여기, 복간 이후 전설이 된 브랜드가 있다. 1800년대, 프랑스 파리의 작은 문구점에 조용히 쌓여 있던 검은 노트. 그것은 화려하지도, 요란하지도 않은 생김새로 문구점 한쪽에 가만히 놓여 있던 그림자 같은 존재였다. 약 200년의 시간이 흘러 1997년에 이르렀을 때, 이탈리아에서 이 노트는 다시 한번 살아난다. 두 사업가의 손에 의해 이름 없는 검정 노트에 '몰스킨'이란 이름이 붙어 사랑받기 시작한 것이다.

아주 가까운 예술

별이 된 지 오래인 예술가들이 있다. 그림으로 남은 초상과 이름만이 익숙한 예술가들, 친구보단 위인에 가까운 예술가들. 그러나 그들이 지금 우리가 쓰는 이 작은 노트를 사랑했다고 하면, 마음의 거리가 한 뼘쯤 가까워지는 기분이다.

반 고흐는 성직자를 열망하던 화가다. 오로지 하나님만을 좇던 그이지만 암스테르담 신학대학 진학에 낙방했고 광신도적인 기질 때문에 교회에도 들어가지 못한다. 그런 그를 구원한 것은 그림이었다. 몰스킨을 사용했다고 알려진 그이기에 숱한 습작이 몰스킨 노트에 그려진 건 아닐까 상상한다. 화가인 외사촌 곁에서 배운 유화의 물감이 몰스킨에 한두 방울 묻어 있지는 않을까 짐작해 보는 것이다.

미국의 작가 헤밍웨이 역시 몰스킨을 사랑했다. 작가의 몰스킨은 어떤 모양이었을까. 사위에 널린 어떤 것에서 영감을 받아 휘갈긴 메모이거나 정갈하게 적어 내려간 문장이거나… 혹은 "그는 멕시코 만류에서 조각배를 타고 홀로 고기잡이하는 노인이었다." 같은 명작의 도입부는 아니었을까.

반 고흐와 헤밍웨이, 그리고 피카소까지 몰스킨과 함께한 이들의 이름은 익숙하고도 반갑다. 그들이 몰스킨의 고무밴드를 풀고 가름끈을 끼워가며 무언가를 기록해 왔다고 생각하면 어쩐지 친근함마저 느껴진다. 예술가와 같은 물건을 공유하는 것. 이 설렘 어린 행위를 가능케 하는 것이 바로 견고한 한 권의 노트다.

둥그스름한 모서리와 고무 밴드로 고정된 표지. 단단한 만듦새의 표지를 열었을 때, 가장 먼저 눈에 띄는 문장은 "In case of loss"다. 잃어버렸을 때 반드시 찾고 싶은 물건이 될 노트. 하얀 종이에 무언가를 써 내려갈 때, 이야기가 깃든다면 그것은 분명한 작업이고 예술일 테다. 아이가 그려 내려간 삐뚤빼뚤한 선도, 낯선 언어를 배우는 청년이 기록한 귀여운 비문도, 아빠가 기록한 얼렁뚱땅 레시피도, 엄마가 그려 넣은 장난스러운 그림도 어찌 작품이 아닐 수 있을까. 그래서 몰스킨은 '쓰이지 않은 책'이다. 누군가의 몰스킨은 그림책이 되고, 누군가의 몰스킨은 에세이가 된다. 누군가의 몰스킨은 만화책이, 누군가의 몰스킨은 시집이 될 것이며, 또 누군가의 몰스킨은 쉬이 정의할 수 없는 새로운 장르가 될 것이다.

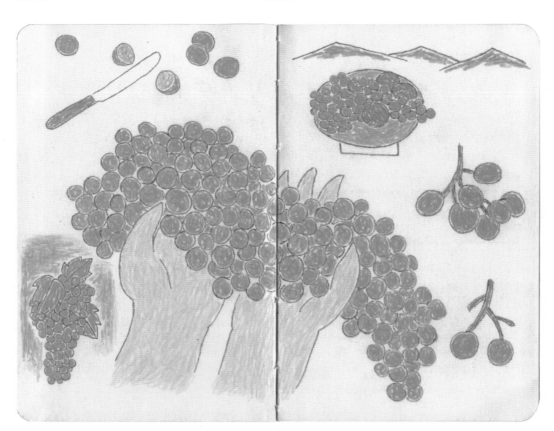

1.

청포도를 기다리는 마음

일러스트레이터 키미

연필의 좋은 점은 종이만 있으면 어디서든 그림을 그릴 수 있다는 것이다. 물도 필요 없고, 붓도 필요 없다. 그곳이 어디든 스케치북만 펼치면 작업실이 된다. 지난 12월부터 어째서인지 산더미처럼 쌓인 일이 줄어들면 또 쌓이고 줄어들면 또 쌓이는 바람에 거의 집에만 있게 되었다. 나는 외출을 할 때면 습관적으로 종이와 몇 가지 색상의 색연필을 챙겨 가방에 넣어 두는데 그것들을 챙길 일이 없었다. 내가 사랑하는 여름이 오면 빨간색 스케치북과 연필을 챙겨서 어디든 가야지. 따뜻한 햇살 아래에서 눈에 보이는 멋진 것들을 쓱싹쓱싹 그리고 싶다. 그러고는 주렁주렁 열린 눈부신 청포도처럼 꽉 차게 영근 마음을 안고 집으로 돌아와야지. 나는 오늘도 집에서 그 계절을 기다리며 스케치북의 한 페이지를 청포도로 가득 채웠다.

아트컬렉션 스케치북 스칼렛레드 | 하드커버 | 미디엄

2.

함덕

일러스트레이터 임기환

지난 1월, 새해를 맞이하는 기념으로 혼자서 제주도
여행을 다녀왔다. '해넘이와 해돋이를 봐야겠다!'라는,
어떤 것보다 새해 계획다운 일정을 가지고 비행기에 오른
것이다. 그러나 얄궂은 제주의 날씨 때문에 새로운 일정을
계획하게 되었다. 제주도는 마음만 먹으면 몇 번이고
훌쩍 떠나오는 곳이었지만 대부분 숙소 근처에 머물거나
두 발로만 다녔기 때문에 와본 데 비해 가본 곳이 많이
없는 편이다. 그래서 이번에는 자전거를 빌려서 여태껏
가보지 못한 곳들 구석구석을 다녀보기로 했다. 이 그림은
자전거를 타고 함덕해수욕장 근처를 지나다 마주친 풍경을
기록한 것이다. 해수욕장을 지나 해안 도로를 따라 달리고,
자동차로는 다니기 힘든 좁고 구불구불한 길을 다니기도
했다. 익숙하지만 낯선 풍경들을 바라보며 달리다 보니
왕복 40킬로 정도 달린 여행이었다. 서울에서 따릉이로
단련한 보람이 느껴지는 순간이었다.

아트컬렉션 스케치북 블랙 | 하드커버 | 라지

3.

나의 노트는 모두 성공한 실패담

뮤지션 이아립

매일 밤, 빈 노트를 펼치면 여행이 시작된다. 그곳에서 계획을 세우고 길을 찾고 또 길을 잃는다. 그리고 어딘가에 닿는 순간, 나의 미래와 나의 꿈은 나의 현재가 된다. '나의 노트는 모두 성공한 실패담 혹은 실패한 성공담. 나는 오늘도 빈 노트 속으로 걸어 들어간다.'

아트컬렉션 불렛노트 블랙 | 하드커버 | 라지

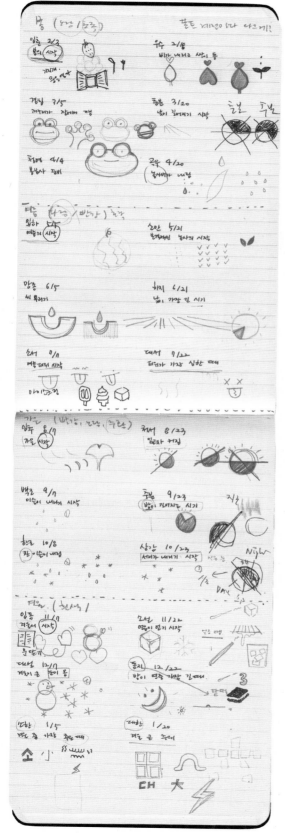

4.

Last Season

그래픽 디자이너 양수현

지난해 4월 나는 아이를 낳았다. 초음파 속 하얗고
동글동글한 것이 아이의 첫 모습이었다. 아이의 첫 이름은
양송이. 내 성을 땄고, 티 없이 하얀 것이 꼭 양송이를
닮아서였다. 송이의 탄생으로 나는 엄마로 태어났다.
서툰 부모 노릇을 지켜보며 많은 분들이 도움을 주었다.
그들의 걱정과 위로, 사랑으로 나는 조금 더 단단한
사람이 되었다. 어제는 못 했던 일들을 오늘은 해내는
아이를 보며 하루의 소중함을 느꼈다. 아이와 함께 한
산책길에서 매일 조금씩 달라지는 공기도 느꼈다. 올해도
매일의 변화를 예민하게 느끼고 싶다. 오늘은 다시
돌아오지 않으니까. 계절보다 섬세한 절기 달력을 만들어
고마운 분들에게 연하장을 보냈다. '양송이 스프'와 함께.
24절기를 하나하나 그림으로 그리면서 새해를 기대한다.
봄이 오면 봄나물을 챙겨 먹고 여름에는 수영을 실컷
해야지. 가을에는 낙엽 밟는 소리도 듣고 겨울에는 송이와
눈사람도 만들어야지. 입춘으로 이제 막 봄이 시작되었다.

클래식 리포터노트 블랙 | 하드커버 | 룰드 | 라지

어떻게 바라볼 것인가

임종진 — 달팽이 사진 골방

에디터 **정다운**

사진 **임종진**

12년 전 '달팽이 사진 골방'이라는 이름의 수업에서 임종진 선생님을 처음 만났다.
필름 카메라 작동법을 알고 싶어 찾아간 수업이었다. 수업은 매주 토요일 오후 서울
혜화동에서 진행되었다. 집에서 대중교통으로 한 시간 반 정도 가야 했지만, 살다
보면 그런 게 아무 문제가 아닌 것처럼 느껴지는 때가 있다. 그때 내가 그랬다. 수업은
처음 등록할 때 기대하던 것과 전혀 다르게 흘러갔다. 선생님은 사진 찍는 법 같은 건
거의 알려주지 않았다. 하지만 신기하기도 하지. 수업을 통해 내가 무엇을 좋아하는지
알게 되었고, 그만큼 사진을 잘 찍게 되었다. 나는 늘 나의 첫 번째 선생님으로 임종진
선생님을 꼽는다. 다감한 선생님의 다정한 이야기를 전할 수 있어 기쁘다.

선생님, 첫 번째 질문은 이거예요. 자기소개 해주세요.

굉장히 원초적인 질문이네. 내가 어떤 사람인지 궁금해하고 그걸 찾아가는 사람인 것 같아. 그런데, 그 중심이 사진인 거지. 언론사 기자를 13년 정도 했어. 그때는 이 세상의 변화를 굉장히 원하던 시기였어. 장애를 가진 사람들이나 어려운 처지의 노동자들, 소위 사회적 빈곤층이라는 사람들의 삶이 더 나아지길 바랐고, 사진을 통해서 이런 상황을 변화시키고 싶었던 사람이었어. 그런데 이들의 어려움을 이야기하려다 보니 그 어려움만 집착하게 된 거야. 가령, 외국인 노동자의 잘려 나간 손을 클로즈업으로 찍는다거나, 장애가 있는 뒤틀려진 몸만 집중해서 찍는다거나 하는 식으로 이미지를 부각하는 작업이 이어지면서 어느 날인가 문득 이게 과연 이들에게 옳은가 의문을 품게 되었지. 그런 고민을 풀기 위해서 선택한 것이 조금 극단적인 방법이었어. 전쟁 중인 이라크에 자원해서 가버린다거나, 그리고 돌아와서는 여름휴가 때 캄보디아에 에이즈 환자들이 모여 있는 곳을 찾아가는 식으로 무모해 보일 만한 선택을 했고, 그곳에 가서 다른 세상을 바라보게 되면서 생각이 변하게 되었지. 나 자신의 관점이 달라져야 한다는 걸 느끼게 된 것 같아. 내가 언론사 기자를 그만두고 캄보디아로 떠날 때 많은 사람이 '다큐멘터리 사진작가로서 살 것이냐.'고 물어봤어. 아니었거든. 보편적인 의미의 사진작가로서의 삶을 살아갈 생각이 그때부터 아예 없었어. 그러니까 사람들과 삶의 모습을 좋아하고 그런 사진을 찍어온 사람으로서 이 사람들이 나의 사진적인 수단이나 목적적인 대상이 될 수는 없다고 생각했어. 그래서 한국으로 돌아왔을 때 '사연 전달자'라는 말을 쓰기 시작했지. 사연 없는 사람은 없잖아. 굉장히 척박하고 어려운 사연이나 상황을 말하는 게 아니라, 다운이 너도 얼마나 많은 사연을 가지고 있니. 사연이 있는 게 우리의 삶이잖아. 장애나 인종, 빈곤 등의 현상을 넘어 나, 너 그리고 우리 모두의 삶이 이만큼 가치가 있다는 걸 전달하고 싶었어. 한국에 돌아와서 곧바로 사진 심리 치료 분야 공부를 시작했어. 공부하다 보니 이게 나한테 너무 잘 맞는 거야. 그래서 사진 심리 상담사 자격증 따고, 대학원도 상담 심리로 가고, 석사 논문을 따고 하면서 내가 정말 잘할 수 있는 일이라는 걸 알게 되었어. 지금은 '사진 치유자'라고 소개하고 있어. '사람이 우선인 사진'이라는 삶의 모토에 맞춰서 사진의 쓰임새를 찾아가는 사람이라고 하면 좋을 것 같아. 그런데 질문 하나 가지고 다운아, 이렇게 대답이 기니 어떡하면 좋니.

전 선생님 이야기를 듣게 돼서 너무 좋아요. 다만 제가 잘 담아야 할 텐데, 그런 걱정이 돼요. '달팽이 사진 골방'

이야기를 해볼까요? 제가 골방 1기였죠. 지금도 하고 있어요?

하고 있어. 18기가 거의 끝났어. 올해 이제 19기를 모집할 예정이지. 너희 때랑 틀은 비슷한데 많이 바뀌었어. 내가 상담 공부를 하면서 훈련을 정말 많이 해서 지금은 일종의 집단 상담처럼 수업이 진행돼. 그래서 예전에도 대화를 많이 했지만 지금은 훨씬 더 깊어지고 한 사람 한 사람의 내면을 훨씬 더 많이 느끼게 되었어.

저는 그때 정말로 필름 카메라 쓰는 법을 배우려고 신청했어요.

그런 분들이 많았지. 근데 지금은 입소문이 좀 나서 사진 찍는 기교를 알고 싶어 하는 사람들은 거의 안 와. 자기 자신에 대해서 궁금한 사람들이 많이 와. 디지털카메라로도 수업을 하고 있고.

너무 많은 사람의 이야기와 사연을 듣게 될 텐데, 감당이 되세요? 스트레스 안 받아요? 저는 못 할 것 같거든요.

그걸 걱정해 주는 분들이 많더라. 더군다나 국가 폭력 피해자분들 치유 프로그램 할 땐 다들 괜찮냐고 물어봤어.

게다가 타인에게 몰입을 엄청 잘하시잖아요.

감정이입이 지나친 편이지. 그런데 다운아. 행복해. 무엇보다 치유 프로그램을 통해 이분들이 변하는 걸 보게 되잖아. 당장 바로 변한다는 기대를 하진 않아. 그런데 조금조금씩 변하는 게 눈에 들어와. 그럼 그게 너무 좋아. 일반인들도 마찬가지야. 처음엔 수업에 와서 말 한마디 꺼내지도 못하고 쭈뼛쭈뼛 있다가 천천히 자기 얘기를 꺼내고, 불과 보름도 안 돼서 마음을 열고 하는 과정을 기수마다 거쳐. 처음에는 다들 너무 생소한 수업이라고 느껴서 어색해하지. 수업이 너희 때하고 정말 많이 바뀌었거든.

저한테는 그때도 너무 생소했어요.

그때도 생소했지. 지금은 훨씬 더 정교해지고 섬세해졌어. 내 수업이 이제 12년 됐잖니. 불과 3개월 만에 사진들이 싹 바뀌어. 그걸 보면서 느껴지는 어떤 행복감이 있어. 누구도 잘 갖기 어려운 감정이라고 생각해. 나는 이 사람들을 가르친다고 생각하지 않거든. 너희들 때까지는 좀 그런 게 있었던 것 같은데, 지금은 내가 가르친다는 생각은 다 버렸어. 나한테 뭘 배우러 온 사람이 아니라 자기를 끄집어내는 연습이 부족한 사람이기 때문에 나는 그걸 잘 끄집어내도록 옆에서 돕는 조력자라고 생각해. 선생이라는 말도 잘 안 써. 하나하나 새로운 우주를 만나는 일이야. 이전엔 하나의 프로그램 틀 안에 수강생을 넣었다면 지금은 큰 틀만 있는 상태에서 개개인이 만개할 수 있도록 도와주는 수업을 하고 있어.

아, 다시 수업 듣고 싶다. 나도 모르게 너무 솔직해지던 순간들이 기억나요. 저는 아직도 1기 수업 때 OO 오빠가 했던 이야기가 잊히지 않거든요. OO 오빠 안 본 지 한참 됐지만 친척 오빠 같은 친밀감이 여전히 남아 있어요. 그런 감정은 다른 관계에선 잘 없거든요.

그렇게 내 말을 할 수 있도록 해주는 공간이라는 게 내 수업의 장점이라고 생각해. 우리는 여러 사회적 관습이나 시스템 속에서 정해진 학습법으로 배워온 사람들이잖아. 나는 모르니까, 나는 틀렸으니까 이걸 채워 넣겠다 하고 배우지. 그런데 여기는 전혀 그게 아니거든. 그런 생각 절대 하지 말라고 그래.

이런 수업이 많이 없어진 요즘이라 더 특별해요.

없지. 이걸 계속 유지할 거야. 사진을 찍는다는 건 여러 가지 행동을 요구해. 하다못해 스마트폰으로 사진 찍을 때도, 폰 꺼내고 열어서 카메라 모드로 바꿔놓고 구도를 잡는 행동을 하잖아. 내가 움직여야 하는 거지. 그리고 정성을 들이는 것은 프레임을 더 하게 돼 있어. 요즘 두산이(반려자) 사진 찍니?

하하하, 요즘은 제제(반려묘) 사진을 주로 찍어요.

물론 제제를 두산이보다 더 사랑한다고 말할 수 있는 건 아니겠지만, 제제를 사랑하는 네 마음을 나는 너무 잘 알잖아. 오죽하면 평생을 여기저기, 스페인까지 데리고 다니겠니. 그러니까 가는 거야, 마음이.

그리고 진짜 정성스럽게 찍어요.

그렇지. 네가 고개를 숙이면서 몸의 근육이 옮겨지고 세포가 꺾이는 이런 것들을 고민하지 않고 하잖아. 전혀 수고롭지 않은 거지. 동기가 네 안에서 나오는 거지. 네 감정 안에서 나오는 거야. 내가 생각하는 '사진 치유'의 의미는 이런 행위, 그러니까 사진을 잘 찍고자 하는 것이 아니라 사진 찍는 행위를 일으키게 만드는 요인이 내 안에 있다는 것에 집중하는 거야. 다운이 너도 제주에 가서 살면서 무심결에 네가 찍은 사진들 안에 답이 있을 거야. 많은 사람들이 찍고 그냥 넘기거든. 근데 그걸 깨워야지. 내 시선이 갔던 곳에 대해서 한 번 더 느껴보고 내 마음 안에 들어가 보는 거야. 나는 이걸 '자신의 존재성'을 찾는다고 이야기해. 우리들이 인생을 살아가면서 위로받고 인정받고 싶은 감정이 없을 수가 없잖니. 누구나 나를 세상이 존중해 주길 바라는 마음을 가지고 있어.

하지만 살다 보면 그런 건 미처 생각하지 못하고, 필요한지도 모르고 살게 되니까요.

그렇게 살아가는 거야. 한국의 자살률이 굉장히 높잖아. 사회 시스템 등등 여러 문제점이 있지만, 그 안에서 내가 소중하다고 느낄 만한 경험을 할 수 있는 시간이 적어.

서점에 가보면 '자기 자신을 찾자' 같은 내용의 책이 엄청 많아. 그런데 다운아, 너도 글 쓰는 사람이기는 하지만, 많은 사람들이 문학을 좋아하고 문학에 의지하지만 문학 근처에 가지 않는 사람들이 더 많아. 음악도 있잖니, 보통 악기 연주를 열심히 해야 세상 사람들 앞에 내놓을 수 있다고 생각해. 근데 사진은 누구나 말 그대로 운이 좋아서 우연히 근사한 사진을 찍을 수도 있어. 사진이 다른 치료적 수단 중에 우선한다고 말을 하려는 게 아니라, 사진 찍기는 누구나 굉장히 쉽게 할 수 있다는 의미야. 책을 읽으면서 마음의 여유를 느낄 수도 있고, 글쓰기를 통해서 마음을 치료할 수 있는 프로그램도 많지만 생각보다 그걸 할 수 있는 사람이 많지 않아.

무슨 말인지 알 것 같아요. 일종의 특권이에요. 지금 당장 우리 엄마한테 책 읽으라고 한다고 엄마가 읽겠냐고. 그렇다고 문화적 정서가 없고 교양이 없느냐. 아니야. 그런데 카메라를 통해서는 느끼게 할 수 있거든.

그러니까요! 아, 엄마한테 선생님 수업 추천하고 싶다.
연세 많은 분들이 생각보다 많이 오셔.

계속 진행하고 계시는 국가 폭력 피해자분들이나 5.18 유공자 선생님들, 다른 사건의 피해자들 치유 프로그램 이야기는 선생님한테 정식으로 들어본 적이 없어요. 그 이야기를 듣고 싶어요.

나는 이분들을 피해자라는 관념으로 보지 않아. 한 사람으로 만나. 과거보다는 오늘을 어떻게 살아갈까에 대한 걸 질문해. 많은 사람이 찍는 순간을 기억하고 싶어서 사진을 찍어. 그러니까 과거를 염두에 두고 찍는다는 거야. 지금 찍어도 당장 과거가 되잖아.

그렇죠. '사진이 남는다'고들 하잖아요.
'사진이 남는다'라는 말도 다는 모르는 말이라고 생각해. '사진이 남는다'라는 것이 아니라 사진을 찍는 순간 내 감정이 동했다는 거야. 달리 얘기하면, 오늘을 집중하게 하는 힘인 거야. 네가 아까 엄마 얘기했잖아. 엄마 사진을 찍으려면 어떻게 해야 하니.

음… 아! 엄마 옆에 가야죠.
네가 제주도에 있으면 엄마 사진을 못 찍는 거지.

그러네요. 진짜.
사진은 대면이야. 이게 핵심이야. 다른 것들은 보고 와서 상상할 수 있고, 보지 않아도 상상할 수 있어. 근데 사진은 무조건 내가 그곳에 가야 해. 사진이 가진 치유의 힘의 가장 큰 핵심은 대면이야. 5.18이나 국가 폭력 피해자분들과 하는 치유 프로그램의 가장 큰 핵심은 '상처'에서 시작돼. 이분들이 80년 5월 당시에 집에 숨어 있지 않고 머리에 띠를 두르고 밖으로 나왔단 말이야. 이게 옳다는 생각으로 행동한 사람들이야. 그런데 그 일로

붙잡혀서 고문도 받고 두들겨 맞고 친구들과 동료들이
죽는 아픔을 겪었단 말이야. 내가 붙잡힌 장소, 수감된
장소, 고문받은 장소에 대한 상처를 아주 많이 가지고
있어. 그 장소는 자신의 존재성이 극심하게 훼손된
곳이거든. 군홧발에 짓이겨지고 총대에 맞고 생명의
위협을 느끼고… 이런 사건들로 엄청난 트라우마를
갖게 된 분들이야. PTSD라고 하지. 이분들의 공통된
특성이 뭐냐면, 거기를 안 가시는 거야, 못 가는 거지.
속에 쌓아놓고 30-40년 지내왔는데, 나랑 프로그램
하면서 가게 된 거야. 그런데 "선생님 가셔야죠." 이거
아니야. 선생님들이 "내가 가볼 만한 것 같다."라고 할
때까지 기다려. 그러니까 프로그램을 다 2년씩 했어.
선생님들이 거기까지 가는 데 빠르면 3개월, 길면 6개월
걸린단 말이야. 그 기간에는 사진의 장점이나 특성들을
선생님들이 경험하게 해. '사진 재밌네.' 느끼게 만드는
시간이야.

사실 내가 생각할 때 잘 찍어야 재미도 느끼잖아요.
맞아. 은근히 서로 경쟁심도 생겨. 너무 재미있게 사진을
찍다가, 천천히 공통된 장소, 예를 들어 전남도청 이런
데는 선생님들 공통된 장소야. 혹은 금남로나 망월동
묘지 이런 데를 살살 가는 거야. 사진을 찍어보시게
하고 그 사진을 가지고 리뷰를 굉장히 깊게 해드리지.
이게 핵심이야. "선생님 잘 찍었네요." 같은 말은 하지
않아. 그럼 사진을 잘 찍는 데 목적을 두게 되니까.
가령 선생님이 어떤 비석 하나를 찍었으면 "이분하고

어떤 관계세요?"라고 묻는 거야. 그리고 다음엔 본인이
고문받던 장소에 가. 어렵고 힘들지. 기본적으로 분노,
그다음에 두려움, 이런 두 가지 감정이 다시 살아나는
거야. 본인이 가기로 결정했어도 그래. 거기를 두 번, 세
번, 네 번 가는 거야. 지속성이 제일 중요하거든. 가다 보면
생각이 바뀌어. 분노와 두려움의 공간에서 '정의를 위해
옳다고 생각해서 내가 선택한 것.'이라는 생각을 하게
되면서 그 공간에 대한 관념이 바뀌는 거지. 그런데 중요한
건, 찍기 위해서 어떻게 해야 한다고? 가야 한다니까.

저는 못 갈 것 같아요.
본인이 고문받던 경찰서에 처음 가서 사진을 찍으면 차마
쳐다보지 못하고 셔터만 누르시기도 해. 구도 중요하지
않아. 그런데 나중에는 구도 생각하면서 찍게 돼. 비로소
장소가 눈에 들어오니까. 그게 되는 거야. 이런 '상처의
대면'도 중요하지만 치유 프로그램에서 똑같은 비중으로
하고 있는 게 '원존재와의 대면'이야. 상처만 생각하게
하는 것이 아니라 인생의 유희적 감정을 느낄 수 있도록
하는 거야. 가령 이성철 선생님은 고문 후유증으로 몸의
반을 못 쓰셔서 지팡이를 짚고 다니셔. 울분 때문에 '내
몸은 이렇게 다 버린 몸'이라고 생각하시고, 자살 충동도
많으셨어. 그분께 '마음이 가는 사물, 자기랑 같다고
생각하는 사물을 찍어보시라.'고 했더니 죽은 나무 찍어
오시고 그랬어. 그런데 어느 날 죽은 나무에 핀 버섯을
보신 거야. 근데 이 버섯은 옛날에도 있었거든. 그때는
눈에 안 들어온 거지. 이 시기가 언제냐면 고문실을

계속 다니면서 선생님 감정을 조금씩 풀어내기 시작할 때쯤이야. 그때 죽은 나무에 핀 버섯이 처음으로 눈에 들어온 거야. 처음 고문실에 가서는 나한테 얼마나 화를 많이 내셨다고. 그러다가 선생님이 어떻게 된 줄 아니. 요즘은 꽃을 무지하게 찍으셔. 칠순이 넘으셨거든. 우리는 오늘을 살아야 되기 때문에, 살아갈 이유를 찾는 시간을 가지도록 하는 거야. 정말 중요한 것은 자신의 이런 감정들을 자꾸 느끼도록 하는 거고.

진짜 너무 좋네요.
내가 늘 가져온 고민은 '누군가를 어떻게 바라볼 것인가.'였어. 그러니까 이 사람이 가지고 있는 환경, 상황, 하다못해 피부색, 어떤 이데올로기, 장애 등등 그런 것들이 한 사람을 판단 내리는 기준처럼 되잖아. 그게 인간이 살아가면서 필요한 어쩔 수 없는 인지적인 작용일 수는 있는데, 완벽할 수는 없겠지만 나는 그걸 좀 벗어나고 싶었던 것 같아. 어떻게 하면 온전하게 한 인간으로 한 사람을 바라볼 것인가. 이런 고민이 치유 프로그램이나 수업 안에서 고스란히 반영되더라고. 그러니까 결과적으로 사진은 나한테 성찰의 의미이기도 한 거야. 그러다 보니까 사진을 잘 찍는 기교적인 부분에 대한 관심이 점점 사라졌어. 지금은 그런 생각이 거의 없고, 사진 안 찍으면 어때, 이런 마음도 좀 있는데, 그것이 전업 작가로서 나에게 좋은 건지 안 좋은 건지 모르겠어. 하지만 아직은 치유적 사진의 부분 안에 좀더 들어가 있을 생각이야. 존재적 가치를 지닌 모든 사람들의 아름다움이 세상에서 잘 보이길 원해. 함부로 바라볼 사람은 없잖아. 예전에 너희들 수업할 때 '함부로 찍지 않는 사진'이라는 말로 표현했지만, 함부로 찍지 않는다는 건 함부로 바라볼 존재가 없다는 얘기와 다름없는 거니까. 나와 만나는 사람들이 자기 자신에 대해 그렇게 느끼게 되고, 또 다른 누군가도 그렇게 바라보고. 이런 것들을 꿈꾸는 거지 뭐.

모금 광고 같은 거 보면 항상 슬픈 음악 배경으로 개발도상국의 아이들을 불쌍한 시선으로 보여주잖아요. 그런데 선생님이 현장에서 찍으신 사진 속에선 아이들이 웃고 있었어요. 그곳에 사는 사람들의 일상이 보였고요. 그 사진을 보고 받았던 좋은 감정이 계속 기억나요.
내가 하고 있는 작업 중 하나인 개발도상국 주민들에 대한 존엄성 사진 프로젝트라는 게 그런 개념이지. 많은 사람이 해외여행을 가서도 머물지 않고 관광지만 빠르게 훑고 사진을 툭툭 찍고 와. 그러면서 마치 모든 걸 다 아는 것처럼 말하지. 자기감정은 물론 중요하지만 다른 사람을 고려하지 않은 자기만을 위한 감정의 소비는 옳지 않다고 봐. 한 사람의 사진을 찍을 땐 그 사람을 상상할 수 있어야

해. 가령 거리 지나가다가 노인 한 사람을 만났다고 해봐. 그분이 거쳐온 성장의 시간이 있고, 만약 결혼하셨다면 어떻게 했을 것이고, 자식을 위해서 애썼을 것이고, 또 오늘도 즐거운 일이 있을 거라고, 그렇게 삶이 이어지고 있다고 그 사람에 대해 다양한 상상을 즉각적으로 할 수 있어야 한다는 거야. 만약 그 사람이 좀 처량하게 앉아 있었으면 순간의 단면만 가지고 그 사람을 판단하고, 그걸 사진 찍어가지고 '세상에 어디를 갔더니 처량한 사람이 있더라' 하는 식으로 단편적으로 해석해 버리는 경우가 너무 많으니까. 이제 그러지 말고 모든 사람을 온전한 하나의 삶으로 투사하자는 거야. '타인에 대해서도 자기 자신처럼 상상할 수 있어야 한다.'라는 게 내 지론이야. 북한도 마찬가지야. 우리가 북한 사람들에 대해서 얼마나 편협하게 알고 있어. 포악하고 호전적이고 어쩌고 그러는데, 가보면 그렇지 않은 사람들이 훨씬 많거든. 근데 그게 상상이 안 돼.

상상이 안 되죠. 그들을 생각하는 데 에너지도 안 쓰고요.
안 쓰지. 우리가 유럽이나 미국, 캐나다 같은 사람들에 대해서는 굉장히 다양하게 상상해. 여러 영화로도 많이 접하잖아. 그런데 아프리카나 동남아시아 사람들, 하다못해 북한 사람들에 대해서는 어떻게 밥을 먹고 데이트를 하고 결혼을 하는지 상상이 안 돼. 못 봤잖아. 사실은 보지 못했더라도 그걸 상상할 수 있어야 해. 인간이 그렇잖아. 어떻게 모든 인간이 악한 상황, 고통스러운 상황에서만 살고 있겠어. 그 안에서도 피어나는 어떤 꽃과 같은 게 다 있으니까 그런 것들을 상상할 수 있어야 한다는 거지. 하하, 또 뭐 더 궁금해?

아니요. 선생님 우리 이제 밥 먹어요.

선생님 작업실 근처에서 늦은 점심을 먹었다. 따뜻한 국밥을 먹으며 우리는 서로의 근황에 관한 이야기를 마저 나누었다. 선생님과 헤어지고 집으로 돌아오는 길, 그리고 오늘까지도 '내가 요즘 찍은 사진'에 대해 계속 생각하고 있다. 왜 그것을 찍었고, 나의 시선이 어디에 닿았는지, 나에 대해 골똘히 생각해 보는 중이다. 아주 오랜만에 내가 나를 살피고 있다.

소박하고 우아한 시

아이보리 앤 그레이

시간에 이미지가 있다면 흐릿하고 모호한 형상이지 않을까. 낙엽에 경계
없이 지어진 오묘한 색들처럼. 아이보리 앤 그레이IvoryandGray의 주재료는
'시간과 자연'이다. 불분명하지만 셀 수 없는 가능성을 가진, 쓰임이 열린
물건을 만든다. 천 조각에 식물 색을 입히고, 나무 조각에 붓질을 덧대어
새로운 질감을 일어내는 작업들. 자연과 시간의 합이 지어낸 물건은 우리의
일상에 천천히, 그리고 깊숙이 배어든다. 아름답게 새긴 얼룩처럼 오래 볼수록
애정 어린 존재들. 곁에 두고 나만의 서사를 기록하는 순간이 쌓여간다.

에디터 김지수
포토그래퍼 최모레

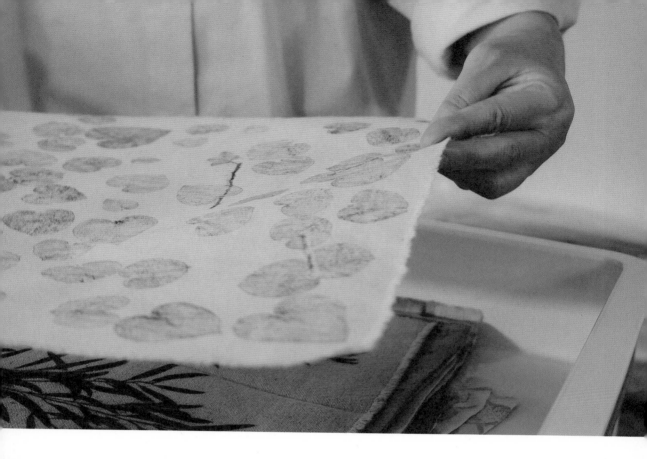

아스라이 쌓인 것들

겨울이 묻어난 정원. 앙상한 가지만 달린 나무에는 쓸쓸함보다 먼저 차분한 온기가
느껴졌다. 서울 중에서도 가장 서울 같은 동네, 강남의 한 전원주택에는 소박하고도
우아한 두 사람의 작업실이 있다. 오래된 구옥이 주는 고요한 정서가 담긴 이곳에는
자연에서 온 재료, 작고 섬세한 도구, 부드러운 천 조각, 가볍고 뭉툭한 나무 조각들이
저마다 제자리를 지키고 있었다.

패션 디자이너였던 임수정 작가와 건축 디자이너였던 왕혜원 작가는 같은 대학에서 만나
연을 쌓아왔다. 차림새부터 사소한 말투까지 다른 두 사람은 서로를 멀리서 바라보며
오랜 우정을 지켜왔다. 잔을 부딪치며 무언가를 함께 하자고 도모한 대화 속에서 여러
이름이 탄생했고 그중 하나가 '아이보리 앤 그레이'였다.

"이름을 지을 때 꼭 하나의 이유만 있었던 건 아니에요. 누구나 자신의 내면에서
추구하고 있는 가치가 있지만 정작 자신은 모를 때가 많죠. 오랜 시간 디자이너로
살아오면서 그것이 뭘까, 곡괭이질 하듯 생각을 이어왔어요. 그 시간들이 쌓여서 새하얀
바탕에 물든 아이보리와 그레이가 가진 색감을 떠올리게 했죠."

두 사람은 아이보리 앤 그레이가 탄생한 순간을 되돌리며 나 자신을 알아가는 과정에서
느낀 외로움을 말했다. 그래서 두 번째 전시 제목에는 'Lonely'라는 단어가 오르기도
했다. 끝내 그 외로움은 작업자가 느끼는 영감의 순간과 숨어 있던 두 사람의 취향이
발견했다. 아이보리 앤 그레이의 시작은 자신을 알고자 하는 오랜 고민의 흔적에 있었다.

그곳의 아침 산책

작업실에서 아침을 맞이하는 날엔 가장 먼저 차를 내린다. 아침을 간단히 먹고 나선
산책길에선 계절의 실감을 불어오는 자연과 마주한다. 가벼운 걸음을 돌려 작업실에
도착하면 작업 시작 전 각자의 준비 과정에 돌입한다. 왕혜원 작가는 주변을 정리하며
작업에 집중을 돕는 움직임을 반복하고, 임수정 작가는 빵 반죽을 시작한다. 베이킹은 천에
자연을 물들이는 그의 작업 과정과 닮아 있다. 두 과정 모두 재료의 양, 발효 시간, 온도와
습도가 결과물을 달리한다. 붕 뜬 작업자의 마음을 다듬는 가벼운 의식이기도 하다. 작업
전 여유로운 일상을 챙기는 습관은 아이보리 앤 그레이의 또 다른 작업 공간이었던 중국의
평화로운 도시 '항주'에서부터 이어진다.
"둘 다 디자이너로 오래 살아오면서 쌓아온 고민들이 있어요. 뭐든 빠르게 변화해야만 하고
화려함에 집중해야 하는 시간들이 있었죠. 변화의 계기가 있다면 항주에서 보낸 일상에
있어요. 일을 하기 위해 도착한 도시였지만 길에서 마주하는 놀라운 풍경에 매번 감탄하는
일들이 반복됐죠. 항주에서 평화로운 일상의 습관을 얻었고 디자이너로서 느꼈던 괴로움은
두고 온 셈이에요."
항주는 자연과 도시가 혼재된 지역이다. 커다란 강, '서호'에서는 금융맨들이 조깅을 하고
한쪽에선 남루한 차림의 노인들이 마작을 두는 장면이 매일 펼쳐진다. 지긋한 노부부가
거리의 나무를 다듬는 그림 같은 풍경, 잎이 그대로 달린 과일과 채소를 파는 상점들이
줄을 잇는다. 두 사람은 사소하고도 꾸밈없이 아름다운 도시에서 표현하고자 하는 가치를
찾았다고 말한다. 느리고 평화로운 모드, 작은 순간들이 만든 자연스러운 하루하루가 모여
아이보리 앤 그레이의 작품에 담긴다. 어느 날 갑자기 찾아온 영감의 순간은 사실 우리 안에
깊이 존재하고 있다는 걸, 그곳의 아침 산책에서 깨달았다.

우린, 연약하고도 강인한 존재

천을 정제하고 삶아 우유와 콩, 식초, 소금을 배합해 발효를 시작한다. 발효와 말림을 삭히듯 오래 반복한 뒤 색을 받아들일 준비가 된 천을 바라보며 어떤 재료를 입힐지 고민한다. 자연 재료는 되도록 계절에 맞는 것으로 택한다. 작년 여름에 재워 놓은 해바라기 잎을 올해 봄에 사용하지 않으려 하는 것, 지난 계절에 미련을 두지 않고 아쉬움은 아쉬운 그대로 남겨 두는 것이다. 작업 중 놓쳐 버린 시간을 온전히 받아들이는 일은 삶에서 스스로 자연스러워지는 과정과 같다고 말한다. 뽀얗게 발효된 천에 색을 입히는 단계부터 작품은 말 그대로 진정한 자연의 흐름에 맡겨진다.

"염료가 스미는 정도는 재료가 결정할 일이에요. 의도한 것과 다르게 연한 색이 나기도 하고 예상치 못하게 강하게 물들기도 하죠. 어쩌면 사람과 같아요. 마음대로 할 수 없고 예상하기 어렵죠. 그게 자연의 본질이라는 생각도 들고요. 이 꽃과 우리가 다르지 않은 거예요. 작업을 반복하면서 우린 모두 같은 존재이고 결국엔 모든 것이 이어져 있다는 생각을 해요."

두 사람의 작업 과정과 만들어내는 작품은 완전히 다르지만 여러 본질을 한데 모아 느낀다는 점은 같다. 한 사람에게 다양한 표정이 있듯 완성하는 작품 안에서도 각각의 의미가 탄생한다. 왕혜원 작가가 만드는 오브제는 특정한 쓸모를 가지지 않는다. 가볍고 딱딱한 우드 클레이 바깥에 무겁고 질퍽한 파이버 페이스트를 덧대어 만들어진 오브제는 책 읽을 때 쓰는 문진이 될 수도 있고, 그저 두고 바라보며 일상 향유의 원천이 될 수도 있다.

"겉은 건축적인 질감이라 무거워 보이지만 속은 나무로 이뤄져서 사실은 가벼워요. 우리도 같다고 생각해요. 한 사람에게는 여러 모습과 감정이 있죠. 하나의 오브제에 쓰인 재료를 뜯어보면 누군가의 솔직한 모습을 보는 일과 같아요. 이해하기 어렵고도 흥미로운 일이죠. 제가 만드는 물건이 누군가의 일상에 용도 없이, 자유롭게 영위하길 바라요."

지긋이 바라보는 태도

무릇 작업자에게 평생을 가져갈 작업이 있다는 건 앞으로의 모든 하루가 풍성해짐과
같다. 오랫동안 디자이너로 살아온 두 사람은 서로가 믿는 아름다움을 꾸준히
실현하고자 한다. 아이보리 앤 그레이는 물건을 만드는 브랜드이기 전에 그저 일상을
살아가는 태도를 의미함에 가깝다. 하얀 바탕에 색이 더해져 조금씩, 천천히 자연스러운
얼룩이 생기는 과정. 작은 순간이 모여 하나의 시와 같은 삶을 바란다.
'길을 걷는 어린아이가 바람이 불 때마다 실려오는 많은 꽃잎을 개의치 않듯이' 하루하루
있는 그대로 받아들이는 것, 아이보리 앤 그레이만의 소박하고 우아한 시가 여기에 있다.
라이너 마리아 릴케Rainer Maria Rilke의 부드럽고도 강인한 문체, 오늘을 대하는 우리의
태도를 돌아보게 할 소중한 시다.

You must fart to understand life;

You must fart to understand life
then it will turn to festival
And let every day happen to you
as a child, in passing
from every breeze,
accepts a gift of many blossoms.

To gather and to save them,
that doesn't occur to the child
She loosens them gently from her ha
In which they so gladly were tangled
and, to youth's sweet years, holds
her hands stretched out for more

ⓒ아이오피어 디그루이

누군가 어디서

A씨는 에디터다. 여느 에디터와 마찬가지로 마감 기간이 되면 스트레스를 받고 야근도 하고 머리카락도 빠지고 말수가 적어진다. 커피 마시는 속도가 빨라지고 양이 많아지며 박카스도 왕왕 사 마신다. 박카스를 먹으면 정말 기운이 나느냐 물어본 적 있는데 "기분 탓인지 효과가 있는지는 모르겠어. 박카스도 중독이라는데 먹으면 그래도 좀 나아." 이렇게 대답해서 실효과는 잘 모르겠다. 하지만 대체로 그는 건강해 보인다. 가끔 투 샷 넣은 차가운 아메리카노를 마시는데, 그런 날이면 '힘든 기간인가 보네.' 하고 건강을 빌게 된다.

그는 미련이 많아서 원고가 대강 마무리되어도 진정한 마감 날짜가 올 때까지 끝을 못 본다. 고치면 더 좋아질 텐데, 만지면 더 나아질 텐데… 하고, 글을 꽉 붙잡은 채 씨름하면서 다듬고, 또 다듬으며 끝나지 않는 과정을 건너는 것이다. 그는 마감보다 이르게 원고를 완성하는 걸 좋아한다. 글은 진작 완성되었지만 그 글을 만지고, 또 만지며 마감 하루 전날까지 주물럭대는 게 그의 방식이다. 그는 하얀 화면에 타이핑으로 글 쓰는 것도, 연필을 손에 쥐고 종이에 쓰는 것도 좋아하지만, 그런 그라고 글이 쉬운 건 아니다. 그의 말에 따르면 호르몬에 따라 어떤 주기에는 글이 아주 잘 써지는 반면 어떤 주기에는 애를 써도 글이 써지지 않는다는데, 특히 에세이가 죽도록 써지지 않는 날엔 일찍 퇴근해 이자카야에 간다고 했다. 조용하지만 안주가 맛있는 곳으로 향한다 했다. 그는 기본 안주로 양배추 내어주는 집을 좋아했고, 야키토리에 생와사비를 곁들여 먹길 좋아했다. 생맥주 한 잔이면 알딸딸하게 취기가 돌기 때문에 이자카야에 가도 취하는 데 드는 비용이 적어 가성비가 좋다고도 했다. 매일 술집에 가는 건 아니었기에 원고가 막힐 즈음 한

번씩 간다고 했던가. 그가 좋아하는 것은 야키토리 몇 꼬치와 구운 주먹밥 먹기.
숯불에 굽고 있는 셰프의 손을 보고 있으면 마감에 대한 압박에서 조금씩 멀어져
다른 차원의 세계로 빠져드는 것 같다고 했다.

하루는 친구들과 약속이 있어 작은 이자카야에 갔다가 A씨를 만난 적이 있다.
정확히는 나 혼자 지켜본 거니 '만났다'는 표현은 적확하지 않으리라. 그는
이어폰을 귀에 꽂은 채 다리를 까닥이며 오이 같은 걸 먹고 있었다. 그러면서
휴대폰에 쉼 없이 뭔가를 두드렸는데, 그 모습이 꽤 진지해 보여 나도 모르게 그의
액정을 흘끗 들여다보게 되었다. 누군가와 진지하게 대화라도 하나 했는데, 휴대폰
화면에 펼쳐진 것은 하얀 문서 화면이었다. 그러니까 그는, 맥주를 마시면서
'원고'를 쓰고 있는 것이었다.

언젠가 그가 고백한 적이 있다. 아무리 주당인 작가들도 술 마시면서는 글을 쓰지
않는다는데, 본인은 오히려 술이 있으면 에세이가 수월하게 써지노라고. 막혀서
진도가 나가지 않던 부분에서 맥주를 한 잔 마시고 조금 과감하게 적으면 글이
매끄러워질 때가 있노라고. 그래서 종종 혼자서 술집에 가노라고. 그런 그의
모습을 보고 있으니 왜 그가 간혹 술집으로 원고를 쓰러 가는지 알 것 같았다.
여느 때와 달리 거침없어 보이는 옆모습은 얌전한 광인 같기도 했고, 놀 생각에
신이 난 어린애 같기도 했다. 어쩌면 오늘도 A씨는 맥주 한 모금을 찾을지 모른다.
이자카야에서 구워지는 꼬치 몇 개를 들여다보며 백지를 켜두고 에세이 한두 줄쯤
쓰고 있지 않을까. 오늘따라 보이는 이자카야가 전부 그의 작업실인 듯해 자꾸만
들여다보게 된다.

시인 B씨와 산책길

B씨는 시인이다. 2014년 등단한 이 시인의 시는 시라는 단어보다 소설이란 단어와 가까워 보인다. 그의 글은 이야기로 읽히기도 하고, 거대한 서사가 만져지는 것도 같은데 이것은 '시'라는 장르로 분류된다. 그래서 B씨는 시인이다. 명확히 어떤 글을 두고 시라고 하는지 잘 모르겠지만, 세상에 그걸 정의할 수 있는 사람이 있는지도 잘 모르겠지만, 여하튼 B씨가 쓰는 건 시이고, 그는 시인이다. B씨가 다른 시인들과 특히 좀 다른 구석이 있다면, 한컴 오피스나 워드 같은 문서 프로그램으로 시를 쓰지 않는다는 것이다. B는 의자에 앉아 오래 작업하기 위해 보조 기구를 두지도 않고, 허리 디스크로 고생하지도 않는다. 뭇 작가들이 큰맘 먹고 들인다는 스탠딩 데스크에도 B씨는 아마 큰 관심이 없을 테다. B씨는 자주 밖으로 나간다. 버스나 전철, 자가용이나 자전거 등 이동수단을 타고 멀리 나가는 것이 아니라 두 다리로 여기저기 기웃거리며 걷는다. 다른 이들이 외출 준비를 하며 휴대폰과 지갑을 찾을 때, 그는 잘 펼쳐지는 노트 한 권과 필기구를 양손에 쥔다. 걷기 편한 신발을 고른 뒤 집 밖으로 나서서 한 발짝, 두 발짝 걸음을 옮기며 쓰는 것이다. 서사를, 글을, 이야기처럼 보이는 '시'라는 것을. 산보와 함께 단어와 문장을 한 자 한 자 적어 내려가는 게 그의 스타일인데, B씨가 산보하며 시 쓰는 걸 직접 본 적은 없어 그가 쓰는 게 펜인지, 볼펜인지, 연필인지, 샤프인지 정확히는 알 수 없다.

세상에 없는 마을

그는 비가 오나 눈이 오나 걸어 다니면서 시를 쓴다고 했다. 비가 온다고, 눈이
내린다고 회사에 안 갈 수는 없는 것처럼 그 역시 날씨가 어떻든 시를 써야만 하는
시인인 것이다. 비가 내리면 노트가 젖어버릴 것이 분명해 "비가 올 때는 어떻게
쓰는 것이냐."고 물으니 그는 우산을 목과 어깨 사이에 끼고 고개를 최대한 비틀어
우산을 고정한 뒤 한 손엔 노트, 한 손엔 펜을 들고 글자를 적는다고 했다.
하루는 눈이 오는 날 저 멀리서 걸어오는 B씨를 본 적이 있다. 둥근 안경, 둥근
얼굴, 둥글게 걷는 게 분명한 B씨인데, 얼굴을 들지 않아 긴가민가해 하면서
가까이 다가간 날이었다. 그는 익히 들은 것처럼 한 손엔 노트, 한 손엔 펜을
들고, 우산을 비스듬하게 목과 어깨 사이에 끼운 뒤 걸으며 시(인 게 분명한 것)를
쓰고 있었다. 아는 척을 할까, 하다가 멀찌감치 떨어져 그의 걸음을 유심히
지켜보았다. 그가 남긴 발자국은 의외로 고른 직선이었고, 그는 두 눈을 노트에
꿰고도 흔들리지 않고 산보를 이어나갔다. 그렇게 한참이나 B씨를 바라보고
있었다. 흔들리는 건 오로지 우산뿐이었고, 그는 우산의 틈새를 비집고 침투한
눈송이 따위엔 아랑곳하지 않으며 단어들을 적어 내려가는 것 같았다. 눈으로
덮인 온 세상이 그의 작업실인 것 같아 그날은 왠지 발길 닿는 곳마다 그의 공간에
초대받은 기분이었다.

그림 그리는 C씨의 작업실

C씨는 그림을 그린다. "내가 그림 그리는 사람이오." 하고 일러스트레이터나 만화가, 화가라고 자신을 소개하는 타입은 아니지만 하루의 절반 이상을 그림만 그리며 산다. 그것은 수채화도 유화도 아니고, 신식 태블릿에 그리는 그림도 아니다. 그는 좀 고리타분한 성격이어서 갱지를 한 무더기 사놓고 사면이 닫히는 파일에 몇 장씩 넣어 가지고 다니면서 HB 연필로 그림을 그린다. 모든 도구를 아껴 사용하는 편이라 연필엔 모자 같은 캡이 뾰족하게 씌워져 있고, 짧아진 연필엔 깍지를 끼워 오래도록 사용한다. C씨는 한낱 갱지 한 장도 함부로 쓰지 않는다. 한 장 한 장 정성껏 그림을 담아 면을 채우고 약간의 간격을 두고 그림이 빼곡해졌을 때 비로소 뒤집어 새로운 것을 그려나간다. 지우개는 닳고 닳아 없어질 때까지 새것을 뜯지 않으며 필기구가 담긴 원형의 헝겊 필통은 귀퉁이가 해져 두꺼운 캔버스 천이 야들야들해진 상태다. 모닝글로리 상표가 붙은 걸 보면 꽤 오래전에 산 필통 같다.

C씨는 아침에 일어나면 스트레칭을 하고 세안한 뒤 가방을 챙겨 작업실로 간다. 집에서 10여 분 떨어진 그곳은 작업하기 좋은 은은한 조도와 편안한 향…이 있는 곳이 아니라 그저 작업만을 위한 네모난 공간이다. 그곳에 있는 것은 책상, 의자, 온열기 오로지 그뿐이다. 그는 집을 나설 때면 작업실에서 먹을 걸 하나씩 챙기는데, 대부분 베이글이고 때때로 고구마다. 고구마는 그의 엄마가 텃밭에서 키우는 것으로 보통의 고구마보다 훨씬 크고 두툼하다. 울퉁불퉁 못생긴 고구마는 달지도, 고소하지도 않지만 그래서 끼니로 삼기에 좋다. 너무 단 것은 금세 물리고 너무 고소하면 시도 때도 없이 당길 테니까 그는 딱 이 정도가 좋다고 생각한다. 가끔 입이 심심할 때를 대비해 그가 작업실에 가져다 둔 것은 건빵이다. 뚜껑이 빨간 압축 용기에 담아두면 여름철에 눅눅해지지 않고, 겨울철에도 지나치게 딱딱하지 않다. 그림을 그리다 조금 심심해지면 오도독오도독 건빵을 씹어 먹으며 그림을 그리고, 작은 빗자루와 쓰레받기로 지우개 가루, 그리고 건빵 가루를 털어내는 게 그의 소일거리다.

아무것도 없는 작업실, 그래서 집중하기 쉬운 그곳에서 그는 그림을 그리며 항상 무언가를 '듣는다'. 그것은 음악이 아니다. 대체로 팟캐스트이거나 드라마 같은 것이다. 눈은 오로지 갱지에 두고 귀로만 사람들의 이야기를 듣는 것이다. 그가 이 아무것도 없는 작업실에서 딱 한 가지 아쉬워하는 게 있다면 창이다. 방음이 좋지 않은 것도, 옆방의 낯선 아저씨가 조금 수상한 음식을 왕왕 건네는 것도 괜찮은데 창이 없어 바깥에서 눈이 오는지 비가 오는지 좀처럼 알 수 없다는 게 그의 유일한 불만이다. 볕이 좋은 날 산책하길 좋아하는데 날씨를 한눈에 알 수 없다는 게 아쉬워서 그는 종종 옥상에 오른다.

C씨는 집에 와서도 그림을 그린다. 작업실에선 갱지를 붙잡고 지우개 가루 날리며 그림에 몰두했다면 집에서는 태블릿에 움직이는 그림을 그리곤 한다. 그는 10여 년 전에 산 태블릿을 여전히 소중히 사용하고 있으며 깨끗하게 관리하기 위해 태블릿에 항상 에이포 용지를 붙이고 터치펜을 사용한다. 닳지 않게 하기 위함인데, 효과가 있는지 10년째 한 번도 탈이 난 적이 없다. 집에서도 그는 베이글을 먹고, 건빵을 먹고, 때때로 식빵을 굽는다. 작업실과 한 가지 다른 게 있다면 발아래 작은 강아지가 있다는 건데 낑낑거릴 때마다 C씨는 허리를 굽혀 강아지의 안부를 묻는다. 그의 작업 시간은 화려하지도, 분주하지도 않고 언제나 단정하다. 네모난 공간, 최소한의 범위를 벗어나지 않는 선에서 조용하고 묵묵하게 해나가는 것이다. 그의 정돈된 작업 세계 안에 켜켜이 쌓인 지우개 가루를 보며 '아, 오늘도 고민했구나.' 짐작한다. 누군가의 작업은 이토록 조용하고 담담하다. 요란하지 않아서 더없이 아름답다.

호오
작업실이라

글 배순탁 (음악평론가, 배철수의 음악캠프 작가)

01.
'빛'
— 김오키

02. 'Star-
maker'
— Roy
Hargrove

03.
'The Dream'
— David Sanborn

작업실이라고 해봐야 내 집의 내 방. 있는 거라고는 책과 앨범이 전부다. 아, 또
있다. 음악을 듣기 위한 기본적인 세팅이다. 앰프와 스피커가 있고, 턴테이블과 CD
플레이어가 있다. 모두 다 합쳐서 대략 300만 원에 맞춘 결과물이다. 놀라지 마시라.
오디오 쪽에서 이 정도면 그냥 저렴한 것도 아니고 '가장 저렴한' 축에 속한다. 방
구조는 당연히 사각형이다. 그중 2면을 책이, 1면을 CD와 LP가, 창가에 위치한 나머지
한 면을 컴퓨터와 오디오 시스템이 채우고 있다. 오해하면 안 된다. 우리 집, 되게 작다.
내 작업실은 당연히 더 작다. 내 방에 채 입성하지 못한 CD와 LP, 책과 블루레이 등이
마루 한구석을 빼곡하게 채울 수밖에 없는 이유다.

완전한 나만의 세계

몇 년 전 조금 넓은 작업실 따로 내는 걸 고려해 본 적 있다. 발품 팔면서 마땅한
공간이 있는지를 알아봤다. 결론은 '아니다'였다. 일단 시간이 아까웠다. 아무리
집에서 가까운 곳으로 결정해도 왔다 갔다 하는 그 시간에 뭔가 다른 걸 할 수 있지
않을까 싶었다. 물론 나도 알고 있다. 인간의 적응력은 놀랍다는 걸 모르지 않는다.
새로운 환경이 조성되면 또 거기에 맞춰서 시간을 꾸려나갈 터였다. 그럼에도
기왕에 확보된 공간의 안정성을 흩트리고 싶지 않았다. 이 이유가 제일 컸다.
나에게 작업실이란 결국 글 쓰는 공간을 뜻한다. 한데 대략 5평쯤 될 이 공간에서
나는 글쓰기 외에도 정말 많은 걸 한다. 음악을 듣고, 책을 본다. 책 보기가
지루해진다 싶으면 만화책을 꺼내서 읽으면 된다. 글쓰기를 잠시 쉴 땐 내가 관심
있는 분야의 뉴스를 검색하거나 유튜브를 보기도 한다. 유튜브에서 게임 공략을
영화 관람하듯 감상하는 건 내가 가진 즐거운 취미들 중 하나다.
어쨌든 이 작은 공간에서 나는 완전한 나만의 세계를 누릴 수 있다. 앞서 강조했듯
안정적으로 나만의 시간을 조각해 나갈 수 있다. 이 점이 중요하다. 20대 시절
나는 진심으로 내가 장악하고 부릴 수 있는 공간을 소유하고 싶었다. 한데 잘 되질
않았다. 《AROUND》 이전 호에도 쓴 것처럼 앞이 보이지 않던 시절이었다. 당시
나에게 열망이 있었다면 빼앗긴 내 삶의 컨트롤 키를 어떻게든 되찾아야겠다는
열망, 이거 하나뿐이었다.

Essay

안정적 공간

세계적인 소설가들의 인터뷰를 모아놓은 책《작가란 무엇인가》를 읽어보면
공통점을 하나 발견하게 된다. 요약하면 엉망진창으로 사는 소설가는 없다는
것이다. 그들은 마치 약속이라도 한 것처럼 구도자의 삶을 꾸리고 있었다. 그들은
정확한 시간에, 동일한 공간에서 글을 썼다. 철저하게 계획된 타임라인을 지킨다는
측면에서 그것은 마치 회사원 같은 인생이기도 했다.

다시 한번 깨닫는다. 적어도 글 쓰는 사람으로서 '루틴'을 이길 묘수는 없다.
문학평론가 신형철은 사랑도 정확해야 한다고 주장했다. 그의 말을 빌려 나는 내
일도 가능하면 정확하게 완수하고 싶다. 그러려면 그 바탕이 될 작업실이라는
공간부터 안정적이어야 한다. 익숙해서 도리어 일할 맛 나는 곳이어야 한다. 이
세상에 불안정한 정확성이란 있을 수 없기 때문이다.

그렇다. 적어도 나에게 정확하기 위한 가장 큰 도구는 안정감이다. 바뀌지
않는다는 바로 그 이유로 더욱 좋은 환경이다. 우리는 착각을 하면서 산다. 변화가
곧 '선善'이라는 신화에 빠져 있는 사람, 주변을 둘러보면 여럿 있을 것이다.
꼭 그렇지만은 않다. 변지 않아서 좋은 것도 이 세상에는 많다. 예를 들어
〈배철수의 음악캠프〉 같은 방송.

다음은 변하지 않는 내 공간에서 즐겨 듣는 노래 목록이다. 영감을 길어내기 위한
자극제라고 불러도 좋을 것이다. 단 조건이 하나 있다. 사람 목소리가 없어야
한다는 거다. 즉, 연주곡이어야 한다는 의미다. 글은 기본적으로 내 안의 목소리를
듣고 그걸 꺼내서 적는 행위다. 따라서 타인의 목소리가 들리는 순간 간섭 행위가
발생한다. 뭔가가 헝클어진다. 적어도 나에겐 그렇다. 장르적으로는 재즈와
클래식을 선호하는 편인데 세 곡 모두 재즈로 통일했음을 밝힌다.

'빛'
김오키

내가 진행하는 라디오 〈배순탁의 B side〉에서 김오키의
음악을 자주 선곡한다. 그러면서 덧붙인다. "만약 재즈가
어렵다면 그냥 딴 거 하면서 들으세요. 그러다가 이 부분
괜찮은데 싶으면 집중해서 듣다가 또 딴 거 하시면 됩니다.
부담 가질 필요가 조금도 없어요." 나 역시 그렇다.
워낙 김오키라는 뮤지션을 애정하는 탓에 그의 곡 여러
개를 걸어놓고 작업하는 때가 많다. 그중에서도 이 곡은
작업용으로 최상급이다.

'Starmaker'
Roy Hargrove

글을 읽으면서 만약 나와 비슷하다고 느꼈다면 이 곡, 온
마음을 다해 '강추'하고 싶다. 진짜다. 작업용 음악으로
이보다 더 훌륭한 본보기는 없다고 확신한다. 로이
하그로브는 천재였다. 연주의 천재였고, 무엇보다 작곡에
있어서도 천재였다. 그 천재성이 빛을 발하는 곡을 몇 개
꼽는다면 이 곡은 무조건 들어가야 한다. 비단 이 곡만은
아니다. 곡이 실린 음반 전체를 추천한다.

'The Dream'
David Sanborn

데이비드 샌본의 연주를 나는 지금도 즐겨 듣는다. 특히
이 곡은 고등학교 시절 최소 수백 번은 돌려 듣던 애청곡들
중 하나였다. 이제 당신은 작업용 곡을 선택하는 나만의
또 다른 기준을 파악할 수 있을 것이다. 작업하는 와중에
듣는 음악은 무조건 익숙한 곡이어야 한다는 거다.
공간만큼 음악도 친밀해야 작업에 더 잘 몰두할 수 있다.
어떤 구역으로의 진입을 용이하게 해주는 까닭이다. 낯선
곡은 그렇지가 못하다. 자꾸 거기에 집중하게 만든다는
치명적인 단점이 있다. 다시 한번 강조하지만 적어도
나에게는 그렇다.

[스트레인지, 트루 뷰티](2021)

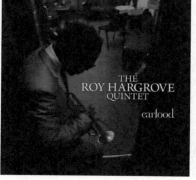

[Earfood](2008)

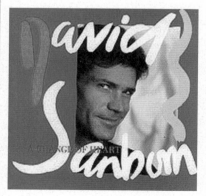

[A Change of Heart](1987)

자기만의 책상을 가지세요

더 나은 사람이 되기 위해 커다란 책상을 가졌지만 아무것도 달라지지
않았다. 그렇지만 포기하기엔 이르다.

글·사진 김건태

"책상이 사라졌다. 만우절에 일어난 일이다." 대학 시절에 쓴 소설의 첫
문장이다. 사무실에서 자신의 책상을 도둑맞은 회사원의 끔찍한 하루를
그린 걸작이다. 소설의 결말은 잘 기억나지 않는다. 다만 당시 소설을
가르쳐 주었던 편혜영 선생님의 첨삭이 생각난다. "책상은 그 사람의
존재를 드러내기도 해. 회사원의 하루가 엉망이 되어버린 이유가 바로
거기에 있는 거지." 의도하고 쓴 건 아니었지만 선생님의 해석이 마음에
들어서 그 말을 오래 담아두었다.

에디터 일을 하며 많은 사람을 만났다. 무언가를 성취한 사람들을
인터뷰하기 위해서였다. 인터뷰이 대부분은 자기만의 공간을 가지고
있었다. 그곳은 가죽 냄새가 잔뜩 배어 있는 공방이기도 했고, 커다란
설치물을 놓아둔 폐공장이기도 했으며, 화려한 조명 뒤에 숨겨진 비밀의
방이기도 했다. 그중에서도 가장 인상적인 작업실을 가진 노인 한 명이
떠오른다. 그는 젊은 나이에 출판사를 차린 후 50년 동안 '돈이 되지는
않지만 의미 있는 책'을 펴내는 사람이었다. 여든이 넘는 나이임에도
반듯하게 다린 와이셔츠가 근사하게 잘 어울렸는데, 어쩌면 그건 체형의
문제가 아니라 지난 세월 동안 가꿔온 그의 몸가짐에서 비롯된 것처럼
보였다.
노인의 작업실에는 고전으로 빼곡한 책장과 아주 커다란 책상이 하나
있었다. 중요한 일들을 결정하는 공간인 듯했다. 탭댄스를 춰도 될 만큼
넓은 책상 위에는 오래된 전등과 만년필 한 자루, 책 몇 권이 전부였다.
나는 어쩐지 압도적으로 큰 책상과 왜소한 노인의 대비가 아주 마음에
들었다. 노인과 마주 앉아 네 시간여 동안 대화를 나눴고, 주의가
흐트러질 때마다 책상 밑으로 손을 내려 두껍고 단단한 나무의 질감을
더듬었다. 80살이 되면 나도 이런 책상을 가질 수 있을까? 노인의 성취를
귀담아들으면서도 한편으론 그런 생각을 했던 것 같다. 이런 책상을 갖게
되면 내 삶도 저절로 근사해지지 않을까?

그날 이후 커다란 책상만 있으면 모든 게 잘될 거라는 막연한 믿음이
생겼다. 그리고 마침내 노인만큼은 아니지만 나름 '자기만의 책상'을
가지게 되었다. 이사를 하며 집에 거실이 생겼기 때문이었고, 이직을
하며 월급이 올랐기 때문이었다. '오늘의집'에 나오는 MZ세대의 집을
훔쳐보며 너무 저렴하지도, 또 너무 고상하지도 않은 6인용 테이블을
골랐다. 그와 어울리는 책장과 조명도 구입했다.
"너는 왜 거실에 소파랑 텔레비전이 없어? 혼자 사는 남자한테는 그게
국룰 아니야?" 어느 날 집에 놀러 온 친구가 물었다. 나는 책상 위의
노트북을 가리키며 말했다. "저 책상이 내 작업실이야." 그러자 친구는
테이블 한쪽에 '일부러' 올려둔 몽테뉴의 《수상록》을 들춰보며 말했다.
"역시 에디터는 다르구먼!"

원하던 책상을 갖게 된 뒤 3년이 지났다. 그날의 부푼 마음처럼 내 삶은
정말 멋지게 변했을까? 책상이 없던 3년 전보다 더 나은 사람이 됐을까?
결론부터 말하자면 아무것도 변하지 않았다. 책상은 글을 읽고 쓰는
용도보다는 오래된 시트콤을 보면서 라면을 먹거나 친구들을 불러 모아
술을 마시는 데 더 많이 사용됐다. 책장의 가장 좋은 자리에는 고전이나
인문학 서적 대신 《미스터 초밥왕》 완전판이 꽂혀 있다. 좋은 책상을
가지면 저절로 괜찮은 사람이 될 줄 알았는데 대단한 착각이었다.

연말에 세 번째 이사를 했다. 이전 집주인이 계약 연장을 해주지
않아서였다. 겨울이라 매물이 없어 여러 곳을 헤매다 결국 공덕동 어느
언덕배기에 집을 구했다. 지하철역에서 족히 30분은 걸어야 하고, 언덕
높은 곳에 있어 창문을 부술 듯 바람이 불어오며, 집주인이 바로 아래층에
사는 악조건에 놓인 집이었다. 그럼에도 불구하고 이곳으로 이사를
결심한 건 오직 한 가지 이유에서였다. 책상이 들어갈 만한 공간이 있어야
한다는 것. "거실이 꼭 있어야 하나요? 이 보증금에는 힘들 텐데." 처음
집을 구할 때 부동산 중개인은 '고작 책상 하나 때문에' 집을 결정하는
건 이상한 일이라고 했다. '집에 맞는 가구를 고르는 거지, 가구에 맞춰
집을 구하는 경우는 처음 봤다.'고도 했다. 구구절절 맞는 말이었다.
하지만 무슨 이유에선지 타협하고 싶지 않았다. 만우절에 책상을
잃어버린 사람의 심정을 가장 잘 아는 사람으로서, 끝내 지키고 싶은 자기
정체성이랄까. 아무튼 그런 게 있었다.

주변에 멋진 책상을 가진 사람을 몇 알고 있다. 한 친구는 직접 만든 나무
테이블 위에 애인이 좋아하는 시구를 적어 두곤 한다. 그가 적은 문장만
모아도 웬만한 시집 한 편은 나올 정도다. 또 다른 친구는 뜨거운 차를
테이블에 조금씩 흘려가며 마시는 습관이 있다. 차가 나무에 스며들며
더욱 깊은 무늬를 갖게 될 거라나 뭐라나. 그런 걸 볼 때마다 그건 단순히
책상을 아끼는 게 아니라 자기 자신을 사랑하는 저마다의 방식이 아닐까
생각한다.
마침 책상을 놓아둔 방향이 서향이라 저녁 무렵이 되면 제법 아늑한
분위기가 된다. 그 느낌이 좋아 아무것도 하지 않고 가만히 자리에
앉았다. 제법 몽글몽글한 마음이 되면서 졸음이 밀려왔다. 나는 팔베개를
만들어 끌어안듯 책상에 엎드렸다. 당장은 이렇게 기댈 수 있는 용도로만
사용해도 충분하지 않은가 생각하면서, 밤이 무사히 도착하기를
기다렸다.

여기에서 빛을 찾아 보세요

나무 액자를 만들며 살아가는 나와 이제 여덟 살이 된 개 한 마리. 우리가 3층으로 가득 들어오는 햇빛 덕분에 2년째 씩씩하게, 건강하게 지내고 있다고 생각해 본다. "어제는 혼자서 새벽까지 일해서 외로웠다." 자다 깬 완두를 내 앞으로 불러서 쓸쓸한 마음을 말하던 오늘 아침에도, 한 번도 본 적 없던 빛이 한쪽 창을 뚫고 들어와 반대편 창으로 흘러가고 있었으니까.

글·사진 전진우

— 일곱 개의 창문

일터와 집이 한 공간에 있어 답답할 때가 종종 있다. 나의 일은 나무 덩이를 가공해 얇은 액자로 만드는 것, 거기에 필요한 기계가 집의 반을 차지하고 있다. 그래서 이곳은 평소에 집이 아니었다가 커다란 청소기와 작은 청소기로 계속해서 나무 가루를 한참 빨아들여야 그때부터 잠시 집이 된다. 일을 끝낸 후에 작업복을 툭툭 털고서 저녁으로는 무얼 먹을지 생각하기 시작하면, 장소는 비록 그대로일지라도, 나는 집에 돌아온 사람이 되는 것이다.

이곳에서 지낸 지도 이제 2년째. 얼른 나아져야 한다고 가족들은 가끔씩 찾아와서 말하곤 한다. 한편으로 나도 그렇게 생각하지만, 그저 괜찮다고 대답한다. 어떻게 해야 정말 나아지는 것인지 아직 고민 중이고 그런 고민들은 어쩐지 늘 천천히 하고만 싶다. 그러거나 말거나 언젠가 이 고민이 고민 같지 않을 때 저절로 술술 해결돼 버리지 않을까? 되돌아보면 늘 그랬으니까 말이다.

이곳이 답답하고 시끄러운 상자 같이 느껴질 때, 나는 그저 창문을 생각한다. 커다란 창문이 일곱 개나 있다고 생각하면 상자 속에서 좁아진 내 마음에도 창문이 생기고 곧 바람이 통한다. 빛이 들어온다. 창문은 안과 밖을 분리하며 동시에 연결해 주는 마법 같은 선이다. 언제든 열고 닫을 수 있다면 나는 상자에 갇힌 게 아닌 '담긴' 사람이 될 수 있고, 담겨 있다가도 어딘가로 흐를 수가 있다.

창문으로 눈 내리는 풍경도 여러 번 보았고, 바로 앞에 자라고 있는 커다란 나무 윗부분의 변화도 늘 봐왔다. 거기서 들어온 햇빛은 깜깜한 밤에도 내 몸에 분명히 묻어 있었다. 그리고 무엇보다도 창 안쪽에 머무는 아늑함. 앞서 말한 것들이 우리 몸을 살게 하는 음식과 은유로써 다르지 않다고 생각하면, 이 상자 속에 살고 있는 나와 완두가 3층의 온실에서 창을 통해 자라고 있는 무엇처럼 느껴진다.

─ 완성되면 사라지는 액자

지금까지 이곳에서 액자를 천 개 정도 만든 것 같다. 어쩌다가 액자를
만들며 살게 됐을까, 나 자신에게 여전히 물으면서도 꾸준히 나무를 사
와서 다듬어 나갔다. 큰 기계 소리에 놀라던 완두가 이제는 그러거나
말거나 멀찍이 누워 쿨쿨 낮잠 자는 걸 보면 왠지 모르게 뭉클한 기분이
들고, 일할 용기를 얻는다. 물론 일이 아무리 밀려도 도와주는 법이
없지만.

2미터가 넘는 나무 덩이를 크기에 맞게 자르고 평평하게 만들어서 여러
갈래로 켠 다음에 유리와 뒤판이 들어맞게끔 자리를 만든다. 그런 다음에
그림에 맞게 길이를 잘라서 모서리를 붙여 액자 형태를 잡는다. 서로 잘
붙어 있도록 연결 부위에 촉을 박아 넣은 후에 한참을 기다렸다가 전체를
다듬어 준다. 오일을 바르고, 필요한 철물을 달아 주고… 작은 액자나 큰
액자나 손이 비슷하게 가는 게 억울하기도 하고 뿌듯하기도 한 일이다.
아무래도 작은 액자를 만들면 제값을 못 받는 기분이 들기도 하는데,

한편으로는 스스로 작은 액자도 소중하게 여길 수 있으니까.
액자를 다 만들어 놓고 그림까지 끼우고 나서는 이런 질문을 해본다.
'그림을 방해하나?' 무언가를 만들어 놓고서 눈에 띄지 않았으면, 하고
바라는 것이다. 아예 만들지 않으면 이런 고민을 하지 않아도 되겠지만,
나는 내 일의 핵심이 여기에 있다고 종종 생각한다. 열심히 만들기.
없어지게 하기. 없어지는 역할로 존재하기. 액자 만드는 일을 하면 할수록
그런 마음은 더 커져 간다.

─ 가장 아름다운 빛

아침 6시 혹은 7시쯤에 잠깐 일어나 화장실로 향하다가 창가에 서서 집
전체를 구경할 때가 있다. 내가 제일 자주 쓰는 기계 앞이다. 바깥에서
안으로 쏟아져 들어오는 빛과 거기에 걸쳐진 모든 것들의 짙고 깊은
그림자들이 집 안 곳곳에 잠시 기록되어 있다. 오래 머물 것처럼 고요하고
선명하지만 내가 눈을 떼고 뒤돌면 영원히 사라져 버리는 종류의
아름다움이다. 아직은 겨울인 요즘에는 침대에서 자던 완두가 아침에
사라지고 없을 때가 있는데, 찾아보면 늘 햇볕이 들어오는 자리에 가서
누워 있다. 해 드는 자리가 시간에 따라 조금씩 바뀌니까 완두도 거기에
맞춰 움직였으려나. 그 꺼벙한 표정으로, 완두는 세상을 잘 이해하고 있는
것처럼 보일 때가 있다. 신비로운 귀여움. 나는 눈부신 창가를 등지고
내가 원래 누워 있던 침대 쪽의 창문 앞으로 몇 걸음 걸어가 본다. 아침
집 구경의 하이라이트. 거기에는 딱히 빛이랄 게 없지만, 지난밤에 분명
안 보이던 것들이 색과 결을 은은하게 드러내고 있다. '여기에서 빛을
찾아보세요.' 누군가 묻는다면 어디를 가리켜야 할까. 가리킬 순 없어도
나는 거기에 존재하는 빛의 형태를 좋아한다. 힘없는 빛. 따지고 보면
모두를 비추지만 아무도 그걸 빛이라고 말하지 않을 때의 그 빛.

> 뒤로 물러서 있기
> 땅에 몸을 대고
> 남에게
> 그림자 드리우지 않기
> 남들의 그림자 속에서
> 빛나기
> – 라이너 쿤체Reiner Kunze, 〈은 엉겅퀴〉

이 시는 라이너 쿤체의 〈은 엉겅퀴〉 전문이다. 아주 오래전에 우연히 읽은
시는 언젠가부터 내 메신저 프로필 사진에 등록되어 있다. 내가 액자를
만들며 살아보기로 했던 그 즈음일 것이다.

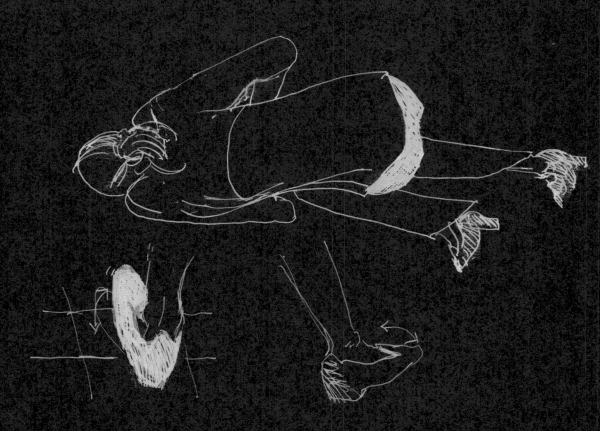

글·그림 한승재(푸하하하프렌즈)

Essay

배부른 작업실

카페의 문턱에서 발길음을 돌리며
인생을 누리고 사는 나 같은
사람들의 문제를 발견한다.

원래는 조용한 카페에 앉아서 글을 쓰려고 생각 중이었느데, 카페에 들어서려던 순간 가게 주인과 눈이 마주치며 계획이 틀어져 버렸다. 카페에서 작업하려던 생각이 갑작스럽게 그러지 않는 편이 좋겠다는 쪽으로 바뀌게 되었다. 이유를 알 수 없는 부끄러움 때문이었다. 고개를 돌려 정면을 바라보고 가게 앞을 지나는 행인처럼 자연스럽게 이동했다. 주춤하던 찰나의 모습과 미세하게 꺾인 동선을 통해 카페에 들어가려다 방향을 바꾼 나의 속내가 모두 드러나는 것이라 생각하니 한층 더 부끄러워졌다. 실제로는 나의 속마음 따위 아무도 신경 쓰지 않는다는 것을 알고 있지만 말이다.

원래는 카페에서 글을 쓰는 것에 대한 로망이 있었다. 어디서 그런 로망을 얻게 되었는지 정확하는 모르겠지만, 사람이 많이 모인 장소에서 자신의 작업에 몰두하는 사람을 보면 늘 멋있다고 생각하곤 했다. 카페에서 짧은 기보드를 두드리는 사람이나, 지하철역 앞 낮은 턱에 쪼그려 앉아 그림 그리는 사람, 지하철에서 급하게 메모하는 사람이 있으면 몰두한 사람들을 모두 힐끗힐끗 쳐다보고는 했다. 공공장소에서 자신의 작업에 깊이 몰두한 사람들은 모두 진지해 보였고 그 순간에 보이는 긴장감이 눈길을 끌었다. 분초를 다투는 시간 속에서 자꾸만 흘러내리는 아슬한 앞머리, 생각에 몰두해 무의식적으로 깨물게 되는 아랫입술, 바쁜 팔목에 내려앉아 솜털을 빛나게 만드는, 세상 물정 모르는 따스한 햇살 등... 그들을 둘러싼 모든 것들이 아름다워 보였다.

하영과 동경심은 조금도 중요하지 않다는 것을 알지만, 한편으로 삶에 있어 꼭 필요한 것들이라는 사실을 안다. 어릴 적이 하영과 동경은 삶의 방향을 결정지어 버리기도 한다.

나는 좋은 카페, 혹은 공공장소에서 글을 쓰거나 그림을 그리는 나의 모습을 상상하곤 했다. 그것은 긴 머리와 가늘게 깨문 아랫입술, 팔목에 내려앉은 솜털 같은 햇살까지도 모두 포함하는 모습이었다. 공공장소에서 긴박하게 일하기 위해선 타당한 이유가 있어야 하겠다고 생각했다. 공공장소에서 작업하는 사람들에 대한 동경과 하영이 지금 나의 작업에 적지 않은 영향을 미쳤다고 생각한다. 나는 건축가로서 때로 글 쓰는 사람으로서 글을 쓰거나 그림을 그릴 필요가 있는 작업이 많아 보였고, 그것은 나에게 비밀스러운 자격을 의미했다. 카페에서 작업할 권리를 획득한 사람인 양 나는 당당하게 카페로 향하곤 했다. 오늘이 처음은 아니다. 나는 늘 카페를 눈앞에 두고 늘 발길을 돌리곤 했다.

공장 집으로 향하지 않고 이 골목 저 골목을 따라 걷다가 집으로 향하는 버스 정류장을 만나게 되었다. 골목에서 여러 개의 카페를 마주쳤지만 실제로는 바들거렸다. 카페는 모두 한적한 적 평온한 분위기를 가지고 있었지만 여기와 휴식을 위한 공간이라기엔 너무나도 분명한 목적성이 엿보였다. 사람들은 정박하게 자리를 차지하고 앉아 있었고 무언가로부터의 피난처 혹은 도피처인 듯 보였다. '이제는 별수 없구나...' 생각하며 버스를 기다렸다.

Essay

카페는 쫓겨난 사람들을 위한 장소다. 어머니, 아버지 혹은 누나, 남동생 혹은 거실의 티브이 소리, 옆집의 소음, 외투를 입고 있어야 할 만큼 쌀쌀한 집, 더운 날씨, "니 여기서 뭐 하냐?"며 마치 꼴값 떤다는 듯 묻는 사람…. 사람들은 그런 것들로부터 벗어나기 위해 가방을 싸고 카페로 향한다. 그리고 마치 단단한 땅을 만난 비행선처럼 좁은 테이블을 향한다. 눈치를 주는 동거인도, 잠을 떠나야 할 마땅한 이유도 없고, 그래서 아무 곳에서도 쫓겨나지 않은 나는 카페에 갈 만한 타당한 이유가 없다. 커피를 좋아하지도 않는다. 그래서 나는 카페에 들어갈 수 없나 보다. 버스를 기다리는 도중에 좀더 중요한 깨달음을 얻었다. 내가 동경하던 것은 카페에 앉아 작업에 몰두하는 '모습'보다는, 좀더 구체적으로, 그런데 나의 것을 해보려는 절박한 '마음'이 아닐까 하는 것이다. 남들에게 작업하는 모습을 보이기 위해 카페에 들어가려니 아무리 생각해도 낯 뜨거운 일이다.

내 집은 빌딩 숲 한복판에 위치해 있다. 단단한 책상과 편안한 의자에 차와 커피가 집에서 작업할 상황에 대비해 이미 완벽히 구비되어 있다. 커튼을 걷으면 등장하는 정부 풍경까지 감히 '잡지에 나올 만한 집'이라고 자부할 수 있을 만한 정도다. 이런 것들 역시 내가 동경하던 것들의 리스트에 있는 것들이었다. 책상에 앉아 무언가를 하려니 소파에 누워 다른 것을 하고 싶어진다. 커피를 내려 마시기 위해 주전자에 물을 올리고 물이 끓기를 기다린다. 기다리는 동안 밤늦은 시간에 잠든 아이들과 가족들을 피해 자동차 운전석에 앉아 소설을 완성했다는

어느 소설가의 이야기를 떠올려본다. 달리기와 위스키로 대변되는, 사치스러운 글쓰기를 하기로 유명한 무라카미 하루키도 처음엔 초라한 식탁 테이블에 앉아 무작정 소설을 쓰기 시작했다고 한다. 지금 들어도 얼마나 가슴 떨리는 이야기들인가? 카페의 문턱에서 발길을 돌리며, 인생을 누리고 사는 나 같은 사람들의 문제를 발견한다. 인생을 누리고 사는 이들의 모든 문제는 '겨우'라는 가시 같은 단어에 집결한다. 배부른 고민이라고 해야 할지, 아니면 궁상이라고 해야 할지 모르겠다. 아무튼, 아무 곳에서도 쫓겨나지 않는 사람의 비애는 겨우 이런 것들이다.

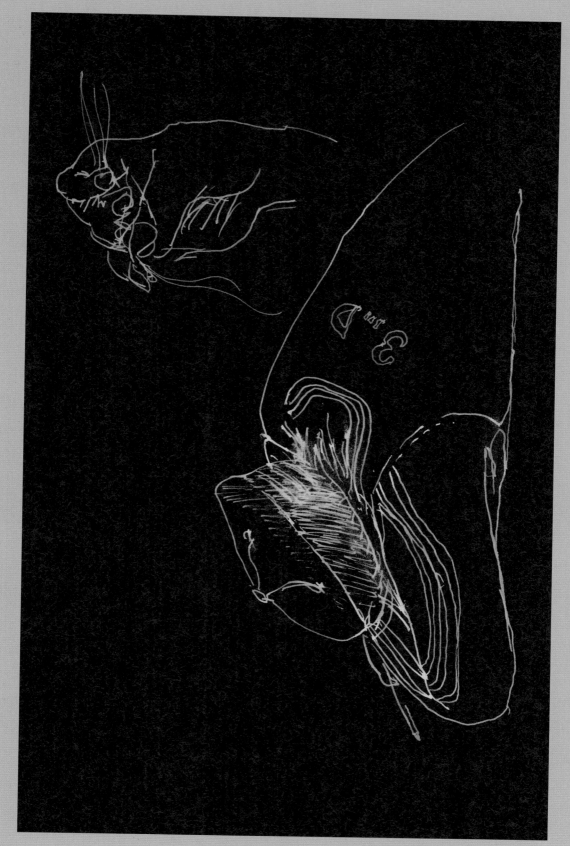

내겐 작업실이 필요해

글 한수희
일러스트 서수연

나에게는 작업실이 없다.

나에게는 작업실이 없다. 지난 기록을 들춰보니 2016년도에 나는 《AROUND》에 앨리스 먼로의 단편 〈작업실〉을 소개하면서 그 이야기를 썼다. 세월이 흘러 어언 2022년이 되었는데도 내게는 여전히 작업실이 없다. 물론 내가 다니는 회사에는 내 책상과 내 컴퓨터가 있다. 그러나 회사 일은 엄연히 회사 일, 거기서 글을 쓸 수는 없다. 아니, 그러고 싶은 마음이 조금도 없다. 회사라는 곳은 어찌 됐든 1분 1초라도 내 육신을 더 놓아두고 싶지 않은 장소 아닌가(문제는 그 회사, 내 회사라는 사실이다). 집에도 내 작업실 같은 건 없다. 새로 이사한 아파트는 구식 32평형의 구조다. 안방과 거실은 쓸데없이 운동장처럼 넓고, 작은 방 두 개가 있다. 안타깝게도 남매를 낳아버리는 바람에 방을 하나씩 줘야 한다(이럴 줄 알았더라면 자매나 형제를 낳을 것을!).

별 수 없이 나는 소파를 거실 한가운데 놓고(사실 티브이가 너무 작아서 소파를 반대쪽 벽에 붙이면 망원경이라도 있어야 볼 수 있을 지경이다), 소파 뒤쪽에 테이블을 하나 놓아 작업 공간을 만들었다. 나의 허리 건강을 위해서 비싼 의자도 샀다. 하지만 내가 그 자리에 앉아 있을 때는 내일이 마감인데 아무것도 쓰지 못한, 그야말로 긴급사태일 때뿐이다. 바로 옆에서 아이들이 어처구니없는 티브이 프로그램을 하루 종일 틀어놓은 와중에 어떻게 글을 쓸 수 있는가? 가족들이 내가 쓰고 있는 걸 보고 있는 와중에 어떻게 쓸 수 있는가?

요즘 나는 별 수 없이 아침 일찍 집을 나와 카페에 가서 출근하기 전까지 쓴다. 사정이 급하면 퇴근 후에도 카페에 가서 쓴다. 주말에도 카페에 간다. 이 카페 저 카페를 전전하기도 한다. 혼자이지만 혼자이지 않은 장소, 익명이 될 수 있는 장소에서 쓴다. 내 작업실은 카페다.

얼마 전에 넷플릭스의 일본 드라마 〈집필 불가! 각본가 케이스케 씨의 각본 없는 인생〉을 봤다. 제목대로 각본가가 각본 쓰는 이야기인데, 아니 뭘 이런 걸 다 드라마로 만드나 싶은 소재로 만든 드라마라서, 어디 한번 보자 하고 틀었다가 내내 즐겁게 봤다. 그건 아마 요시마루 케이스케 씨의 고충을 동종업계 종사자로서 십분 공감하기 때문일 것이다.

30대 기혼 남성 요시마루 케이스케의 직업은 각본가. 드라마 각본을 쓴다. 하지만 데뷔 후 지난 5년간의 경력은 단출하다 못해 허전할 정도다. 공동 집필이나 아무도 모르는 심야 시간대의 단막극 집필 정도가 그의 경력의 전부. 한마디로 그는 인기 없는 무명 각본가인 것이다. 그러나 그에게는 별 걱정이 없다. 왜냐하면 아내가 유명한 소설가이기 때문이다. 코사카 리리코라는 필명으로 글을 쓰는 아내는 지난 몇 년간 이 집안의 가장이었고, 그녀가 소설을 써서 번 돈으로 그들은 근사한 집도 샀다. 케이스케 역시 아내 뒷바라지를 하며 집안일을 도맡는 것에 아무런 불만이 없다.

어느 날 그런 그에게 방송국에서 연락이 온다. 프라임타임의 연속극을 집필해 달라는 것이다. 아니 나를

어떻게 알고? 뭘 믿고 나를? 그런데 악마 같은 방송국 놈들은 다음 날 아침까지 스토리 초안을 써내라고 한다. 그것도 인기 스타 야가미 하야토가 출연하고 싶어 하는 흡혈귀 드라마에. 그러니까 사실 이 드라마는 지금 당장 쓸 수만 있으면 누가 써도 상관없는 드라마다. 누구보다 빠르게, 야가미 하야토가 원하는 대로만 써주면 되니까. 이제부터 요시마루 케이스케 씨의 눈물 없이는 보기 힘든 드라마 쓰기 작전이 시작된다. 머리를 쥐어뜯으며 내내 "쓸 수 없어!"라고 외치다가 극심한 스트레스로 환각과 환청에 시달리던 그는 결국 정신과 상담까지 받으면서 꾸역꾸역 드라마를 써낸다.

그런데 이 드라마에서 가장 인상적이었던 것은 아내 코사카 리리코의 작업실이었다. 집의 중정을 따라 지나가면 닿을 수 있는 그녀의 작업실은 온통 책으로 둘러싸인 커다란 방이다. 사방에 뚫린 근사한 창으로 햇살이 은은히 비치고, 정면에는 크고 묵직한 테이블이 놓여 있다. 외부 업무를 담당하는 비서가 매일 출근해 아내와 출간 및 집필 계획을 의논하며 자질구레한 일들을 처리한다. 집안일을 비롯해 아이들을 돌보고 식사를 준비하는 일은 남편이 도맡는다. 아내는 그저 거기 앉아 글만 쓰면 되는 것이다. 아아 팔자 좋은 여자. 부러워라. 그렇다면 남편 케이스케의 작업실은 어디에 있는가? 작업실이라 부르기도 민망한 케이스케의 작업 공간은 달랑 책상 하나다. 그것도 거실 한구석, 계단 아래 놓인 책상. 그는 그 자리에 앉아 집 안의 온갖 소음 및 소동에 노출된 채로 연속극 하나를 쓰는 것이다.

요시마루 케이스케의 글 쓰는 방식은, 아마도 대부분의 청탁받은 작가들이 쓰는 방식과 비슷할 것이다. 누군가가 뭘 써달라고 한다. 청탁을 받은 기쁨에 들떠서 무조건 쓸 수 있다고 대차게 답한다. 그러나 막상 쓰려고 책상 앞에 앉으면 나는 이걸 쓸 수 없다는 사실을 깨닫게 된다. 너무 늦었다. 그렇게 대찼던 과거의 나를 만나 머리라도 쥐어뜯어 주고 싶으나 그럴 수 없으니 현재의 내 머리를 쥐어뜯다 보면 배가 고프다. 뭘 좀 먹고 머리나 식히자며 티브이를 보거나 스마트폰을 들여다본다. 시간이 어마어마하게 지나 있다. 다시 책상에 앉아 되는 대로 써보지만 완성은 도저히 불가능할 것 같다. 잠수를 타야 하나, 월북이라도 해야 하나. 그럼에도 어느 순간, 우리는 그 할 수 없을 것 같던 일을, 절대로 불가능할 것 같던 일을 해낸다. 해내고야 만다.

어떤 장소에서 쓰건 모든 작가는 비슷하게 일할 것이다. 매일매일의 작은 성공과 큰 실패를 담담히 받아들이면서 쓰고 또 쓴다. 자기 자신을 의심하고 불안해하고 어느 곳으로 나아가야 할지 몰라 같은 자리를 맴돌고, 때로는 잘못된 길로 빠지기도 한다. 무수한 실패들 사이에 눈에 잘 띄지도 않는 작은 성공들이 조금씩 이어진다. 그리고 그는 결국 길을 찾아낼 것이다. 올바른 마침표를 찍을 길을.

최혜진의 《한국의 그림책 작가들에게 묻다》는 그림책 작가들의 작업실을 찾아가 인터뷰한 기록을 모은 것이다. 그의 전작 《유럽의 그림책 작가들에게 묻다》도 정말 재미있게 읽었는데, 이번 책도 역시 훌륭하다. 그림책 작가들의 작업실을 구경하는 즐거움에 더불어 그들의 일에 관한 깊이 있는 인터뷰는 밑줄 그을 문장들 천지다.

나는 일하는 사람들의 이야기를 듣는 것이 좋다. 그것만큼 재미있는 일도 없는 것 같다. 다른 사람들은 어떻게 일하는지가 너무나 궁금한데 그런 것을 물으러 다닐 주변머리는 없어서, 나는 이 좋은 인터뷰에게 기댄다.

"제가 그림 배우느라 화실에 다닐 때 저에게 가장 많은 영향을 준 동갑내기 선생님이 있었어요. 그림 잘 그리려면 어떻게 해야 하나 물으니 "하루에 열 장만 그리세요"라더군요. 대부분 하루에 열 장을 못 그려서 실력이 안 느는 거라고요. 열흘이면 100장, 백일이면 1000장이잖아요. 그림은 숙련의 과정이기 때문에 손을 움직인 만큼 잘 그리게 돼요. 그러니까 문제는 오늘 열 장을 못 그리는 데에 있어요. 이렇게 생각하고 나니까 콤플렉스에 지지 않을 수 있더라고요. 그냥 내가 오늘 열 장 그리면 되니까요."

– 최혜진,《한국의 그림책 작가들에게 묻다》 중에서

최혜진은 미술을 사랑해서 틈만 나면 유럽의 미술관으로 달려가 그림을 보고, 화가에 대해 공부하고, 심지어 그들의 무덤까지 찾아가는 사람이다. 하지만 그는 예술가들과 어울려 허공 위의 탐미적인 세계를 구성하는 데는 별 관심이 없어 보인다. 대신 그는 발을 땅에 단단히 디디고 선 사람으로서, 작가들이 오랜 세월 작업하며 세운 원칙이나 철학 같은 것을 들으려 한다. 매일매일 성실한 노동이 이루어지는 소박한 공간을 보여주려 한다. 일이라는 것을 통해 그들이 어떻게 자기 자신이라는 작고 초라한, 그러나 단단한 껍질을 뚫고 나오는지를 궁금해한다. 그럼으로써 그는 궁극적으로 이 그림책 작가들이 어떻게 자신을 표현하는 동시에 세상과 소통하며 살아가는 힘을 키워나가는가, 하는 문제에 대한 답을 찾으려 노력한다. 우리 모두가 궁금해하는 바로 그 답을 말이다.

책상 위에는 깨끗한 A4 용지가 놓여 있었다. 손 닿을 때마다 메모를 한다고 했다. 낙서, 아직 형상이 되지 않은 모티브, 단어들, 쓰고 지운 문장 등 아주 작은 불빛이라도 보이면 일단 종이에 붙잡아둔다. 그중에서 무르익을 여지가 보이는 아이디어가 있으면 섬네일 스케치로 페이지를 배분해본다. 그다음엔 더 완성도 있는 그림으로 그려보고, 여전히 괜찮다 싶으면 견본책을 만들어본다. 한 버전이 아니라 여러 버전으로. 그중에서 중요한 조언자인 아내가 좋다고 하는 것을 출판사로

가져간다. 이 단계까지 살아남는 아이디어는 100개 중 한 개도 되지 않는다.

–《한국의 그림책 작가들에게 묻다》 중에서

나는 이 책의 인터뷰만큼이나 사진도 좋아하는데, 작가들의 작업실을 담은 해란의 사진은 수줍은 듯 따뜻하고 안정감 있다. 사진을 넘겨보고만 있어도 낙관적인 기분이 든다. 나는 세상이 아름다운 것들로만 이루어져 있다고 생각하지도 않고, 아름다운 것만 보고 들으려 하는 사람들을 보면 괜히 심술이 나는 사람이다. 그럼에도 이 사진들을 보고 있으면 나도 모르게 '아름답게 살고 싶다'는 마음이 든다. 어쩌면 모든 종류의 예술은 이 모든 비극과 추함과 고통에도 불구하고, 아름다운 삶을 향해 나아가게 하는 것이 아닐까. 그런 삶이 있다고, 그런 삶을 살 수 있다고 믿게 하는 힘을 예술은 가지고 있는 것이 아닐까.

"저는 늘 현재에 관심이 많고, 과거를 후회하거나 미래를 걱정하지 않아요. 어차피 미래를 걱정한다 한들 달라지는 건 없고, 원하는 방향으로 가려면 오늘의 내가 뭔가를 해야 하잖아요. 그렇다면 오늘 마주한 상황에서 가장 최선의 것을 선택하는 데에 에너지를 쓰는 게 낫죠. 저에겐 원대한 계획 대신 순간의 절실함이 있어요. 순간에 온 마음으로 머물다 보면 하루살이처럼 살아도 방향성이 생겨 있을 거라 기대해요. '받을 수 있는 공만 받고, 칠 수 있는 공만 친다'는 생각으로 내가 통제할 수 있는 것에만 집중해요."

–《한국의 그림책 작가들에게 묻다》 중에서

내겐 작업실이 필요하다. 코사카 리리코의 작업실처럼 거창할 필요는 없다. 그저 작은 방 한 칸이면 된다. 책상이 들어가고, 책장 하나를 넣을 수 있는 방 한 칸. 언제든 문을 닫을 수 있는 방 한 칸.
그렇게 작은 방 안에서, 우리는 아주 작은 것들을, 양팔을 쭉 뻗어 닿는 범위 안의 것들에 대해서 생각한다. 매일의 실패를 견딘다. 세상 누구도 우리에게 이 일을 강요하지 않았지만, 그럼에도 우리는 이 일을 한다. 순간의 절실함으로 그 모든 불안과 불확실에 맞선다. 어느 순간 나의 작은 것들이 세상의 큰 것들과 연결된다. 그 사실에 기뻐하고 또 안도하며, 우리는 이 작은 방 안에서 우리만의 살아가는 방식을 발견한다. 아름다운 삶을 향해 나아가고 또 나아간다.

작업 공간에 꼭 필요한 그것

투명 파일 홀더 | 발행인 송원준
고양이와 함께 사무실을 공유한 지 벌써 10년이 넘었다. 가끔
고양이들이 토하거나 화장실이 아닌 곳에 쉬 하는 경우가 있는데,
나름 치우는 집사를 배려해서 종이 위에 예쁘게 해놓는 편이다.
그러던 어느 날, 중요한 계약서에 사고 치는 사건이 있었고 그
후부터 중요한 서류는 투명 파일 홀더에 넣어 놓는 습관이 생겼다.

읽지 않아도 책 쌓아두기 | 편집장 김이경
학창 시절부터 공부하기 전, 책상을 세팅하는 데 대부분의 시간을
쓰느라 정작 공부할 시간이 부족했던 사람이 나다. 동기부여를
주는 환경이 늘 있었다. 이 일을 시작하면서부터는 책이 쌓여
있어야 안정감을 느낀다. 당장 읽을 책, 이번에 회사에서 제작한
책, 그냥 아름다운 책. 읽지 않아도 곁에 두는 것만으로도
평온함을 느끼는 것들이다.

노동요 | 에디터 이주연
보통 때는 흥얼거릴 수 있는 노래를, 일할 때는 가사 없이
아름다운 곡을. 지금 듣고 있는 앨범은 빈스 과랄디 트리오Vince
Guaraldi Trio의 [A Charlie Brown Christmas]! 난 아마 노동요
없인 한 글자도 못 쓸 거야.

내추럴 오일 | 에디터 김지수
내 작업 공간에는 기분 좋은 향이 퍼졌으면 한다. 매일 디퓨저
가습기에 내추럴 오일을 뿌리고 그 향을 맡으며 잠드는 게 내 작은
습관 중 하나인데 작업은 결국 일이고, 일은 늘 즐거울 수 없다면
공기 중에 좋은 향이라도 퍼뜨려야겠다. 그리고 그 향은 언제나
그랑핸드의 로즈 우드일 것!

소리들 | 디자이너 양예슬
늘 조금의 날이 서는 작업 시간에는 나의 마음을 달래 줄 애정
하는 영상물의 소리가 필요하다. 주로 영화를 틀어놓고 그 속에서
울려 퍼지는 일련의 소리들로 나의 마음을 어르고 달래곤 한다.

단것 | 디자이너 손혜빈
몸도 마음도 지칠 때, 매우 쉽고 빠르게 기분이 좋아지는 방법을
알고 있다. 바로 단것을 먹기! 건강에는 안 좋겠지만 어쩔 수 없다.
이미 당의 노예가 되어버린 것을….

아이패드 덕분에 | 마케터 윤혜원
단정함이 한몫이란 걸 느끼는 요즘, 어느 한 곳을 비워두는 걸
좋아한다. 책상 위에 여러 노트를 쌓아두는 것 대신 여러 일을
단번에 이룰 수 있는 아이패드를 곁에 둔다. 덕분에 좋아하는 일을
외면하지 않고 꾸준히 하게 되었다(!?) 무의식적으로 손가락을
따라가다 보면 지금 무슨 생각을 하고 있는지도 알 수 있는
천재만재. 무언가를 기억하고자 할 땐 펜을 꺼내 노트에 꾹꾹
적어놓는다.

햇볕, 구름, 나무. 창밖으로 보이는 자연 | 에디터 김현지
최근 이사를 해서 미뤄뒀던 일하는 방을 만들고 있다. 해가 잘
들고, 건물이 시야를 가리지 않는, 뻥 뚫린 하늘이 보이는 곳으로
책상을 요리조리 옮기는 나를 보며, 뷰에 몹시 집착하는 사람임을
알았다. 어스름한 새벽에 빨갛게 익어가는 하늘이 보고 싶어
새벽에 일어난다. 낮은 층에 살 때는 나무에 집착했는데 높은 층에
사니 하늘에 애착이 강해진다.

매일의 계획과 그걸 지키는 멋진 나 | 에디터 이다은
스스로 작업 시간과 패턴을 정해 지켜내는 모든 아티스트와
프리랜서들을 존경한다. 왜냐? 나는 지금껏 쭉 직장인으로만
살았는데도 계획을 세우고 지키는 일이 어렵기 때문이지. 그런
멋진 나만 있다면 작업실 월세나 인테리어 비용 같은 건 대수롭지
않을 거다. (정말?)

작업의 대상 | 브랜드 프로젝트 디렉터 하나
작업을 걸려면 일단 대상이 필요하려나(웃음).

엄청나게 큰 창문 | 브랜드 프로젝트 매니저 김채은
햇빛이 주는 힘을 믿는 나에게 가장 필요한 건 단연 창문이다.
다른 고가의 가구도 필요 없다. 뷰가 좋고, 엄청나게 큰 창문만
있다면 안 되던 작업도 술술 풀릴 거다.

나무가 가득히 들어찬 창문 | 브랜드 프로젝트 매니저 김민정
내 마음에 오래 남는 공간들을 떠올려 보면, 공통적으로 큰
창에 커다란 나무가 가득 들어찬 곳이었던 것 같다. 봄에는 꽃을
피우고, 여름에는 가장 싱그러운 초록색으로 얼굴을 달리하며,
가을과 겨울 제각기 다른 풍경을 자아내는 나무의 모습을 가장 잘
보이는 곳. 계절이 지나는 선명한 순간을 보면서 작업을 한다면,
왠지 영감을 무럭무럭 얻을 수 있을 것만 같다.

Vol.01 Vol.02 Vol.03 Vol.04 Vol.05 Vol.06 Vol.07 Vol.08 Vol.09 Vol.10
Vol.11 Vol.12 Vol.13 Vol.14 Vol.15 Vol.16 Vol.17 Vol.18 Vol.19 Vol.20
Vol.21 Vol.22 Vol.23 Vol.24 Vol.25 Vol.26 Vol.27 Vol.28 Vol.29 Vol.30
Vol.31 Vol.32 Vol.33 Vol.34 Vol.35 Vol.36 Vol.37 Vol.38 Vol.39 Vol.40
Vol.41 Vol.42 Vol.43 Vol.44 Vol.45 Vol.46 Vol.47 Vol.48 Vol.49 Vol.50
Vol.51 Vol.52 Vol.53 Vol.54 Vol.55 Vol.56 Vol.57 Vol.58 Vol.59 Vol.60
Vol.61 Vol.62 Vol.63 Vol.64 Vol.65 Vol.66 Vol.67 Vol.68 Vol.69 Vol.70
Vol.71 Vol.72 Vol.73 Vol.74 Vol.75 Vol.76 Vol.77 Vol.78 Vol.79 Vol.80
Vol.81 Vol.82

AROUND CLUB
《AROUND》는 격월간지로 홀수 달에 발행됩니다. 정기구독을 신청하시면
매거진과 함께 한 명의 작가가 1년간 연재하는 에세이·포스터 시리즈
'어라운드 페이지', 그리고 어라운드 온라인 콘텐츠 이용권이 제공됩니다.

1년 정기구독
《AROUND》 매거진(총 6권)
& 어라운드 페이지 & 온라인 콘텐츠 이용권
97,200원 / a-round.kr

Publisher

송원준 Song Wonjune

Editor in Chief

김이경 Kim Leekyeng

Senior Editor

이주연 Lee Zuyeon

Editor

김지수 Kim Zysoo

김현지 Kim Hyunjee

이다은 Lee Daeun

Art Director

김이경 Kim Leekyeng

Senior Designer

양예슬 Yang Yeseul

Cover Design

오혜진 O Hezin

Cover Image

최모레 Choe More

Photographer

김혜정 Keem Hyejung

이요셉 Lee Joseph

임정현 Lim Junghyun

임정현 Jean Lim

장수인 Jang Sooin

최모레 Choe More

해란 Hae Ran

Project Editor

김건태 Kim Kuntae

배순탁 Bae Soontak

양윤정 Yang Yvette

전진우 Jun Jinwoo

정다운 Jung Daun

한수희 Han Suhui

한승재 Han Seungjae

Illustrator

서수연 Seo Sooyeon

휘리 Wheelee

AROUND PAGE

임진아 Im Jina

Marketer

윤혜원 Yoon Hyewon

Copy Editor

기인선 Ki Inseon

Management Support

강상림 Kang Sanglim

Advertisement

김양호 Kim Yangho

김갑진 Kim Gabjin

하나 Hana

Publishing

㈜어라운드

도서등록번호 제 2014-000186호

출판등록일 2009년 12월 5일

ISSN 2287-4216

창간 2012년 8월 20일

발행일 2022년 2월 25일

AROUND Inc.

서울시 마포구 동교로51길 27

27, Donggyoro 51-gil, Mapo-gu, Seoul, Korea

광고 문의 / 070 8650 6378

구독 문의 / 070 8650 6375

around@a-round.kr

a-round.kr

instagram.com/aroundmagazine

《AROUND》에 수록된 모든 글과 그림은
저작권법에 보호받는 저작물이므로
무단 전재와 무단복제를 금합니다.
책의 내용을 이용하려면
반드시 저작권자와 ㈜어라운드의
서면동의를 받아야 합니다.

어라운드는 나무를 아끼기 위해
고지율 20퍼센트인 재생종이 그린라이트를 사용합니다.